S. Michele
Nuove
Giovanni
Paolo
R. di S. Giustina
S. Francesco d. Vigna
S. Giov. Laterano
R. di S. Franc. d. Vigna
S. Lorenzo
Sc. di S. Giorgio d. Schiavoni
Can. delle Galeazze
Bacini
di Carenaggio
Darsena
Grande
Can. di Pta. Nuova
Museo Navale
S. Zaccaria
S. M. d. Pietà
C° Bandiera e Moro
S. Giovanni in Bragora
Riva degli Schiavoni
Riva Ca' di Dio
Riva S. Biagio
Rio dell'Arsenale
S. Biagio
Rio della Tana
R. d. Vergini
R. di S. Daniele
C° di Ruga
Can. di S. Pietro
S. Pietro di Castello
Isola di S. Pietro
Via Garibaldi
Fondam. di S. Anna
C.le S. Domenico
V.le Garibaldi
Secco Marina
Rio di S. Giuseppe
Can. di Quintavalle
Piazza d'Armi
V.le 24 Maggio
Darse
Riva dei 7 Martiri
CANALE DI S. MARCO
Bacino
S. Giorgio Maggiore
Isola di S. Giorgio Maggiore
Teatro Verde
Grazia
V.le Trento
Viale Trieste
Esposizione Internazionale d'Arte Moderna
Giardini Pubblici
Isola di S. Elena
Campo Indipendenza
Viale Piave
Can. di S. Elena
Camp Sport
Viale IV Novembre
Parco d. Rimembranza
V.le Vittorio Veneto

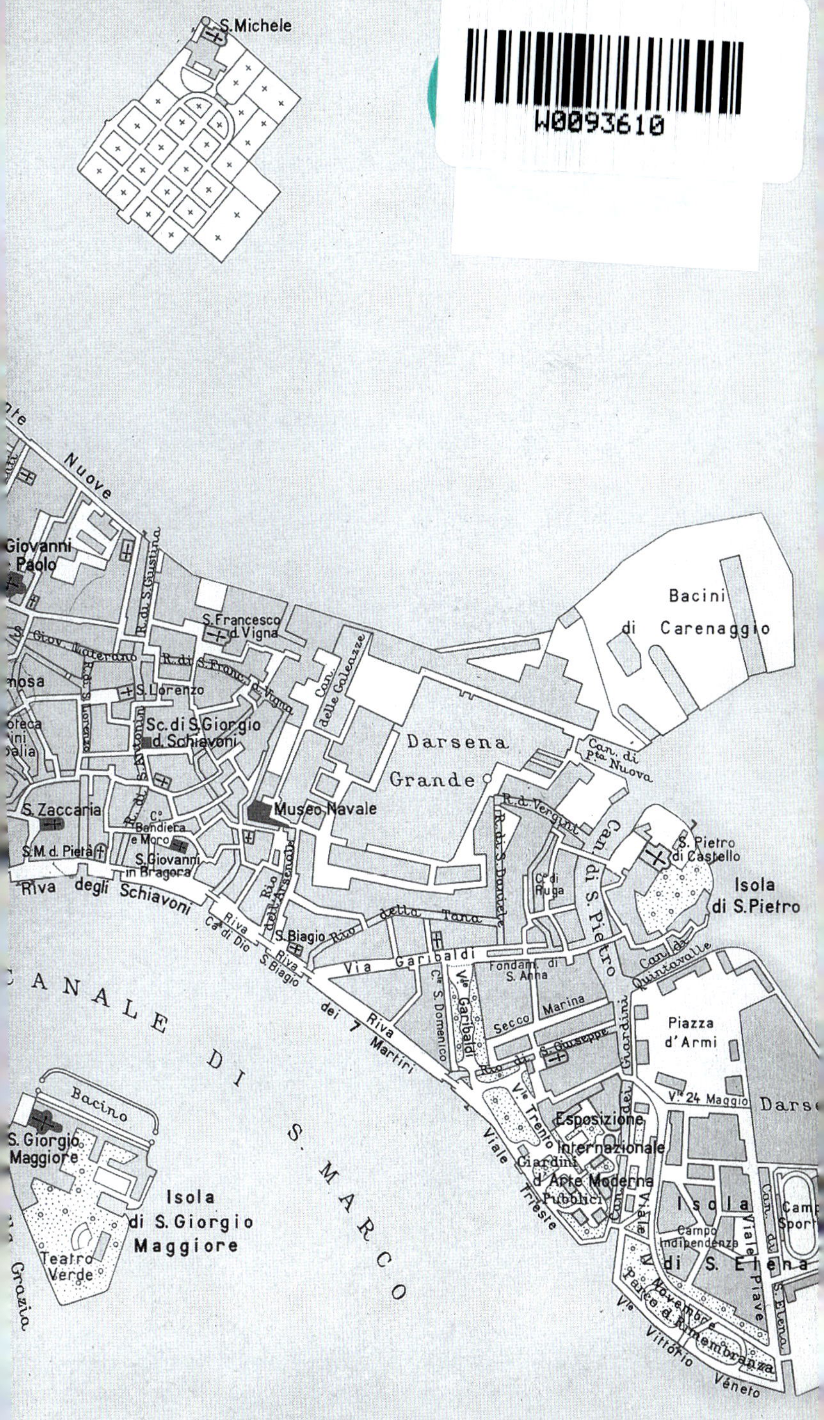

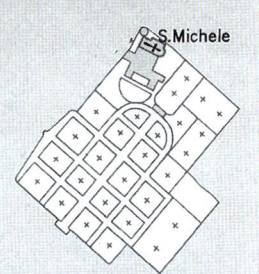

Arne Karsten

KLEINE GESCHICHTE
VENEDIGS

Arne Karsten

KLEINE GESCHICHTE
VENEDIGS

Verlag C.H.Beck

Mit 81 Abbildungen, davon 43 in Farbe, und 4 Karten

Frontispiz: Antonio Canaletto, Blick vom Markusplatz auf den Canal Grande und Santa Maria della Salute, 1727

Für Almut

© Verlag C.H.Beck oHG, München 2008
Satz aus der Aldus und Optima im Verlag
Druck und Bindung: APPL, apprinta druck, Wemding
Gedruckt auf säurefreiem, alterungsbeständigem Papier
(hergestellt aus chlorfrei gebleichtem Zellstoff)
Printed in Germany
ISBN 978 3 406 57640 9
www.beck.de

INHALT

Einleitung — 7

Die Siedlung im Sumpf (Von der Spätantike bis 1204)

Anfänge — 11
Mutter aller Mythen: Der Raub
der Gebeine des heiligen Markus — 18
Die Quellen des Reichtums — 22
Die frühe politische Verfassung — 25
Aquileia und Grado — 30
Der Markusdom — 34
1177 – Der Frieden von Venedig — 38
Byzanz — 42
1204 – Der vierte Kreuzzug — 47

Die Handelsgroßmacht (1204–1509)

Das Zeitalter der Kommune — 56
Die Entwicklung des Stadtbildes — 59
Die Organisation des Handels im Mittelalter — 64
Die große Pest — 71
Der Kampf mit Genua um die Vorherrschaft
im Mittelmeer — 75
Der *stato da mar* — 79
Nobili, cittadini und *popolani* — 84
Die *scuole* — 87
Der Doge — 90
Francesco Foscari und die Eroberung der *terra ferma* — 95
Die Verfassung — 101
Zeremonien und Rituale — 109
Das Arsenal — 117
Rialto — 124
Caterina Cornaro und die Krone Zyperns — 128

Abwehrkampf und Selbstbehauptung (1509–1669)
Agnadello — 132
Ein Kardinal … — 136
… und seine Neffen — 140
Die *renovatio urbis* und der Doge Andrea Gritti — 145
Wirtschaftliche Erholung — 152
Die Kunstmetropole — 159
Paolo Veronese und seine Werkstatt — 166
Lepanto — 169
Der Brand des Dogenpalastes 1577 — 174
Familienpaläste — 179
Die «Päpstlichen», die «Jungen» und Paolo Sarpi — 183
Santa Maria della Salute — 187
Familienruhm und Kirchenfassaden — 193
Der Kampf um Kreta und die Folgen — 196
Der wirtschaftliche Niedergang — 202

Später Glanz (1669–1797)
Die Entwicklung des Patriziats — 207
Das Ende der Türkenkriege — 212
Die Stadt der Vergnügungen — 216
Die kulturelle Spätblüte — 221

Zusammenbruch und neuer Aufstieg (1797 bis heute)
Das Ende der Republik — 227
Unter dem Doppeladler — 234
Venedig im Königreich Italien — 239
Die Ära des Faschismus — 247
Die Entwicklung nach dem Zweiten Weltkrieg — 252

Literatur — 258
Bildnachweis — 261
Personenregister — 263
Ortsregister — 269

EINLEITUNG

Mythos und Gegenmythos: Keine andere Stadt der Welt hat die Vorstellungskraft der Menschen in vergleichbar intensiver Weise beschäftigt wie Venedig, die Stadt im Wasser. In mühsamer Arbeit einer lebensfeindlichen Umgebung abgerungen, entwickelte sie sich aus einer bescheidenen Siedlung im Sumpf zu einer europäischen Großmacht. In den Jahrhunderten ihrer Blütezeit war die Wahrnehmung dieser Großmacht von der bemerkenswert erfolgreichen Selbstdarstellung ihrer politischen Klasse geprägt. Spätestens seit dem 15. Jahrhundert wurde die Stadt in der Lagune von vielen Besuchern aus ganz Europa bewundert für ihre politische und gesellschaftliche Stabilität, für die Ausgewogenheit ihrer Verfassung, ihre erfolgreichen Strategien bei der Regulierung interner Konflikte. Und in den Augen seiner Bevölkerung war der venezianische Staat nicht weniger als ein Werkzeug der göttlichen Vorsehung, seine Verfassung eine schlechterdings vollkommene Verbindung von Freiheit und Gerechtigkeit, seine Führungsschicht eine untadelige Gruppe von patriotischen, bescheidenen und opferbereiten, ja geradezu selbstlosen Dienern des Gemeinwohls.

Dass ein solches Staatswesen allen historischen Vorgängern und zeitgenössischen Konkurrenten überlegen war, daran bestand aus Sicht der Venezianer nicht der Schatten eines Zweifels. Schon ein Blick auf die Geschichte bestätigt diesen Sachverhalt mit entwaffnender Selbstverständlichkeit, denn «während die Athener, Spartaner und Römer nicht länger als 600 Jahre überlebten, hat diese Republik seit mehr als 1000 Jahren Bestand» – so der Patrizier und Chronist Marin Sanudo zu Beginn des 16. Jahrhunderts. Die Verbreitung dieses Mythos lag der venezianischen Führungsschicht in besonderem Maße am Herzen, und die Konsequenz, mit der hier Staatspropaganda betrieben wurde, ist eindrucksvoll. Ob Geschichtsschreiber oder Dichter, Maler oder Architekten, Bildhauer oder Musiker – wer immer zur Verherrlichung der Republik beitragen konnte, wurde dazu herangezogen. Und die Vorstellungen, welche Themen *ad maiorem gloriam rei publicae*, zum höheren Ruhme der Republik, dienlich seien, waren sehr präzise. So kommt es, dass eine Geschichte Venedigs und seiner Kunst der Beschäftigung mit einem «Thema und Variationen» gleicht: Das Thema, nämlich Ruhm und Herrlichkeit der Serenissima, ändert sich nie; um so größer ist die Phantasie, der Reichtum an Varianten bei seiner Ausgestaltung.

Auf der anderen Seite entwickelte sich der Gegenmythos: Venedig als raub- und raffgieriges Monster, einzig und allein auf den eigenen Vorteil bedacht, jederzeit zu Betrug und Verrat bereit. Auch diese Sichtweise reicht weit in die Vergangenheit zurück. Ein Papst war es, der ihr schon Mitte des 15. Jahrhunderts besonders beredten Ausdruck verlieh, der gelehrte Humanist und energische Machtpolitiker Pius II. Piccolomini (1458–1464): «Sie wollen als Christen vor der Welt erscheinen, aber in Wirklichkeit denken sie niemals an Gott, und außer dem Staat, den sie als eine Gottheit ansehen, gilt ihnen nichts als geweiht und heilig. (…) Was der Senat beschließt, ist heilig, auch wenn es im Gegensatz zur Heiligen Schrift steht.» In späterer Zeit, als die Macht der Republik zu sinken begann, verstärkte sich die Kritik, besonders giftig im 17. Jahrhundert vorgetragen vom Franzosen Amelot de la Houssaye in seiner *Histoire du gouvernement de Venise*. Das Ende der Republik 1797 führte dann zu neuen, erbitterten Debatten über die Deutung der Vergangenheit. Und vor allem wurde Venedig zur Projektionsfläche für künstlerische (Alb-)Träume. Die vielen Tode in Venedig, seien es reale, wie derjenige Richard Wagners im Jahre 1883, oder literarische – nur Gustav von Aschenbach aus Thomas Manns berühmter Novelle sei an dieser Stelle erwähnt –, sprechen für sich. Es unterliegt kaum einem Zweifel, dass die Stadt in der Lagune mit dem Begriff «Mythos», verstanden als sinnbeladene Konstruktion vergangener Ereignisse, in stärkerem Maße verbunden ist als irgendeine andere Stadt.

Aus diesen retrospektiven Bildern von Geschichte das herauszuarbeiten, was die historischen Quellen als gesichert erscheinen lassen, darum wird es im Folgenden gehen; wohl wissend, dass es eine objektive Geschichte nicht gibt, weil alle Wahrnehmung der Vergangenheit an das wahrnehmende Subjekt und seine Interessen gebunden ist. Eine Geschichte Venedigs, zumal auf so knappem Raum, dass sie der Leser gerne auf eine Reise in die Lagunenstadt mitnehmen mag, wartet freilich noch mit anderen, ganz praktischen Problemen auf, vor allem dadurch, dass es nicht nur die Geschichte einer Stadt, sondern eines Staates nachzuzeichnen gilt. Deswegen wird es nötig, den Blick auf Zusammenhänge der italienischen, ja der europäischen Politik zu richten, um die Geschichte der Markusrepublik zu verstehen. Denn über einen langen Zeitraum hinweg, vom 13. bis zum Beginn des 16. Jahrhunderts, spielte Venedig eine Hauptrolle im Konzert der europäischen Mächte, und die Entwicklung der Stadt und ihrer Bewohner müsste unverständlich bleiben, trüge man diesem Umstand nicht Rechung. Dass solche Ausblicke die größeren Zusammenhänge nur knapp skizzieren können, dürfte sich von selbst verstehen, wie auch die Notwendigkeit, bei einem kulturgeschichtlichen Überblick über einen Zeitraum von annähernd 1500 Jahren zahlreiche Aspekte lediglich zu streifen.

Wenn ich dennoch hoffe, dass die vorliegende Geschichte Venedigs dem interessierten Leser einen Gesamteindruck von der Geschichte dieser einzigartigen Stadt vermittelt, so ist das nicht zuletzt der Unterstützung durch Freunde und Kollegen zu verdanken. Jan May, Ines Neugebauer, Benjamin Paul, Jochen Pioch, Ruth Schilling, Tobias Weißmann sowie Karin und Leo Zitzlsperger haben das Manuskript ganz oder in Teilen gelesen und mir eine Vielzahl wertvoller Hinweise gegeben. Volker Reinhardt schulde ich nicht nur für Korrekturen und Anregungen nach der Textlektüre Dank, sondern ebenso für seine stete Diskussionsbereitschaft, und auch Olaf Rader hat mir nicht allein durch seine kritische Durchsicht des Textes geholfen, sondern während der Gudderitzer Arbeitsgespräche einmal mehr deutlich gemacht, dass sich die Arbeit am Manuskript nicht nur am Schreibtisch, sondern mitunter auch im Garten abspielen kann. Franziska Facile hat mit gewohnter Kompetenz und Einsatzbereitschaft die Bildrecherche übernommen. Beim Verlag C.H.Beck war Stefanie Hölscher eine überaus aufmerksame und engagierte Lektorin, Beate Sander eine große Hilfe bei der Bildredaktion, und schließlich hat Lisa Mayerhofer mit bemerkenswerter Sorgfalt die Korrekturfahnen durchgesehen. Ihnen allen sei herzlich gedankt!

DIE SIEDLUNG IM SUMPF
(VON DER SPÄTANTIKE BIS 1204)

ANFÄNGE

Anders als so viele andere italienische Städte war Venedig keine Gründung aus römischer Zeit. Dieser Mangel an Tradition, an legitimierenden Wurzeln, die bis in die mythologischen Tiefen der heidnischen Antike zurückreichten, stellte an sich einen unerfreulichen Mangel dar. Für das Talent der Venezianer auf dem Gebiet publikumswirksamer Selbststilisierung ist es bezeichnend, wie erfolgreich sie es verstanden, aus dieser Not eine Tugend zu machen. Statt ihre vergleichsweise späte Geburt verschämt zu verschweigen, erklärten sie dieselbe lieber kurzentschlossen zur Gnade, und zwar einer göttlichen – der es nämlich zu verdanken war, dass ihre Stadt, entstanden erst in christlicher Zeit und deswegen unbelastet von heidnischem Ballast, von unheiligen Erinnerungen an Götzendienst und Christenverfolgungen, die einzig reine, wahre Erbin des alten Roms sein konnte.

Nicht weniger geschickt gingen die Venezianer mit dem mythischen Gründungsdatum ihrer Stadt um, dem 25. März, nach dem christlichen Festkalender der Tag Mariä Verkündigung. Der Begriff der Verkündigung ließ sich in erfreulicher Weise von seiner ursprünglich theologischen Bedeutung ins Politische wenden: Wie die Geburt des Gottessohnes, so wurde an diesem Tag auch die Entstehung einer gesegneten, ja gottgewollten Stadt verheißen. Kein Wunder, dass der 25. März zu den wichtigsten Festtagen Venedigs zählte und venezianische Künstler die Verkündigung Mariens in zahllosen Variationen malten. In einem Gemälde von Bonifacio de' Pitati für den Dogenpalast, entstanden in der Mitte des 16. Jahrhunderts, kommt die für Venedig so typische Verknüpfung von religiöser und staatlicher Symbolik prägnant zum Ausdruck (Abb. 1). Während der Engel und

Abb. 1 Auf Bonifacio de' Pitatis um 1540 entstandenem Bild «Mariä Verkündigung» rückt die Darstellung Venedigs in den Mittelpunkt, während das eigentliche, religiöse Thema des Gemäldes nur noch eine Nebenrolle spielt: Zwischen dem Engel links und Maria rechts ist im Zentrum der Markusplatz mit Dogenpalast und Campanile zu erkennen.

Maria, die eigentlichen Hauptfiguren der Geschichte, auf die Seitenretabel des Triptychons gerückt sind, finden wir im Zentrum die Darstellung von Gottvater und Heiligem Geist – über dem Markusplatz schwebend.

Eine schöne Vorstellung, in den Augen der Venezianer, diese schmeichelhafte Verbindung von Heils- und Stadtgeschichte. Deren erste Anfänge verlegten viel spätere Zeiten in das Jahr 421 n. Chr.: Das war spät genug, um einen genuin christlichen Ursprung reklamieren zu können, doch andererseits auch wieder früh genug, um die direkte Verbindung zu den Traditionen des Römischen Reiches zu wahren und nicht mit dem Makel behaftet zu sein, den barbarischen «dunklen Jahrhunderten» nach der Absetzung des letzten weströmischen Imperators Romulus Augustulus im Jahre 476 zu entstammen.

Die Wirklichkeit sah jedoch anders aus. Soweit die überaus spärlichen Quellen überhaupt Aussagen über die Anfänge Venedigs gestatten, dürften sie in der Mitte des 6. Jahrhunderts zu suchen sein. Kaiser Justinian, im fernen Konstantinopel residierend, hatte 552 die Herrschaft der Ostgoten in Italien beendet, seine Feldherren Belisar und Narses hatten die Apenninen-

halbinsel wieder unter oströmische Herrschaft gebracht. Doch es dauerte nicht lange, bis ein anderes Germanenvolk auf der Suche nach Beute und Lebensraum die Alpen überquerte: 568 brachen die Langobarden unter ihrem König Alboin in Oberitalien ein. Zahlreiche Bewohner des Festlandes flüchteten vor den germanischen Eroberern in die Lagune, eine zwischen dem Festland und dem offenen Meer gelegene Sumpflandschaft mit einer Vielzahl kleinerer Inseln und Halbinseln. Die Lebensbedingungen hier waren alles andere als verlockend, der morastige Grund war für den Hausbau denkbar ungeeignet und zudem stets von Überschwemmungen bedroht, auch Landwirtschaft war kaum möglich, so dass die Flüchtlinge wohl zunächst darauf hofften, nach kurzer Zeit wieder auf das Festland zurückkehren zu können. Doch die Langobardenherrschaft erwies sich als dauerhaft, und der Norden und die Mitte Italiens blieben geteilt. Das Binnenland kontrollierten die Barbaren, in den Küstenregionen dagegen konnte sich zunächst die byzantinische Verwaltung, mit einer überlegenen Flotte im Rücken, behaupten. An ihrer Spitze stand ein Exarch mit Sitz in Ravenna.

Unter diesen Umständen begannen die Bewohner der Lagune

notgedrungen damit, sich in ihrer neuen amphibischen Heimat dauerhaft einzurichten; ihr bescheidenes Dasein fristeten sie vor allem durch den Handel mit Salz und Fisch, zwei Gütern, die ihre ansonsten so lebensfeindliche Umgebung im Übermaß bereithielt. Von den zahlreichen Siedlungskernen, die damals entstanden, hat sich kaum etwas erhalten, und jene Inseln, aus denen in späterer Zeit Venedig in der Form zusammenwuchs, in der wir es heute kennen, waren unter ihnen keineswegs die bedeutendsten. Nachdem es den Langobarden im Jahr 640 gelungen war, ihren Herrschaftsbereich auf dem Festland bis zur Küste auszudehnen, entstand eine neue Hauptstadt der schrumpfenden Provinz. Zu Ehren des byzantinischen Kaisers Herakleios (610–641) erhielt sie den Namen Eraclea; auch von ihr hat so gut wie nichts die Jahrhunderte überdauert. Malamocco, auf dem südlichen Teil der Lidi gelegen – jener schmalen Sandbänke, welche die Lagune gegen die Adria abschirmen –, folgte Eraclea im Jahre 742 als Dienstsitz des obersten byzantinischen Beamten in der Gegend.

Dessen Amt gab es, so behaupteten spätere Geschichtsschreiber, seit 697, und er führte den Titel «Dux», woraus sich der venezianische Begriff «Doge» entwickeln sollte. Doch wurde er zunächst keineswegs von den Einheimischen gewählt, sondern vom Kaiser in Konstantinopel ernannt und unterstand außerdem dem Exarchen in Ravenna. Denn die Siedlung in der Lagune gehörte nach wie vor zum oströmischen Kaiserreich, auch wenn der Weg nach Konstantinopel lang war und die Kaiser in der Hauptstadt sich oft von ernsteren Problemen bedrängt sahen als den Ereignissen im sumpfigen Norden der Adria.

Mitunter schufen sie die Probleme auch selbst, so etwa Kaiser Leon III. (717–741), der ein folgenreiches Dekret in der theologischen Streitfrage erließ, ob die Verehrung von Bildern in Kirchen zulässig sei. Wie die Mehrheit der oströmischen Gläubigen neigte Leon zur Partei der Ikonoklasten, der Bilderfeinde, welche die Ansichten der Ikonodulen, der Bilderfreunde (wörtlich: «Bildersklaven»), dass religiöse Darstellungen in den Kirchen ihre Berechtigung hätten, als häretisch brandmarkten. Im Jahre 726 ließ Leon III. die Ikonoklasten scheinbar triumphieren, indem er die Bilderverehrung kategorisch verbot. Doch was in den östlichen Reichsteilen bejubelt wurde, stieß in den byzantinischen Besitzungen in Italien (und nicht zuletzt im Rom Papst Gregors II.) auf radikale Kritik. Mehr noch: Das Bilderdekret löste offenen Widerstand aus und führte dazu, dass noch im selben Jahr die Bewohner der Lagune zum ersten Mal selbst einen *dux* aus den Reihen ihrer führenden Familien wählten. Wenig später nutzten die Langobarden die aus theologischen Streitigkeiten resultierende Uneinigkeit militärisch aus und nahmen Ravenna ein, den Sitz des byzantinischen Exarchen. Dank venezianischer Unterstützung gelang es Byzanz zwar, die Stadt schon bald zurückzuerobern, aber zu Beginn des Jahres 750 fiel sie endgültig an das Langobardenreich. Mit dem Ende des Exarchats verloren die byzantinischen Besitzungen in Italien ihr Haupt. Für die Bewohner der Lagune jedoch brachte die Schwäche des Reiches von Byzanz mehr Vor- als Nachteile, vor allem eine wachsende Autonomie. Und schon bald zeichneten sich neue, ungeahnte Möglichkeiten ab, den eigenen politischen Spielraum auszubauen.

Denn im Jahre 774 endete die Geschichte des Langobardenreiches durch den Einfall der Franken unter ihrem König Karl, der später dann, am Weihnachtstag des Jahres 800, von Papst Leo III. in Rom zum Kaiser gekrönt werden sollte. Norditalien gehörte nunmehr zum Frankenreich, und die Bewohner der Lagune fanden sich an der Grenzlinie zwischen dem alten Kaiserreich der Griechen im Osten und dem neuen Reich von Karls Franken im Westen wieder. Hier wie dort betrachteten sich die Herrscher als legitime Nachfolger der römischen Imperatoren, und beide erhoben sie Anspruch auf Oberitalien. Die Folgen bestanden nicht zuletzt darin, dass sich schon bald unter den Bewohnern der Lagunensiedlungen eine profränkische und eine probyzantinische Partei gegenüberstanden. Zunächst scheinen die Anhänger des Frankenreichs die Oberhand gewonnen zu haben, doch eine byzantinische Flotte erzwang 810 die Loyalität der alten Untertanen – ihr Erscheinen sollte sich als der letzte Versuch Konstantinopels erweisen, auf militärischem Weg aktive Politik in der nördlichen Adria zu betreiben. Ein Versuch von Karls Sohn Pippin, die Lagunenlandschaft gewaltsam in Besitz zu nehmen, scheiterte, zeitigte aber die langfristig bedeutsame Folge, dass der Amtssitz des Dogen aus Malamocco in das besser zu verteidigende Innere der Lagune verlegt wurde, genauer gesagt: auf eine kleine Inselgruppe, die man als «rivus altus» (hohes Ufer) bezeichnete, woraus später «Rialto» wurde. Aus diesem Siedlungskern sollte sich schließlich Venedig entwickeln. Zu Beginn des 9. Jahrhunderts standen die Bewohner des *rivus altus* zwar weiterhin formal unter der Oberherrschaft Ostroms, erfreuten sich aber de facto einer weitgehenden Unabhängigkeit.

Freilich: Es besteht kein Anlass, Venedigs Bedeutung in dieser frühen Phase seiner Entwicklung überzubewerten. Von späteren Zeiten, von den Höhen der glanzvollen Handelsmetropole her betrachtet, die zeitweise im Stil einer europäischen Großmacht agierte, machte der Blick der venezianischen Geschichtsschreiber Größe aus, wo noch lange Zeit höchst ungewiss war, ob sie sich jemals entfalten würde. Rialto verblieb über Jahrhunderte im Schatten bedeutender Siedlungen in der Nähe. Ein lange Zeit ernstzunehmender Konkurrent um die Vorherrschaft in der nördlichen Adria war Comacchio, etwas weiter südlich als Venedig, aber ebenfalls an einer Lagune gelegen. Durch die Nähe zu Ravenna standen die Chancen Comacchios sehr gut, den einst blühenden Handel dieser Stadt, die seit der Eroberung durch die Langobarden in rapidem Verfall begriffen war, zu übernehmen. Zudem gehörte es, anders als Venedig, zum langobardischen, später dann karolingischen Herrschaftsgebiet und wurde dementsprechend von den Herrschern begünstigt. Venedig entledigte sich dieses unangenehmen Konkurrenten mit einer brutalen Konsequenz, wie wir sie noch des Öfteren in der Geschichte der Markusrepublik werden beobachten können:

Im Jahre 886 erstürmten die Venezianer Comacchio und brannten es bis auf die Grundmauern nieder. Und als sich die Konkurrentin ein halbes Jahrhundert später zu erholen begann, ließ es sich der Doge Pietro Candiano II. (932–939) nicht nehmen, höchstpersönlich eine Expeditionsflotte anzuführen, die Comacchio abermals in Schutt und Asche legte.

Abb. 2 Ehrwürdiger Überrest einer einstmals blühenden Siedlung: die Kathedrale von Torcello, eines der wenigen erhaltenen Beispiele für die venezianisch-byzantinische Kirchenbaukunst des Mittelalters.

Ein anderer Konkurrent, das noch im 11. Jahrhundert bedeutende Handelszentrum Torcello, am Nordrand der Lagune gelegen, fiel hingegen nicht so sehr der Konkurrenz zu Rialto, sondern vor allem dem sensiblen ökologischen Gleichgewicht der Lagunenlandschaft zum Opfer. Durch zunehmenden Zufluss von Süßwasser verbesserten sich in der Umgebung Torcellos während des Hochmittelalters die Wachstumsbedingungen für Schilfröhricht, das eine ideale Brutstätte für die Malaria-Mücke darstellt. Die von diesem Insekt übertragene Krankheit blieb über die Jahrhunderte hinweg im gesamten Lagunengebiet endemisch, nahm aber in der Gegend um Torcello in solchem Maße überhand, dass sie der Siedlung zum Verhängnis wurde. Allein die Kathedrale des einstigen Bischofssitzes hat als eines der eindrucksvollsten Beispiele für die byzantinisch-venezianische Kirchenarchitektur des Hochmittelalters die Zeiten überstanden (Abb. 2). In ihrer Umgebung bieten dem heutigen Besucher Torcellos melancholisch stimmende Ruinen ein sinnfälliges Bild für die Folgen ökologischer Katastrophen.

Vom Niedergang dieser Konkurrenten profitierte die Siedlung am Rialto, die dann im Laufe der Zeit mit zwei anderen Siedlungskernen zusammenwuchs, dem Gebiet um den Dogenpalast und dem Bischofssitz Olivolo, wo später das Arsenal errichtet werden sollte. Aber auch wenn sich diese Siedlung langsam vergrößerte (S. 59), bot sie in den frühen Jahrhunderten ihrer Geschichte ein alles andere als eindrucksvolles Bild. Auf vielen kleinen Inseln, die nur in den wenigsten Fällen durch Brücken miteinander verbunden waren, entstanden einfache Holzhäuser. Erst nach und nach entwickelte sich aus diesen bescheidenen Siedlungskernen so etwas wie ein Stadtbild – und vor allem: eine gemeinsame Identität der Bewohner von *rivus altus*.

MUTTER ALLER MYTHEN: DER RAUB DER GEBEINE DES HEILIGEN MARKUS

Fragt man nach den Anfängen Venedigs, gewissermaßen dem Fundament, auf dem im Laufe der Zeit ein so eigenartiges, einzigartiges Staatsgebäude errichtet wurde, so spielten ein Heiliger und seine Reliquien eine besonders prominente Rolle. Nun kann die Bedeutung der Heiligen- und Reliquienverehrung im Mittelalter generell nur schwer überschätzt werden. In einer Epoche, die Jenseits und Diesseits nicht als getrennte Sphären, sondern als unterschiedliche Ausformungen *einer* Welt betrachtete, in der himmlische Fürsprache höchst diesseitige Auswirkungen zeitigen konnte und keine Sorge die Menschen tiefer erfüllte als die um das Heil ihrer Seele, kam den Heiligen und ihrer Vermittlertätigkeit in Sachen göttlicher Gnade größtes Gewicht zu. Keine Stadt dieser Zeit, kein Stadtviertel ohne einen Heiligen, den man eifrig verehrte, der in Notzeiten angerufen und dem für seinen Beistand gedankt wurde. Und doch fand das europaweit zu beobachtende Phänomen des Heiligenkults in Venedig eine besondere Ausprägung, die von der Überführung der Markusreliquien – man könnte freilich auch von Raub sprechen – ihren Ausgang nahm. Denn nach den Vorstellungen der Menschen im Mittelalter spielte es eine entscheidende Rolle für das fürsprecherische Engagement eines Heiligen, ob die ihn verehrende Gemeinde im Besitz seiner materiell-körperlichen Überreste war. Ob es sich bei den Reliquien tatsächlich um den Körper des Evangelisten handelte, ist unsicher, besser gesagt: außerordentlich unwahrscheinlich; und im Übrigen für den weiteren Verlauf der Entwicklung Venedigs belanglos. Denn die Venezianer glaubten inbrünstig an die Echtheit der Knochen sowie an die Wahrheit der mythischen Erzählung von ihrer Überführung, und aus diesem Glauben erwuchs ihre Wirkmacht.

Zur Zeit des Dogen Giustiniano Partecipazio (827–829) erfuhren zwei venezianische Kaufleute gelegentlich ihres Aufenthaltes im ägyptischen Alexandria, dass der dortige muslimische Herrscher christliche Kirchen abzureißen beabsichtigte, um dadurch an Baumaterial für die Errichtung eines neuen Palastes zu gelangen. In einer dieser Kirchen aber befanden sich die sterblichen Überreste des Evangelisten. Angesichts der Gefahr beschlossen die beiden Venezianer, die kostbare Reliquie zu retten, und zwar indem sie sie, nicht ganz uneigennützig, in ihre Heimatstadt brachten. Um sie an den muslimischen Zöllnern vorbeizuschmuggeln, griffen sie zu einem Trick: Sie bedeckten die Knochen des Evangelisten kurzerhand mit Schweinefleisch, was dazu führte, dass die Wachen die kostbar-abstoßende Fracht mit dem Ausruf echten Ekels «Kanzir, Kanzir!», «Schwein, Schwein!», passieren ließen. Die an diesen ingeniösen Raub anschließende Rückfahrt verlief nicht ohne wetterbedingte Schwierigkeiten, doch endete sie, wie man es angesichts der Präsenz eines so prominenten Fürsprechers erwarten darf, letzten Endes mit der glücklichen Heimkehr der frommen Räuber (Abb. 3).

Soweit der Kern einer über die Jahrhunderte immer weiter ausgeschmückten und mit sinnträchtigen Einzelheiten ergänzten Legende, deren Wahrheitsgehalt wir, wie gesagt, guten Gewissens dahingestellt sein lassen können. Woher auch immer die Knochen stammten, die im 9. Jahrhundert nach Venedig gelangten, sie setzten den Bau einer Kirche in Gang, die der Verehrung des heiligen Markus diente und die sich zusammen mit dem daneben gelegenen Dogensitz schon sehr bald zum politischen, zugleich aber auch religiösen Zentrum der Stadt entwickelte. Dabei ist es bezeichnend, dass die Venezianer die Reliquien in einer eigens errichteten Kirche neben dem Amtssitz des Dogen aufbewahrten und sie nicht etwa dem religiösen Oberhaupt der Lagunengemeinde, dem Patriarchen von Grado (einer rund 100 Kilometer nordöstlich von Venedig dem Festland vorgelagerten Insel), übergaben. Der Prestigegewinn, der von den verehrten Knochen herrührte, sollte nicht etwa kirchlichen Würdenträgern, sondern der Kommune zugute kommen. Und dieses Ziel wurde vollkommen erreicht. San Marco, die «Kapelle des Dogen», blieb ungleich prominenter als die Kirche des Patriarchen, dessen Sitz, San Pietro in Castello, sich in unauffälliger Lage an der Peripherie der Stadt befand.

Im Laufe des Mittelalters verschmolzen Venedig und sein wichtigster Heiliger zu einer Einheit, die schließlich alle Lebensbereiche umfasste. Im Namen von San Marco wurden Verträge geschlossen, ihm unterwarfen sich von Venedig besiegte Städte. Auf den venezianischen Münzen verbreitete sich sein Symboltier, der geflügelte Löwe mit dem aufgeschlagenen Buch und den Worten «Pax tibi, Marce, evangelista meus», «Frieden sei mit Dir, Markus, mein Evangelist», im gesamten Mittelmeerraum – unbeschadet des Spottes späterer Humanisten, die sich über das falsche Latein des «evangelista meus» mokierten. Eigentlich müssten die Buchseiten die Worte «mi evangelista» zeigen, doch

das focht die venezianischen Kaufleute nicht an. Dienst am Staat, das war in Venedig zugleich Dienst am heiligen Markus, war dadurch Gottesdienst, und die Identifikation der Stadt mit ihrem Hauptheiligen ging so weit, dass man sich in ganz Europa daran gewöhnte, schlicht von «San Marco» zu sprechen, wenn man die Republik Venedig meinte. Solche Ineinssetzung einer Stadt und ihres Schutzpatrons ist ungewöhnlich. So inbrünstig etwa die Florentiner ihren himmlischen *padrone*, Johannes den Täufer, verehrten, so kam doch niemand auf die Idee, von «San Giovanni» zu sprechen, wenn er die Stadt am Arno meinte. In Venedig war das anders – ein Zeichen auch für das ungewöhnlich hohe Maß an Identifikation der Bürger mit ihrer Stadt und deren Symbolen, einer Identifikation, die sich stärker als andernorts auf das Zentrum der Stadt konzentrierte und die lokalen Traditionen der Stadtteile in den Schatten rückte.

Abb. 3 Ein Mosaik in San Marco aus dem 12. Jahrhundert zeigt die Entführung der Gebeine des heiligen Markus aus Alexandria. Links übergeben Geistliche den venezianischen Kaufleuten Tribunus und Rusticus den Leichnam, rechts tragen die Venezianer die Reliquien, unter Schweinefleisch verborgen, zu ihrem Schiff.

Der «Erfolg» des Evangelisten als Stadtpatron spiegelt sich nicht zuletzt in den zahllosen Bildern, auf denen ihn venezianische Künstler darstellten. Schon früh wurde etwa die Translation der Gebeine des heiligen Markus abgebildet, besonders prominent in einem Mosaik aus dem 13. Jahrhundert über einem der Portale der Markuskirche. Gentile Bellini hielt dieses heute verlorene Mosaik auf einem Gemälde aus dem Jahr 1496 fest (Abb. 3). Und mit der Zahl der Bilder wuchs auch die Vielfalt der Erzählungen, die in immer bunteren Details die Aufmerksamkeit der Markusgläubigen zu fesseln suchten, ehe mit dem politischen Niedergang der Republik auch die Anziehungskraft ihres geistlichen *padrone* zu erlahmen begann. Doch damit sind wir der Entwicklung weit vorausgeeilt.

DIE QUELLEN DES REICHTUMS

Salz, Fischfang und Seehandel, zunächst vor allem mit Istrien und Ravenna – auf diesen Pfeilern ruhte der Wohlstand der Lagunensiedlung in ihrer Frühzeit, glaubt man einem Brief aus dem Jahre 537, den Cassiodor, ein römischer Beamter im Dienste des in Ravenna residierenden Ostgotenkönigs Theoderich des Großen, an die Bewohner der Lagune schrieb. Für die Folgezeit lassen sich aus den spärlichen Quellen kaum verlässliche Aussagen über die Entwicklung des Wirtschaftslebens gewinnen. Sicher ist allerdings, dass die Lagunenbewohner von Anfang an auf die Versorgung mit Nahrungsmitteln, vor allem Getreide, vom oberitalienischen Festland angewiesen waren. Doch wenngleich es an Grund und Boden für einen den Bedarf deckenden Ackerbau mangelte, so standen dafür mit Fisch und Salz zwei Güter in Fülle zur Verfügung, die als wertvolle Handelswaren den Import von Getreide sicherstellen konnten.

Fische kamen in der Lagune natürlicherweise in Massen vor. Als besonders ertragreich galten die Fanggründe bei den Durchlässen des Lidos zum offenen Meer, welche die Fische passieren mussten, wenn sie zu ihren Laichgründen in der Lagune gelangen oder diese als Jungfische verlassen wollten. Doch schon sehr früh scheint neben dem Fang die Fischzucht Bedeutung gewonnen zu haben, denn das flache Lagunenbecken bot ideale Bedingungen für die Aufzucht von Speisefischen. Am beliebtesten waren Stör, Forelle und Heilbutt, doch gegessen wurde, was immer ins Netz ging. Fisch war für die stets von Mangelernährung bedrohten Menschen des Mittelalters nicht nur ein wichtiger Proteinlieferant, sondern spielte besonders in der Fastenzeit eine wichtige Rolle, in der es verboten war, Fleisch zu essen. Zudem ließ sich Fisch auf einfache Weise haltbar machen, indem man ihn einsalzte. Und dabei kam nun das zweite Lebensmittel zupass, über das die Lagunenbewohner im Überfluss verfügten: Salz.

Wie groß die Bedeutung des Salzes war, geht nicht zuletzt daraus hervor, dass sich aus dem Zeitraum von den Anfängen Venedigs bis zum Jahr 1199 nicht weniger als 494 Urkunden erhalten haben, die mit der Salzgewinnung in Zusammenhang stehen (davon stammen allerdings gerade einmal zwei aus der Zeit vor der ersten Jahrtausendwende). Die Gewinnung des Meersalzes in sorgsam angelegten Salinen, in denen das Wasser nach und nach verdunstete, bis schließlich das kostbare Mineral in reiner Form vorlag, bedurfte eines erheblichen Aufwands an Zeit, Geschick und Arbeitskraft. Kein Wunder also, dass sich die Salinen in der Regel im Besitz der großen (Dogen-)Familien und der Klöster befanden. Letztere profitierten auch in vielen Fällen von Schenkungen und Erbschaften, mit denen ihnen Salinen oder die Einkünfte daraus übertragen wurden. Auf flachen Kähnen wurde das Salz an die Küste gebracht und von dort aus auf den oberitalienischen Flüssen, vor allem dem Po, ins Binnenland bis hinauf nach Pavia verschifft.

Diese wenig aufsehenerregenden Handelsaktivitäten scheinen lange Zeit vorherrschend gewesen zu sein. Doch was wir aus den dürftigen Quellen ab der Mitte des 9. Jahrhunderts hier und da andeutungsweise erfahren, lässt die Vermutung zu, dass sich von da an die Handelswege langsam, aber sicher ausdehnten, venezianische Kaufleute nun nicht mehr nur die nördliche Adria befuhren und mit dem italienischen Festland Handel trieben, sondern im Osten bis in die Levante und ins Schwarze Meer, im Westen bis nach Spanien gelangten, auch wenn Reisen von solcher Reichweite zunächst noch die Ausnahme blieben. Mit der Ausweitung des Radius wandelte sich auch die Qualität der gehandelten Produkte. Bereits um das Jahr 1000 herum war die Lagunenstadt nicht mehr nur Umschlagplatz für Fisch und Salz, Holz und Getreide, sondern auch für die Luxusgüter des Orients, für kostbare Stoffe und Gewürze, aber auch für Sklaven, die von Venedig aus den Weg nach West- und Mitteleuropa fanden. Bis in das 15. Jahrhundert hinein stellte der Handel mit dieser menschlichen «Ware» eine der Haupteinnahmequellen der Kaufleute am Rialto dar, und selbst vorsichtige Schätzungen gehen davon aus, dass über die Jahrhunderte hinweg Millionen von Sklaven, vor allem aus Dalmatien stammend, auf diesem Wege neue Besitzer fanden.

Schon in dieser frühen Zeit zeichneten sich die Venezianer durch eine selbstbewusste Durchsetzung ihrer Handelsinteressen aus. Dem immer wieder nachdrücklich ausgesprochenen kirchlichen Verbot, mit den Ungläubigen in der Levante Handel zu treiben – vor allem: ihnen Holz und Waffen zu liefern –, schenkten sie genauso wenig Beachtung wie dem Umstand, dass der Handel mit christlichen Sklaven mit dem Interdikt bedroht wurde, also dem Ausschluss vom Empfang der Sakramente. Es dürfte nicht zuletzt dieser Rücksichtslosigkeit, in Verbindung mit der handelsstrategisch überaus vorteilhaften Lage im Norden der Adria, zuzuschreiben sein, dass sich Venedig zur Drehscheibe des Warenverkehrs zwischen Okzident und Orient entwickelte. Wie weit die Stadt auf dem Weg dahin schon im 11. Jahrhundert war, lässt schlaglichtartig eine Episode aus dem Jahr 1017 erkennen: Vier große venezianische Schiffe, beladen mit kostbaren Gewürzen, erlitten auf der Heimreise im Mittelmeer Schiffbruch; ein Ereignis, das auch der norddeutsche Bischof Thietmar von Merseburg in seiner Chronik für überlieferswert befand.

Doch so weit die Reiserouten der Kaufleute inzwischen auch reichten: Der wichtigste Handelspartner für die Venezianer blieb noch für längere Zeit Konstantinopel. In einem Vertrag aus dem Jahre 992, dem ältesten erhaltenen Dokument, das von den kommerziellen Beziehungen zwischen der alten Reichshauptstadt und der aufstrebenden Lagunenmetropole berichtet, wurden die Zollsätze, die venezianische Kaufleute beim Handel im Oströmischen Reich zu zahlen hatten, neu geregelt. Ein knappes Jahrhundert später erzielte Venedig auf diesem Gebiet einen historischen Erfolg: 1082 gewährte Kaiser Alexios I. Komnenos den venezianischen Kaufleuten gegen militärische Flottenhilfe in einer feierlichen Goldbulle, auf die noch näher einzugehen sein wird (S. 44), das Privileg, im gesamten Herrschaftsbereich der oströmischen Imperatoren zoll- und abgabenfrei Handel zu treiben. Damit verfügten die Venezianer über einen entscheidenden Wettbewerbsvorteil gegenüber allen Konkurrenten, vor allem den Seestädten Amalfi, Pisa und Genua. Aus einer regionalen Größe am sumpfigen Nordrand der Adria war eine Handelsgroßmacht geworden.

DIE FRÜHE POLITISCHE VERFASSUNG

Wie über alle anderen Bereiche ist auch über die gesellschaftliche Entwicklung der Gemeinde am Rialto in den ersten Jahrhunderten ihrer Existenz, und zwar bis in die zweite Hälfte des 10. Jahrhunderts hinein, wenig bekannt. Allzu dürftig sind die Zeugnisse, die sich aus dieser Epoche erhalten haben, und jene Schriften, die aus späteren Zeiten über die Anfänge sprechen, sind bestenfalls Zeichen von Zeichen. Sie tragen die impliziten Deutungsabsichten ihrer Verfasser oftmals auf der Stirn, mitunter aber sind diese auch geschickt verborgen – was ihre Interpretation nicht einfacher macht. Die älteste schriftliche Quelle, die uns zur Geschichte Venedigs vorliegt, ist das *Chronicon Venetum* des Diakon Johannes, Ioannes Diaconus, und dieser Text ist in der Zeit um die erste Jahrtausendwende entstanden, mehrere Jahrhunderte mithin, nachdem sich die Siedlung in der Lagune zu entwickeln begann. Dazu kommen ein paar Bruchstücke, welche die Archäologen in mühsamer Grabungsarbeit zu Tage gefördert haben.

Was sich für die Frühzeit schemenhaft abzeichnet, ist ungefähr das Folgende: Beherrscht wurden die Siedlungen zunächst von einer Gruppe wirtschaftlich und politisch besonders erfolgreicher Familien. Einige wenige dieser Familien kennen wir mit Namen, doch verschwinden diese Namen sogleich wieder im Dunkel der Geschichte. Aus den Reihen dieser offenbar sozial sehr durchlässigen, kaum verfestigten Führungsschicht stammten die meisten der vom oströmischen Kaiser ernannten Würdenträger der venetischen Provinz. In der ersten Hälfte des 8. Jahrhunderts begannen dann die mächtigen Familien, ihre Politik in wachsender Unabhängigkeit von Byzanz zu gestalten, ohne dass der formale Status einer Provinz des Oströmischen Reiches in Frage gestellt wurde. Mit der zunehmenden Autonomie wuchs jedoch auch das Konfliktpotential innerhalb der Gemeinde. Deutlich wurde das vor allem im 9. Jahrhundert, als die *duces* durch den innen- wie außenpolitischen Machtzuwachs in die Lage gelangten, mit nahezu herrscherlicher Machtvollkommenheit zu regieren. Zu dieser Zeit treten auch erstmals Familiennamen auf, die zu merken sich lohnt, weil sie über eine lange, in einigen Fällen sogar sehr lange Zeit immer wieder auftauchen: so etwa die Falier und Gradenigo, Angehörige des Patriziats noch in den Jahren, da die Republik ihr Ende fand.

Nun, um die Mitte des 9. Jahrhunderts, nahm sie ihren Anfang, doch lange war durchaus nicht abzusehen, dass sich die Siedlung auf dem Rialto zu einer Republik entwickeln würde. Denn die mächtigen Dogen neigten dazu, ihre Herrschaft zu vererben. Dadurch hätten sich Dynastien bilden und schließlich die aristokratische durch eine monarchische Herrschaft ersetzt werden können. Dem stand allerdings das nicht minder ausgeprägte Bemühen der führenden Familien entgegen, eine solche Dynastiebildung zu verhindern. Die Folge dieses Grundkonfliktes bestand in einer eindrucksvollen Liste von abgesetzten, geblendeten, hingerichteten und ermordeten Oberhäuptern Venedigs während des 9. und 10. Jahrhunderts. Und gerade bedeutende Politiker liefen Gefahr, ein unrühmliches Ende zu nehmen. So geschah es etwa dem Dogen Pietro Tradonico, der während des langen Zeitraums zwischen 836 und 864 die Geschicke der Stadt leitete. Er tat dies offensichtlich mit Erfolg, denn in seine Regierungszeit fiel unter anderem ein Vertrag mit dem fränkischen Kaiser Lothar I. Dieses *pactum Lothari*, in dem Venedig bemerkenswerterweise als selbständiger Vertragspartner anerkannt wurde, regelte die Handelsbeziehungen mit den Gebieten des karolingischen Oberitalien in für Venedig vorteilhafter Weise, wurde doch der Handel mit recht geringen Zollgebühren und vor allem die Sicherheit der venezianischen Kaufleute garantiert. Schon in der Sache stellt dieser Vertrag einen wichtigen Schritt in der Entwicklung Venedigs dar, mehr jedoch noch in der Form: als Vertrag zwischen zwei grundsätzlich gleichberechtigten Parteien, der geschlossen wurde, ohne dass man in Venedig die Zustimmung des formalen Herren, des oströmischen Kaisers, eingeholt hätte. Dem Dogen, der den Vertrag zustande gebracht hatte, trug er hohes Prestige ein. Doch seine Erfolge riefen bei den Standesgenossen auch Neid und Missgunst hervor: Angehörige einiger der großen Familien ermordeten 864 den allzu mächtig gewordenen Pietro Tradonico.

Im 10. Jahrhundert war es dann vor allem die Familie Candiano, die über mehrere Jahrzehnte hinweg die venezianische Politik bestimmte. Ihr bedeutendster Vertreter war ohne Zweifel Pietro Candiano IV., der von 959 bis 976 regierte. Er ist der erste Doge, dessen Persönlichkeit aus den Quellen, wenn auch schemenhaft, so doch über das Stereotype hinaus, sichtbar wird. Schon als Mitregent während der Herrschaft seines Vaters hatte er Gelegenheit gehabt, politische Erfahrungen zu sammeln. Als er dann selbst an der Spitze der Kommune stand, ließ er schon bald ebenso wenig Zweifel an seinem Willen zur Macht aufkommen wie an seinem taktischen Geschick, diesen Willen in die Tat umzusetzen. Sein außenpolitisches Ziel bestand in einer Annäherung an das unter Otto dem Großen in Italien wieder zunehmend aktiv agierende römisch-deutsche Kaisertum. Diesem Ziel ordnete Pietro Candiano auch konsequent sein Privatleben unter, indem er seine erste Frau kurzerhand ins Kloster schickte, um mit Waldrada von Toskana nicht nur eine der reichsten Frauen der Apenninhalbinsel, sondern darüber hinaus eine Nichte des deutschen Kaisers heiraten zu können.

Nach innen bemühte er sich energisch um eine Vergrößerung der Dogenmacht und schreckte dabei vor Konflikten nicht zurück. Wie schon im Fall des Pietro Tradonico rund hundert Jahre zuvor weckte die wachsende Macht des Dogen das Misstrauen seiner Standesgenossen. Angesichts des Schicksals nicht nur Tradonicos, sondern auch anderer Amtsvorgänger war Pietro Candiano gewarnt, und dank seines beträchtlichen Vermögens konnte er es sich leisten, eine Söldnergarde zu seinem Schutz zu unterhalten. Doch auch die konnte ihn nicht retten, als es im Jahre 976 zu einem Aufstand «einiger der Großen Venedigs», wie es bei Johannes Diaconus heißt, kam – unter ihnen waren sogar einige Verwandte des Dogen. Die Rebellen schlossen Pietro Candiano in seinem Amtssitz, dem damals noch burgartig befestigten Dogenpalast, ein. Als es ihnen nicht gelang, diesen zu stürmen, legten sie am 11. August 976 Feuer, das sich rasch ausbreitete und den Dogen schließlich zwang, sich in die ebenfalls schon brennende Markuskirche zu flüchten, wo er zusammen mit einigen Getreuen und seinem noch im Säuglingsalter stehenden Sohn erbarmungslos niedergemacht wurde.

Der große Brand des Jahres 976 zerstörte nicht nur den Dogenpalast und mehrere hundert Häuser, sondern auch die erste Markuskirche. Unter dem Nachfolger des ermordeten Candiano ging man sogleich daran, die Schäden zu beseitigen. Pietro Orseolo I. regierte nur zwei Jahre (976–978), ehe er sein Amt niederlegte und sich als Mönch in ein abgelegenes Kloster in den Pyrenäen zurückzog – ein in der venezianischen Geschichte einzigartiger Fall, der im Jahre 1731 zur ebenfalls einzigartigen Heiligsprechung des einstigen venezianischen Staatsoberhauptes führen sollte. Vor allem aber beginnt mit seiner Regierung die Vorherrschaft eines neuen Clans, der Orseolo, deren wichtigster Vertreter, Pietro Orseolo II., Sohn des Dogen-Mönchs, von 991 bis 1009 regierte. Aus dieser Zeit stammt auch das schon zitierte *Cronicon Venetum* des Kaplans und Dogenberaters Johannes Diaconus, der seinem Herrn in der Chronik ein lebhaftanschauliches Denkmal setzte. Der Machtinstinkt Orseolos scheint nicht weniger ausgeprägt gewesen zu sein als der seiner Vorgänger Tradonico und Candiano; nur verstand er es besser oder jedenfalls erfolgreicher, die Opposition gegen eine allzu mächtige Position des Dogen im Zaum zu halten.

Im Mai des Jahres 1000 brach Orseolo an der Spitze der venezianischen Flotte zu einer historischen Mission auf: der Unterwerfung der nördlichen Adriaregion. Zwar verfügte die Lagunenstadt schon vorher über einzelne Stützpunkte in dieser Gegend, doch nun begann die systematische Unterwerfung der gesamten kroatischen Küste. Spätere Zeiten nannten dies einen Kampf gegen Seeräuber, womit sie aber die Perspektive des Siegers einnahmen. In einer Zeit, der ein Staats- oder gar Völkerrecht unbekannt war und in der die Grenzlinien zwischen bewaffnetem Handel und Seeräuberei noch fließend verliefen, definierte sich der Unterschied zwischen legitimer und illegitimer Gewalt über den Erfolg: Im Recht war der Sieger. Und Orseolo siegte auf der ganzen Linie, unterwarf unter anderem Zara (das heutige Zadar), Spalato (Split) und Ragusa (Dubrovnik), zwang die Bewohner der Küstenstädte zum Treueeid auf Venedig, siegte mehrfach in Seegefechten und kehrte schließlich im Spätsommer 1000 triumphal in die Heimatstadt zurück. Von nun an führte er über die großenteils byzantinischen Ehrentitel älterer Zeit hinaus auch noch denjenigen eines «Herzogs von Dalmatien». Auch wenn die venezianische Herrschaft über die

Adria in der Folgezeit immer wieder neu durchgesetzt werden musste: Hier war ein neues Kapitel aktiver Außenpolitik aufgeschlagen worden. Etwa zur gleichen Zeit, da sich die Handelsbeziehungen Venedigs in europäische Dimensionen auszudehnen begannen, war ein entscheidender Schritt von der Lokal- zur Regionalmacht gelungen. Zugleich hatte der Doge eine Machtfülle erreicht, wie sie in späteren Zeiten nie wieder vorkommen sollte.

Denn nach dem Tod Pietro Orseolos II. im September 1009 erstarkte von neuem der Oppositionsgeist in den führenden Familien, ihr Widerstand gegen eine monarchische Stellung des Dogen. Im Jahr 1026 setzten sie Pietros Sohn Otto ab, den letzten Orseolo-Dogen. Als folgenreich sollte sich erweisen, dass 1032 dem Dogen die Ernennung von Mitregenten (in der Regel handelte es sich dabei um Söhne, die auf diese Weise zur Nachfolge prädestiniert wurden) untersagt und ihm stattdessen ein Beratergremium an die Seite gestellt wurde, das freilich nicht nur beraten, sondern de facto auch kontrollieren sollte.

Doch nicht nur die innere Entwicklung der Stadt verlief unruhig. Es waren die Jahrzehnte in der ersten Hälfte des 11. Jahrhunderts, in denen ein weit in die Geschichte zurückreichender Streit mit kirchlichem Hintergrund, aber vielfältigen politischen Implikationen eskalierte.

AQUILEIA UND GRADO

Der religiöse Hauptort im Nordosten Italiens war in spätantiker Zeit die damals bedeutende Stadt Aquileia gewesen, Sitz eines Erzbischofs, der nach Höherem strebte: Er reklamierte nicht weniger als den Titel eines Patriarchen für sich, wie ihn die Kirchenführer der hochberühmten Bischofssitze von Jerusalem, Antiochia, Alexandria, Konstantinopel und Rom führten. Das ehrgeizige Ziel wurde erreicht, doch bald schon gab es ganz andere Probleme. Vor den in Italien einfallenden Langobarden flüchtete der Patriarch auf die Insel Grado, rund hundert Kilometer nordöstlich von Venedig gelegen. Die neuen langobardischen Herrscher setzten in Aquileia ihrerseits Patriarchen ein. Auf diese Weise entstanden zwei konkurrierende Patriarchensitze, die nahezu in Sichtweite voneinander entfernt lagen und sich gegenseitig die Existenzberechtigung absprachen. Das stellte eine kirchenrechtlich unhaltbare Situation dar – und bietet uns die Möglichkeit, an einem eindrucksvollen Fallbeispiel die oftmals abgrundtiefe Distanz zwischen rechtlichen Normen und Alltagsrealität in der Gesellschaft des Mittelalters zu beobachten. Denn die sich befehdenden Patriarchate von Aquileia und Grado sollten jahrhundertelang nebeneinander bestehen bleiben. Von Anfang an unterstützten die Venezianer Grado, und dafür hatten sie gute Gründe. Denn die Aussicht, dass die venezianischen Geistlichen einem Oberhirten in Aquileia unterstehen könnten, der sich in direkter Abhängigkeit von den langobardischen, später fränkischen Herrschern befand, konnte am Rialto niemanden begeistern.

Phasenweise, etwa in der ersten Hälfte des 9. Jahrhunderts, schien Aquileia die Oberhand zu behalten. Durch den Druck der fränkischen Herrscher zeigten sich die Päpste in Rom, zuvor meist Grado wohlgesinnt, nunmehr geneigt, die Ansprüche Aquileias anzuerkennen. Just in dieser bedrohlichen Situation gelangten, wie wir sahen, die Reliquien des heiligen Markus nach Venedig und stärkten das angeschlagene Prestige der dortigen Geistlichen – wer über derart kostbare Heiligtümer verfügte, hatte in den erbitterten Auseinandersetzungen um die Legitimität ein Argument von kaum zu überbietender Überzeugungskraft für sich.

Doch auch mit dem Raub der Markusreliquien war der Kampf zwischen Aquileia und Grado keineswegs entschieden. Beide Seiten blieben auf der Suche nach mächtigen Verbündeten. Im Jahr 1019 dann wurde Poppo aus dem bayrischen Grafengeschlecht derer von Treffen zum Patriarchen von Aquileia gewählt, selbst für diese Zeit, in der Kleriker im Panzerhemd keine

Seltenheit waren, ein Geistlicher mit ungewöhnlich rustikalen Umgangsformen. Es gelang Poppo, Kaiser Konrad II. (1024–1039) auf seine Seite zu ziehen; und durch den Druck des Imperators mittelbar auch den Papst. Aus dieser Position der Stärke heraus forderte der kampflustige Patriarch eine Synode, die über die alte Streitfrage entscheiden sollte. Zugleich aber nutzte er die Wirren in Venedig, als 1026 der Doge Otto Orseolo vertrieben wurde, um Grado zu besetzen und zu plündern, und er wiederholte diesen unfreundlichen Besuch einige Jahre später, als die Auseinandersetzungen ihrem Höhepunkt zustrebten. Diesmal ließ er Grado zum Abschied in Brand stecken. Von den damals erlittenen Verwüstungen hat sich die Stadt nie wieder erholt, was dazu führte, dass die dortigen Patriarchen sich immer öfter und schließlich ständig in Venedig aufhielten, so dass man schon gegen Ende des 11. Jahrhunderts vom «Patriarchen von Venedig» sprach, obwohl die offizielle Verlegung des Patriarchensitzes erst 1451 erfolgte. Dennoch zog Poppo am Ende den Kürzeren, weil nach dem Tod Kaiser Konrads II. dessen Nachfolger Heinrich III. an einem guten Verhältnis zu Venedig interessiert war und Grado darüber hinaus seine Ansprüche durch päpstliche Privilegien abzusichern verstand. Im weiteren Verlauf des 11. Jahrhunderts geriet Aquileia dann immer mehr ins Hintertreffen.

Diese Entwicklung kam seit 1164 alljährlich in einer makaberen Inszenierung auf dem Markusplatz zum Ausdruck. In diesem Jahr war es abermals zu militärischen Auseinandersetzungen zwischen den verfeindeten Parteien gekommen. Dabei konnten die Venezianer einen folgenreichen Triumph verbuchen, als sie den Patriarchen Ulrich von Aquileia nebst zwölf seiner Gefolgsleute gefangen nahmen. Ihre Freilassung erfolgte erst, nachdem sich die Gefangenen verpflichtet hatten, alljährlich einen Tribut in Gestalt von einem Ochsen und zwölf Schweinen an die Venezianer zu liefern. Materiell war das keine unzumutbare Forderung, doch ließen es sich die Sieger nicht nehmen, diesen Tribut angemessen zu inszenieren: Jahr für Jahr

Abb. 4 Über Jahrhunderte hinweg waren die Patriarchen von Aquileia Konkurrenten Venedigs im Kampf um die Vorherrschaft im Nordosten Italiens. Venedig setzte sich schließlich durch und feierte den Triumph alljährlich in einem makabren Schauspiel, bei dem Tiere als Stellvertreter der Aquileier nach rituellem Prozess zum Tode verurteilt wurden (Zeichnung von Jan Grevembroich aus dem 18. Jahrhundert).

versammelte sich am Gründonnerstag die Bevölkerung und ihre politische Spitze nach einer feierlichen Prozession auf dem Markusplatz. Dort machten die venezianischen Senatoren den Tieren als Stellvertretern ihrer einstigen Besitzer den Prozess, der, wie sich unschwer voraussehen lässt, mit dem Todesurteil endete, woraufhin sie auf die Piazzetta di San Marco geführt und vor den Augen des Publikums geschlachtet wurden. Bis zum endgültigen Verlust seiner Selbstständigkeit 1420 hatte Aquileia alljährlich die Instrumente zu seiner demonstrativen Demütigung bereitzustellen; doch auch danach blieb die Tradition bestehen, die der Bevölkerung anschaulich vor Augen führen sollte, wie die Serenissima mit widerspenstigen Gegnern umzugehen in der Lage war (Abb. 4).

Der jahrhundertelange Kampf zwischen Aquileia und Grado sowie Venedigs Rolle dabei sind in hohem Maße aufschlussreich für das Verhältnis der Venezianer zur Kirche. Angesichts der zentralen Bedeutung des Religiösen für das Leben der Menschen waren die führenden Familien der Kommune am Rialto immer darum bemüht, in kirchlichen Fragen selbst entscheiden zu können. Stets fanden die Oberhirten in Grado im Dogenpalast Unterstützung, wenn es gegen Aquileia ging. Doch sobald sie gegenüber der Kommune am Rialto Kompetenzen für sich reklamierten, wurden sie brüsk zurückgewiesen. In späterer Zeit mussten dann die Päpste in Rom immer wieder die Erfahrung machen, dass in Venedig keinerlei Neigung bestand, kirchliche Ansprüche von außen zu akzeptieren. Kostbare Reliquien und prachtvolle Kirchen gab es in der Lagunenstadt in Fülle, doch wachten die venezianischen Patrizier sehr sorgfältig darüber, dass der daraus gespeiste geistliche Glanz dem Gemeinwesen zugutekam. Nirgendwo lässt sich dieser Sachverhalt besser erkennen als an der wichtigsten aller venezianischen Kirchen: San Marco.

DER MARKUSDOM

Beim Brand von Dogenburg und Markuskirche im Zusammenhang mit der Ermordung des Pietro Candiano im Jahr 976 sind die kostbaren Reliquien des heiligen Markus vermutlich verbrannt. Doch bewährte sich in der Folgezeit einmal mehr das Geschick der Venezianer, wenn es darum geht, schöne Geschichten zu erfinden, die einen unerfreulichen Sachverhalt nicht nur wegerklären, sondern aus der Erklärungsnot eine Prestigetugend machen. Der Legende von der sogenannten *Inventio* oder *Apparitio Sancti Marci* zufolge, der «Auffindung des heiligen Markus», wie sie auch in den Mosaiken der Markuskirche dargestellt wurde (Abb. 6), wuchs in Venedig zur Zeit der Herrschaft des Dogen Vitale Falier (1084–1096) die Trauer darüber, dass man nichts über den Verbleib der Markusreliquien wusste. Denn beim Brand der Kirche 976 sollte sie der

spätere Doge Pietro Orseolo I. im letzten Moment gerettet und an verborgener Stelle aufbewahrt haben. Rund hundert Jahre später, nach dem Neubau der Markuskirche, verursachte die Unkenntnis dieses Ortes bei den Venezianern solche Verunsicherung, dass die Geistlichen wie auch der Doge mit inbrünstigen Gebeten und tagelangen Bußübungen begannen. Diese zeitigten schließlich den erhofften Erfolg: Das Mauerwerk eines Pfeilers in der Kirche begann zu bröckeln und gab den Sarkophag des Heiligen frei, wenn sich nicht sogar, so eine andere Lesart der Legende, ostentativ ein Arm aus dem Pfeiler streckte. Noch heute brennt in San Marco an dieser Stelle ein ewiges Licht zur Erinnerung an das Wunder, und der 25. Juni, an dem die «Auffindung» des Heiligen geschah, wurde zu einem zusätzlichen,

Abb. 5 Als «Kapelle der Dogen» entwickelte sich San Marco zur venezianischen Staatskirche. Hier fanden die feierlichen Messen mit Beteiligung des Dogen statt, hier begannen und endeten die zahlreichen festlichen Prozessionen, an denen das Staatsoberhaupt und seine Räte teilnahmen.

Abb. 6 Zwischen den zum Gebet niederknienden Venezianern (links der Doge und Patrizier, rechts der Patriarch an der Spitze der Geistlichkeit) erscheint der Körper des heiligen Markus aus einem Wandpfeiler der Markuskirche. Paolo Veneziano malte «Die Auffindung der Markusreliquien in San Marco» 1345.

aufwendig mit einer Staatsprozession begangenen Festtag des Stadtpatrons.

Diese wundersame Geschichte – die bezeichnenderweise erst in Quellen aus dem 13. Jahrhundert überliefert wird – spielte sich in einem Gotteshaus ab, das zu den eindrucksvollsten und eigenartigsten Kirchen der Welt zählt, der Basilica di San Marco, wie sie ab der Mitte des 11. Jahrhunderts in ihrer heutigen Form entstand. Nach dem Brand von 976 war sogleich ein Neubau errichtet worden, der jedoch schon wenige Jahrzehnte später offenbar als so ungenügend empfunden wurde, dass man eine dritte Kirche, nach dem bei ihrem Baubeginn regierenden Dogen Domenico Contarini (1043–1071) «Contarini-Bau» genannt, in Angriff nahm. Von ihren Vorgängern des 9. und 10. Jahrhunderts übernahm diese dritte Markuskirche den Grundriss eines griechischen Kreuzes mit vier gleichlangen Kreuzarmen und den Narthex (die Vorhalle). Sie lässt dadurch deutlich erkennen, dass nicht etwa die in dieser Zeit auf dem italienischen Festland entstehenden romanischen Basiliken das Vorbild abgaben, sondern die byzantinische Sakralarchitektur – woraus hervorgeht, dass die alte Kaiserstadt am Bosporus trotz aller politischen Emanzipation der Venezianer ihre kulturelle Strahlkraft keineswegs eingebüßt hatte. Freilich zitierten die Baumeister der Markuskirche nicht einfach sklavisch die byzantinischen Formmotive, sondern ergänzten den Bau mit abendländisch-romanischen Elementen (Abb. 5).

Im Ergebnis entstand ein Bau, der schon bei seiner Fertigstellung im Jahr 1094 eine einzigartige Synthese verschiedener Architekturtraditionen darstellte. An seiner weiteren Ausstattung arbeiteten die Venezianer noch lange, fügten immer neuen Schmuck, neue Reliquien hinzu, um den Ruhm ihrer Staatskirche weiter zu erhöhen. Der Markusmythos erhielt auf diese Weise ein Zentrum, das sein Ziel, Einheimische wie Besucher zu beeindrucken und dadurch etwaige Fragen nach der Echtheit der hier verehrten Hauptreliquie gar nicht erst aufkommen zu lassen, glänzend erreichte. Als ein frühes Beispiel für diese Wirkung lassen sich die Worte des später heiliggesprochenen Kirchenreformers und Kardinals Petrus Damianus (um 1006–1072) anführen, der über die Markuskirche schrieb: «Aus allen Teilen der Welt strömen dir Reichtümer und Kostbarkeiten zu, aber es ist dein höchster Ruhm, dass du die himmlische Perle besitzt, den Leib des heiligen Markus.»

1177 – DER FRIEDEN VON VENEDIG

Der heilige Markus und die Geschichte seiner Reliquie, die in den Mosaiken der Markuskirche so anschaulich dargestellt wurden, lassen sich als das eine «mythologische Standbein» der Republik bezeichnen. Ein anderer, weltlicher Mythos bezog sich auf Ereignisse des Jahres 1177. Es war die Zeit der erbitterten Auseinandersetzungen zwischen Kaiser und Papst um die Vorherrschaft im Abendland, Auseinandersetzungen, die seit über einem Jahrhundert andauerten und deren Ausgang nach wie vor unabsehbar war.

Schon bald nach seiner Thronbesteigung im Jahre 1152 hatte sich Kaiser Friedrich I. Barbarossa darum bemüht, die kaiserlichen Herrschaftsansprüche nicht nur dem Papst, sondern auch den oberitalienischen Kommunen gegenüber durchzusetzen. Letztere hatten in den Jahrzehnten zuvor im Zuge ihres wirtschaftlichen Aufschwungs an Autonomie gewonnen, sich im lombardischen Städtebund zusammengeschlossen und mit den Päpsten gegen den Kaiser verbündet. Friedrichs Versuch, die alte kaiserliche Lehnsherrschaft und die mit ihr verbundenen Rechte, wie das Zoll- und Münzregal, in Italien wiederzubeleben, stieß wie andernorts auch in Venedig auf wenig Zuspruch. So erstaunt es kaum, wenn die Venezianer im Verlauf des Konfliktes Partei für Barbarossas päpstliche Widersacher ergriffen. Seit 1159 handelte es sich dabei um Alexander III. Bandinelli, der schon als Kardinal als besonders überzeugter Vertreter pontifikaler Suprematieansprüche aufgefallen war.

Angesichts seiner propäpstlichen Politik konnte Venedig von Glück sagen, lediglich an der Peripherie der kaiserlichen Interessensphäre zu liegen. Einen Versuch, den Handel der Stadt mit dem Festland zu unterbinden, unternahm Barbarossa 1162 nur halbherzig, und er endete denn auch ergebnislos. In der Folgezeit ließ der Kaiser die Stadt weitgehend unbehelligt, obwohl sie den lombardischen Städtebund finanziell sowie durch die Zusage, ihre Flotte in den Dienst der gemeinsamen Sache zu stellen, unterstützte. Im Übrigen legten die Venezianer auch dieses Mal, wie so oft in ihrer Geschichte, die Bündniszusage nicht allzu eng aus. Stattdessen verfolgten sie eine Strategie selbstbewusster Unabhängigkeit, die es ihnen gestattete, mit ihren Kriegsgaleeren zwischenzeitlich auch einmal die kaiserlichen Truppen bei der Belagerung der mittelitalienischen Hafenstadt Ancona zu unterstützen. In späterer Zeit schien den Venezianern ein derartig ausgeprägter Sinn für prinzipienfreien Pragmatismus dann doch ein wenig anrüchig, weshalb in den offiziellen Darstellungen der Stadtgeschichte die Geschehnisse in dieser Epoche einen leicht gewandelten Verlauf nahmen: Die Vorreiterrolle beim Kampf um die Freiheit der italienischen Kommunen, welche Venedig mit unbeirrbarer Zuverlässigkeit ausübte, habe Barbarossa schließlich dermaßen in Harnisch gebracht, dass er seinem Sohn Otto den Auftrag erteilte, an der Spitze einer Flotte auszulaufen, um die Bewohner der Lagune zur Raison zu bringen. Daraufhin hätten die Kaiserlichen eine katastrophale Niederlage erlitten, sei der Kaisersohn selbst in venezianische Gefangenschaft geraten, habe dort die ganze Schändlichkeit des väterlichen Tuns eingesehen und den Imperator schließlich dazu veranlasst einzulenken, so lautet nun die offizielle Lesart.

Bemerkenswerterweise entbehrt nicht nur der venezianische Sieg, sondern die ganze Geschichte jeder historischen Grundlage. Eine kaiserliche Flotte in der Adria hat es nie gegeben, erst recht keine gegen Venedig operierende, und auch von einem Kaisersohn in venezianischer Gefangenschaft, gar mit dem Namen Otto, konnte keine Rede sein – was jedoch die Venezianer in keiner Weise davon abhielt, dem Pseudo-Ereignis einen prominenten Platz im staatstragenden Gebäude ihrer Mythensammlung zuzuerkennen. Zumal es mit einem anderen Ereignis dieser Jahre so wunderbar zusammenpasste, das sich tatsächlich ereignete, wenngleich in etwas anderer Form als der später in Venedig erinnerten: dem Friedensschluss zwischen Kaiser und Papst im Jahre 1177.

Friedrich I. Barbarossa hatte im Jahr zuvor bei Legnano gegen den lombardischen Städtebund eine vernichtende Niederlage erlitten, die seine Position in Oberitalien auf Dauer unhaltbar werden ließ. Bei seinen Bemühungen um einen für alle Seiten akzeptablen Friedensschluss, der nach Lage der Dinge auch den Papst einschließen musste, bot der venezianische Doge Sebastiano Ziani (1172–1178) seine Vermittlertätigkeit an. Tatsächlich kam nach längeren Verhandlungen der Friede von Venedig zustande, in der Sache ein Kompromissvertrag, bei dem alle Beteiligten ihr Gesicht wahrten und mit dem die kaiserliche Partei durchaus zufrieden sein konnte. In der Perspektive der Venezianer nahm sich dieser Friedensschluss allerdings sehr bald völlig anders aus. Man stellte ihn als triumphalen Sieg des Papstes über den demütig seine Unterlegenheit anerkennenden Kaiser dar. Der eigentliche Triumphator war aber gar nicht der Pontifex, sondern jener ebenso brillante wie fromme Unterhändler, dem der erfolgreiche Abschluss der Verhandlungen zu verdanken war, nämlich der Doge Sebastiano Ziani (Abb. 7). Dessen angeblich zentrale Rolle beim Zustandekommen des Friedens trug ihm, wie könnte es anders sein, die nahezu grenzenlose Dankbarkeit des Papstes ein, der dem venezianischen Staatsoberhaupt eine Reihe von Privilegien verlieh. Dazu zählte das Recht, seine offiziellen Schreiben mit Blei statt wie bisher mit Wachs zu siegeln, vor allem aber ein goldener Ring und das Recht auf die «Vermählung mit dem Meer» als jährlich zu zelebrierenden Ritus, der die venezianische Seeherrschaft symbolisierte. Auf diese Weise wurden die angeblichen Ereignisse des

Jahres 1177 mit einem Höhepunkt der venezianischen Staatsfestlichkeiten verbunden, der sogenannten *sensa*, bei welcher der amtierende Doge auf seiner prachtvollen Repräsentationsgaleere, dem *bucintoro*, auf das offene Meer hinausgerudert wurde, wo er einen goldenen Ring als Hochzeitssymbol in die Fluten warf. Wahrscheinlich reichte dieser Brauch in viel ältere Zeiten zurück. So warf schon im 13. Jahrhundert der franziskanische Chronist Salimbene von Parma den Venezianern polemisch vor, sie würden mit diesem Ritus heidnische Bräuche wiederaufleben

Abb. 7 Ein Prestigeerfolg von enormer Bedeutung: Den Frieden von Venedig zwischen Kaiser Friedrich Barbarossa und Papst Alexander III. vermittelte im Jahre 1177 der Doge Sebastiano Ziani. 1565 malte Giuseppe Salviati im Auftrag des venezianischen Kardinals Amulio das Ereignis in der Sala Regia des Vatikan: mit einem unterwürfig vor Papst und Doge knienden Kaiser.

lassen. Plausibler erscheint allerdings, dass die Symbolik auf dem Ritual der Investitur beruhte, bei dem der Empfänger eines Lehens von seinem Herrn einen Ring als Sinnbild der Herrschaft erhielt. Wie auch immer: Durch die Einbindung der *sensa* in die mythisch verklärten Ereignisse beim Friedensschluss zwischen Friedrich Barbarossa und Papst Alexander III. Bandinelli gelang es den Venezianern, eine kohärente Theorie über die Herkunft dieses wichtigen Festes vorzulegen und es dadurch zu legitimieren.

Doch war es nicht nur dieses Fest, das durch den Friedensschluss von 1177 zugleich er- und verklärt wurde. Das Bild, das die offizielle Geschichtsschreibung der Markusrepublik vom Frieden von Venedig zeichnete, entwickelte sich nachgerade zu einem zentralen Orientierungspunkt für das politische Selbstbewusstsein der Venezianer. Als vermittelnd-ausgleichende Macht zwischen den beiden wichtigsten Autoritäten der Christenheit, dem Kaiser und dem Papst, kam der Republik – so die Botschaft der zum Mythos überhöhten Ereignisse – eine autonome Stellung sui generis zu, mehr noch: Gleichrangigkeit gegenüber Kaiser und Papst. Und diese Botschaft bedurfte deshalb so nachdrücklicher Verkündigung, weil es mit der Autonomie ja lange Zeit nicht weit her gewesen war.

BYZANZ

Über viele Jahrhunderte blieb Venedig, es wurde bereits darauf hingewiesen, eine Provinzstadt an der Peripherie des Byzantinischen Reiches. Eine an Größe und Bedeutung beständig wachsende Gemeinde, gewiss, deren Bindungen an die alte Hauptstadt des Reiches sich nach und nach lockerten, aber doch eindeutig eine Provinzstadt. Wie beträchtlich das kulturelle Gefälle zwischen dem Kaisersitz Konstantinopel und Venedig trotz aller politischen Emanzipation der Stadt in der Lagune noch lange bleiben sollte, lässt ein Bericht des späten 11. Jahrhunderts erahnen, in dem vom ungläubig-argwöhnischen Erstaunen der Venezianer die Rede ist, das sie zeigten, als sie die Gattin ihres Dogen Domenico Selvo (1071–1084) kennenlernten. Denn diese, eine veritable byzantinische Prinzessin, legte in den Augen der Venezianer schier unerhörte Verhaltensweisen an den Tag: Sie parfümierte sich, wusch sich ihr Gesicht mit Morgentau und, Gipfel der Extravaganz, fasste ihre Speisen niemals mit den Fingern an, sondern bediente sich bei den Mahlzeiten einer goldenen Gabel, deren griechische Bezeichnung *piruni* sich heute noch im venezianischen Dialekt als *piron* verballhornt findet. Die Venezianer reagierten auf so viel Verfeinerung, wie es unverdorbene Gemüter des Öfteren zu tun pflegen, wenn sie sich mit einer hochentwickelten Zivilisation konfrontiert sehen: mit innerer Verunsicherung und äußerer Ablehnung. Als Theodora von einer mysteriösen Krankheit heimgesucht wurde, die ihren Körper verunstaltete und sie schließlich dahinraffte, da lag die Erklärung für die Venezianer auf der Hand – nur ein göttliches Strafgericht konnte am Werk gewesen sein; und dieses sorgte nebenbei dafür, dass das Abendland ein weiteres halbes Jahrtausend ohne Gabel auskommen musste.

Es waren jedoch just die Jahre, in denen die Prinzessin Theodora die Venezianer mit den Errungenschaften der byzantinischen Zivilisation in Erstaunen versetzte, da sich das politische Kräfteverhältnis zwischen Konstantinopel und Venedig grundsätzlich wandelte. Seit langem schon befand sich das griechische Kaiserreich an seiner unbequemen Grenze zwischen Orient und Okzident in der Defensive, von Osten und Westen gleichermaßen bedroht. Kaiser Alexios I. Komnenos (1081–1118) sah sich bei Beginn seiner Herrschaft genötigt, die Oberhoheit der Seldschuken über große Teile Kleinasiens anzuerkennen, um die Kräfte seines Reiches auf den Abwehrkampf gegen die im Westen vordringenden Normannen zu konzentrieren. Nach dem Verlust der süditalienischen Besitzungen 1071 war nun auch die östliche Adriaküste bedroht; und der Normannenherrscher Robert Guiscard («Schlaukopf») machte keinen Hehl aus seiner

Absicht, über kurz oder lang Byzanz selbst zu erobern. Alexios I. suchte nach Verbündeten, nicht zuletzt in Venedig, in dessen Flotte der besorgte Kaiser große Hoffnungen setzte. Schon öfter hatten die Venezianer Byzanz militärische Unterstützung gewährt, doch in der heiklen Situation des Jahres 1081 ließen sie sich ihre Intervention, die im darauffolgenden Jahr tatsächlich zu einem eindrucksvollen Seesieg und der Vertreibung der Normannen von der Adriaküste führte, teuer bezahlen: Für alle Zukunft, so verkündete Kaiser Alexios I. in einer feierlichen Goldbulle im Mai 1082, sollten venezianische Kaufleute in weiten Teilen des Oströmischen Reiches von Steuern und Gebühren befreit sein. Die venezianischen Kaufleute am Goldenen Horn, deren Wohnviertel in Konstantinopel in derselben Urkunde deutlich erweitert wurde, sahen goldenen Zeiten entgegen. Wie sehr sich die Machtverhältnisse gewandelt hatten, wurde bald nach Regierungsantritt von Alexios' I. Sohn und Nachfolger Johannes II. Komnenos (1118–1143) deutlich, der die von seinem Vater verliehenen Privilegien den Venezianern nicht bestätigen mochte. Die darauf einsetzenden militärischen Aktionen der venezianischen Flotte brachten ihn zum Einlenken, und 1126 gewährte er den einstigen Vasallen die inzwischen gewohnten Freiheiten.

Unter Manuel I. Komnenos (1143–1180) agierte Byzanz zum letzten Mal im Stile einer Großmacht. Der Ehrgeiz dieses Kaisers, zu einstiger Stärke zurückzufinden, musste die Beziehungen zu Venedig nachhaltig belasten. Und das Verhältnis war bereits gespannt. Nicht nur kamen die venezianischen Handelsprivilegien den byzantinischen Staatshaushalt teuer zu stehen, sondern darüber hinaus hatten sich die in Konstantinopel lebenden Venezianer im Bewusstsein der eigenen Stärke mittlerweile ein arrogantes Auftreten angewöhnt, das ihnen den ehrlich empfundenen Hass der Griechen eintrug – und eben auch mit den ambitionierten Ansprüchen des Imperators wenig harmonierte. Der griechische Aristokrat und Chronist Niketas Choniates (um 1150–1217), dessen *Historia* einen glanzvollen Höhepunkt der byzantinischen Geschichtsschreibung, mehr noch, der mittelalterlichen Historiographie überhaupt darstellt, bescheinigte den venezianischen Gästen am Bosporus eine unglückliche Mischung aus barbarischer Rohheit und ausgeprägtem Dünkel: Sie seien «ein Volk, verwegen, listig und zu allem fähig», das einst in seinem entlegenen Winkel des Mittelmeers alles andere als eine bedeutende Rolle gespielt hatte. «Doch als sie nun großen Reichtum erworben hatten, wurden sie so eingebildet und unverschämt, dass sie sich nicht nur den Rhomäern (Byzantinern) gegenüber Willkürlichkeiten erlaubten, sondern auch Weisungen und Drohungen des Kaisers missachteten.»

Auf der anderen Seite betrachteten die Venezianer die Bemühungen des Imperators, die byzantinische Herrschaft in Süditalien wiederherzustellen, mit erheblichem Misstrauen, weil sie um ihre Vormachtstellung in der Adria fürchteten. Nach einigen gemeinsamen militärischen Unternehmungen gegen die Normannen zu Beginn der Herrschaft Manuels I. verschlechterten sich die Beziehungen immer mehr. Die diplomatischen Fühler, welche die Markusrepublik zum König von Ungarn als erklärtem Feind der Byzantiner ausstreckte, und die Weigerung, den oströmischen Kaiser in seinem Kampf gegen die Normannen weiter zu unterstützen, führten schließlich zu einer spektakulären Reaktion Manuels I.: Am 12. März 1171 befahl er, alle Venezianer, die sich auf Reichsboden aufhielten, gefangen zu setzen und ihren gesamten Besitz zu konfiszieren. Offenbar von langer Hand vorbereitet, erwies sich der Schlag als überaus wirksam.

Die venezianische Antwort in Gestalt einer Flottenexpedition unter der Führung des Dogen Vitale Michiel II. (1156–1172) ließ nicht lange auf sich warten, endete aber nach Anfangserfolgen in einem Debakel. Von einer pestartigen Seuche dezimiert, kehrten nurmehr deprimierte Reste der stolzen Streitmacht in die Heimat zurück; Michiel, dem man die Schuld für die Katastrophe anlastete, wurde während einer Volksversammlung am 27. Mai 1172 von der wütenden Menge erstochen. Auch auf diplomatischem Wege schien die verfahrene Lage lange Zeit kaum lösbar. Trotz zahlreicher Gesandtschaften zwischen Venedig und Konstantinopel ließ sich Manuel I. nicht zur Freilassung der Venezianer bewegen, die dann schließlich, wenigstens teilweise, 1179 erfolgte, als sich die bedrohliche Möglichkeit eines Bündnisses zwischen der Markusrepublik und den Normannen abzuzeichnen begann.

Auch nach dem Tod Kaiser Manuels I. am 24. September 1180 normalisierten sich die Beziehungen zwischen Venedig und Byzanz nur mühsam; das venezianische Stadtviertel am Bosporus war nach wie vor kaum bevölkert. 1182 sollte sich das für die Venezianer als Glücksfall erweisen. In diesem Jahr nämlich war durch einen Staatsstreich mit Andronikos I. Komnenos ein entschlossener Vertreter des byzantinischen Nationalismus an die Macht gelangt, und das hatte ein Massaker unter den in Konstantinopel lebenden Lateinern ausgelöst. Seit langem schon war das Verhältnis zwischen den Einheimischen und den immer zahlreicheren Ausländern aus dem lateinisch geprägten Okzident gespannt gewesen. Diese Spannungen entluden sich nun in grausamen Straßenkämpfen, denen Tausende von Pisanern und Genuesen zum Opfer fielen. Da nur wenige Venezianer zu diesem Zeitpunkt am Bosporus weilten, kam die Markusrepublik vergleichsweise glimpflich davon – und profitierte zudem von der außenpolitischen Isolation, in die Andronikos I. sich gebracht hatte: 1183 wurden endlich die letzten gefangenen Venezianer freigelassen, ein Jahr darauf die alten Privilegien Venedigs feierlich bestätigt.

In den folgenden Jahren beschleunigte sich der Verfallsprozess des Byzantinischen Reiches, Andronikos I. fiel 1185 einem Volksaufstand zum Opfer, sein Nachfolger, Isaak II. Angelos, suchte in seinem verzweifelten Bedarf an Verbündeten die Unterstützung Venedigs und war dafür zu substanziellen Zugeständnissen bereit: In einer Goldbulle vom Februar 1187 gab der Kaiser erstmals die traditionelle Form des Privilegs zugunsten eines Vertrages zwischen zwei gleichberechtigten Partnern auf – und damit die längst zur Fiktion gewordene Vorstellung byzantinischer Herrschaft über die Lagunenstadt.

Dessen ungeachtet blieb das Verhältnis zwischen den beiden Mächten prekär. Auf der einen Seite bedurfte der in seiner Existenz bedrohte byzantinische Staat der Unterstützung durch Venedig, auf der anderen Seite genossen die venezianischen Kaufleute (wie auch die anderen Lateiner) am Bosporus nichts weniger als Sympathie. Umgekehrt sah man in Venedig die unberechenbare Politik der einstigen Großmacht, die zwischen verzweifelten Hilfegesuchen und boshaften Repressionsmaßnahmen gegenüber den Ausländern schwankte, mit zunehmend ungeduldiger Besorgnis. Denn mochte auch die Macht der Byzantiner in galoppierendem Verfall begriffen sein: Konstantinopel blieb ein Fixpunkt von zentraler Bedeutung für den venezianischen Handel. Erst vor diesem Hintergrund werden die Ereignisse der Jahre 1202 bis 1204 verständlich, die der venezianischen Geschichte, ja: der Geschichte Europas eine neue Wendung gaben.

1204 – DER VIERTE KREUZZUG

Die Begeisterung der Venezianer für den Kreuzzugsgedanken, der am Ende des 11. Jahrhunderts von Europa Besitz ergriff, hatte sich stets in engen Grenzen gehalten, und das nicht ohne Grund. Ein Gemeinwesen wie die Markusrepublik, das seit jeher vom Handel lebte, musste einer Idee, welche den Krieg aus Glaubensgründen, also unabhängig von jedwedem wirtschaftlichen Nutzen, ja ohne Rücksicht auf diesen propagierte, mit gehöriger Skepsis begegnen. Und die Zurückhaltung wurde umso größer, als der Glaubenskrieg in Regionen getragen werden sollte, mit denen die Venezianer seit jeher nicht immer unproblematische, aber dafür besonders lukrative Geschäftsbeziehungen pflegten. Immerhin, da die begeisterten Gotteskrieger ja nach Lage der Dinge erst einmal ins Heilige Land gelangen mussten, gab es für die Venezianer etwas zu verdienen. Denn der Landweg nach Jerusalem war für die aus Mittel- und Westeuropa stammenden Kreuzritter ebenso mühsam wie gefahrvoll, wie der dritte Kreuzzug besonders eindrücklich deutlich werden ließ, der im Jahre 1190 für Kaiser Friedrich Barbarossa mit einem tödlichen Bad im Flusse Saleph und für die übrigen Teilnehmer auch nicht sehr viel erfreulicher, nämlich in allgemeiner Auflösung, endete.

Als Papst Innozenz III. 1198 erneut zur Befreiung des Heiligen Landes aufrief und, nach einem zunächst eher mäßigen Echo, im Jahr darauf doch eine gewisse Begeisterung aufkam, gedachten die Führer des neuen, nunmehr vierten Kreuzzugs alles besser zu machen, und das hieß vor allem: nicht den Land-, sondern vielmehr den Seeweg zu nehmen; zumal man beabsichtigte, dieses Mal den Angriff in Ägypten anzusetzen, um den Gegner in der Flanke fassen zu können. Damit wurde die Angelegenheit für Venedig interessant, denn die erheblichen Transportkapazitäten, die ein ausgewachsenes Ritterheer für seine Reise ins Heilige Land benötigte, konnte innerhalb eines überschaubaren Zeitraums nur die Stadt an der Lagune bereitstellen. So wurde von den Führern des Kreuzzugs eine Delegation entsandt, um mit den Venezianern in dieser Sache zu verhandeln. Darunter befand sich der französische Adlige Gottfried von Villehardouin, dem wir eine detaillierte Beschreibung der nun folgenden Ereignisse verdanken.

In Venedig empfing die Ritter zu Beginn des Jahres 1201 der regierende Doge Enrico Dandolo (1192–1205), zu diesem Zeitpunkt bereits ein alter Mann, doch dessen ungeachtet von erstaunlicher Energie und Entschlossenheit, hellsichtig zudem und mit einem enormen Erfahrungsschatz als Politiker und Diplomat. Nach einwöchiger Verhandlung einigte man sich: Venedig würde bis zum 29. Juni 1202 die Schiffe für 4500 Ritter mit ihren Pferden, 9000 Knappen und 20000 Mann Fußvolk stellen. Dafür sollten 85 000 Silbermark gezahlt werden, mit anderen Worten: etwa 20 Tonnen Silber oder auch das Doppelte dessen, was in dieser Zeit ein König von Frankreich an Einnahmen pro

Jahr zur Verfügung hatte. «Aus Liebe zu Gott» würde der Doge darüber hinaus den Konvoi von 50 venezianischen Galeeren als Geleitschutz begleiten lassen, freilich auch, um dafür dann die Hälfte aller von den Kreuzfahrern eroberten Gebiete für Venedig in Besitz nehmen zu können. Die Unterhändler hinterließen eine Anzahlung in Höhe von 2000 Silbermark und kehrten zurück in die Champagne. Die Venezianer machten sich an die Arbeit.

Als ein Jahr später die Kreuzritter unter Führung des Markgrafen Bonifaz von Monferrat nach und nach an der Lagune eintrafen, stellte sich unter allgemeinem Kopfschütteln heraus, dass der Glaubenseifer der christlichen Ritterschaft nicht ganz dem erhofften Ausmaß entsprach. Statt der erwarteten gut 30 000 Kreuzfahrer hatten sich nur 10 000 oder wenig mehr eingefunden. Das bedeutete nicht nur eine arge Enttäuschung, es schuf ein sehr ernstes Problem, wie nämlich unter diesen Umständen die gewaltige Summe für die venezianische Transportflotte aufzubringen wäre. Eine Sammlung unter den Kreuzfahrern brachte auch beim besten Willen nicht mehr als 41 000 Silbermark zusammen; mehr als die Hälfte des vereinbarten Betrags fehlte. Doch Enrico Dandolo wusste eine Lösung: Die damaltinische Stadt Zara hatte gerade zum wiederholten Male die venezianische Oberhoheit abgestreift. Wenn sich die Kreuzfahrer bereit erklärten, einen kleinen Abstecher dorthin zu unternehmen und Zara zur Raison zu bringen, so könne man die fehlende Summe erst einmal stunden. Unter den Rittern gab es nicht wenige, die eine solche Strafexpedition gegen eine christliche Stadt für unvereinbar mit ihren Idealen hielten, doch die unternehmungsfreudigere Mehrheit trug schließlich den Sieg davon. Enrico Dandolo war's zufrieden und erklärte in einer aufsehenerregenden Versammlung auf dem Markusplatz, unter diesen Umständen wolle er selber, ungeachtet seines hohen Alters, am Kreuzzug teilnehmen. Schon wenig später konnte er sich dann über die Eroberung Zaras freuen, das von den Kreuzfahrern gründlich geplündert wurde.

An diesem Punkt nahmen die Ereignisse eine unvorhergesehene und, wie sich bald herausstellen sollte, überaus folgenreiche Wendung. Der byzantinische Kronprätendent Alexios wandte sich mit einem Schreiben an den Führer der Kreuzfahrer, Bonifaz von Monferrat, mit der Bitte, seine Ansprüche auf den byzantinischen Kaiserthron militärisch zu unterstützen, genauer gesagt: dafür zu sorgen, dass sein Vater, der greise und erblindete Isaak II. Angelos, den sein eigener Bruder gestürzt hatte, zurück auf den Thron gelangte. Für den Fall, dass die Eroberung Konstantinopels gelänge, versprach Alexios goldene Berge: Die Schulden der Kreuzritter bei den Venezianern werde er bezahlen, die weitere Reise des Heeres nach Ägypten finanzieren, selbst 10 000 Soldaten für den Krieg gegen die Ungläubigen bereitstellen und außerdem das alte Schisma zwischen Ost- und Westkirche beenden, indem er für die Anerkennung der Suprematieansprüche des Papsttums sorgen wolle. Der griechische Geschichtsschreiber Niketas Choniates bemerkt in seiner schwermütigen *Historia* des Oströmischen Reiches dazu, dies seien die verrückten Versprechungen eines jugendlichen Schwachkopfes gewesen, und eigentlich hätte das auch den Kreuzrittern ohne weiteres klar sein müssen.

Eine Minderheit unter ihnen sah es auch tatsächlich ein, sah mehr noch, dass hier unter dem Mäntelchen des Kreuzzugsgedankens eine ambitionierte Machtpolitik verborgen werden sollte, opponierte und trennte sich schließlich vom Gros des Heeres: Etwa 1000 Ritter zogen ihres eigenen Weges in Richtung Heiliges Land. Die große Mehrheit jedoch folgte der Argumentation des Bonifaz von Monferrat und vor allem Enrico Dandolos. Die Meinung des Dogen gab am Ende den Ausschlag, dass entgegen aller Bedenken der Vorschlag des jungen Alexios akzeptiert wurde. Im Frühjahr 1203 brachen die Kreuzfahrer auf, um Konstantinopel, die glanzvolle Gründung des ersten christlichen Kaisers, zu erobern.

Am 23. Juni 1203 erreichte die Flotte den Bosporus. Einen knappen Monat später begann am 17. Juli der Generalangriff, der zwar zunächst nicht zur Eroberung der Stadt führte, jedoch den heroischen Gesten eher abgeneigten Usurpator Alexios III. Angelos dazu veranlasste, sich bei Nacht und Nebel mit allerlei Schmuckstücken und in Begleitung seiner Tochter Irene aus dem Staub zu machen. Damit war das Ziel der Expedition eigentlich erreicht, denn der alte Isaak II. saß wieder auf dem Thron, und wenig später erklärte er seinen Sohn zum Mitkaiser: Alexios IV.

Nun stellte sich allerdings sogleich heraus, dass die Versprechungen des jungen Alexios reine Makulatur waren: Weder stand das nötige Geld zur Verfügung, um auch nur eine von ihnen zu erfüllen, noch bestand die geringste Aussicht, die Griechen zur Annahme der päpstlichen Herrschaftsansprüche zu bewegen. Entsprechend rasch verschlechterte sich das Verhältnis zwischen den Byzantinern und den lateinischen Rittern, mit denen Erstere nur in einer Sache übereinstimmten: der Verachtung für das Kaiser-Duo. Im Februar 1204 wurde Alexios IV. Dukas von einem Verwandten abgesetzt und wenige Tage später im Kerker erdrosselt, kurz darauf starb auch Isaak II. eines mehr oder minder natürlichen Todes. Der neue Kaiser, Alexios V., war nicht gesonnen, irgendeine der mit den Venezianern und den Kreuzrittern getroffenen Vereinbarungen anzuerkennen.

Damit war der Weg frei für die radikalste aller denkbaren Lösungen: die Eroberung Konstantinopels zum Zwecke der Errichtung eines neuen, nunmehr lateinischen Kaiserreichs. Nach der Einnahme der Stadt würde man einen neuen Kaiser wählen lassen, und zwar von sechs ausgesuchten Rittern – und sechs Venezianern. An Venedig sollten im Übrigen «ein Viertel und ein halbes», also drei Achtel des oströmischen Territoriums fallen. Einmal mehr hatte es Enrico Dandolo verstanden, maximale Ansprüche zugunsten Venedigs durchzusetzen.

Was auf diese Vereinbarungen folgte, gehört zu den dunkelsten Stunden der europäischen Geschichte – selbst bei Geschichtsschreibern, die pathetischen Superlativen mit gesunder Skepsis gegenüberstehen, schimmert diese Einschätzung durch, wenn man die Berichte über die Einnahme Konstantinopels im Morgengrauen des 13. April 1204 liest. Genau genommen handelte es sich nicht einmal um eine Eroberung – in der Nacht zuvor war der Usurpator-Kaiser Alexios V. geflohen, eine Delegation von Geistlichen überbrachte Bonifaz von Monferrat die Schlüssel der Stadt. Es war also keineswegs der Blutrausch nach erbitterten Kämpfen und schließlichem Sieg, der die christlichen Ritter sich in den folgenden drei Tagen in einer Weise betragen ließ, die sie in der Einschätzung des griechischen Chronisten Niketas Choniates zu würdigen Vorläufern des Antichrist machte. Denn die Kreuzritter benahmen sich wie Plünderer, «die damals schon die gotteslästerlichen Untaten vollbrachten, die jener einst tun soll, raubten die wertvollen Gefäße und Behältnisse der Heiligen, zerbrachen sie und steckten sie in ihre Taschen (…). Die Freveltaten, die sie in der Großen Kirche (der Hagia Sophia) verübten, sind kaum zu glauben.» Selbst der Bericht des Gottfried von Villehardouin lässt erkennen, wie sehr sich der Autor für das Benehmen seiner Landsleute schämte, die nicht nur Privathäuser und öffentliche Paläste plünderten, sondern es sich auch nicht nehmen ließen, Kirchen auszurauben, was doch selbst die Sarazenen nach der Einnahme Jerusalems im Jahre 1187 nicht getan hatten. Massaker, Vergewaltigungen, Saufgelage, eine sinnlose Vernichtung von Kulturgütern ungeahnten Ausmaßes – und am Ende war doch, trotz aller Zerstörungen, eine Beute zusammengetragen, wie man sie nach Villehardouin noch niemals in einer einzigen Stadt gesehen hatte: Man schätzte sie auf 400 000 Silbermark.

Auch in diesem Moment verlor Enrico Dandolo nicht das Wohl seiner Heimatstadt aus den Augen. Er, dem die Rache für die demütigende Verhaftung der Venezianer 1171 auch ein persönlicher Triumph gewesen sein mag, sorgte dafür, dass ein wahrer Strom kostbarer Reliquien vom Bosporus an die Lagune gelangte. Das bekannteste Kunstwerk, das damals nach Venedig kam, war die Quadriga (Abb. 8), die bisher im Hippodrom von Konstantinopel gestanden hatte.

Abb. 8 Die aus spätantiker Zeit stammenden Pferde der Quadriga zierten einst das Hippodrom in Konstantinopel, ehe sie nach der Eroberung der alten Kaiserstadt neben zahllosen anderen Beutestücken 1204 nach Venedig gelangten.

So endete der vierte Kreuzzug aus venezianischer Sicht mit einem ungeahnten, das Traumhafte streifenden Triumph. Er war vermutlich das gewagteste Spiel, auf das sich die Venezianer jemals eingelassen haben, und es ging daraus ein Gewinn hervor, der die kühnsten Erwartungen überstieg. In hohem Maße aufschlussreich ist die Art und Weise, wie der Verlauf der Ereignisse in Venedig wahrgenommen wurde. Die älteste Quelle, die den vierten Kreuzzug mit seinem erstaunlichen Ende aus venezianischer Sicht darstellt, ist die Chronik des Martino da Canal, entstanden im letzten Viertel des 13. Jahrhunderts. Auf Französisch verfasst, sollte sie vermutlich der Verbreitung des Ruhms der Markusrepublik auch jenseits der Alpen dienen, denn ihr Autor war keineswegs Franzose, sondern ein Venezianer, wie aus seiner Darstellung gerade des Verlaufs des vierten Kreuzzugs überdeutlich hervorgeht. Einseitig und apologetisch,

Abb. 9 Erst mit jahrhundertelanger Verzögerung gingen venezianische Maler daran, die Eroberung Konstantinopels während des Vierten Kreuzzugs darzustellen. Domenico Tintorettos dramatisches Gemälde im Dogenpalast entstand zu Beginn des 17. Jahrhunderts.

stellt sie ein buntes Sammelsurium von Fakten und Fiktionen dar. Insgesamt aber hat die venezianische Geschichtsschreibung die Ereignisse des Jahres 1204 lange Zeit nur sehr zurückhaltend geschildert. Und es sollte gar volle 400 Jahre dauern, ehe die Eroberung der Kaiserstadt am Bosporus in einem großen Gemälde verherrlicht wurde: Im Dogenpalast, dessen Dekorationsprogramm sozusagen das ideologische Konzentrat der venezianischen Selbstdarstellung bildet, malte erst zu Beginn des 17. Jahrhunderts Domenico Tintoretto den Sturm der Kreuzfahrer auf Konstantinopel in einer dramatischen Darstellung (Abb. 9). Zuvor vermied man es, die Eroberung Konstantinopels, der doch die venezianische Hegemonie im östlichen Mittelmeer zu verdanken war, prominent in Szene zu setzen. Offensichtlich sorgten moralische Skrupel dafür, dass viele Elemente der Ereignisse im Jahre 1204 von den venezianischen Historikern auf den politisch opportuneren Friedensschluss von Venedig im Jahre 1177 übertragen wurden; ein nachgerade mustergültiger Mythenbildungsprozess, denn «diese Überschreibung spiegelt die manipulative Macht des kulturellen Gedächtnisses. Sie konstruiert aus echten Elementen ein fiktives Bild» (Johannes Fried).

DIE HANDELSGROSSMACHT (1204–1509)

DAS ZEITALTER DER KOMMUNE

Die Eroberung Konstantinopels im Jahre 1204 steht für den langsamen Niedergang einer einstigen Weltmacht, des Oströmischen Reiches, das sich von dieser Katastrophe nie mehr erholt hat. Wenngleich sein definitives Ende noch zweieinhalb Jahrhunderte auf sich warten lassen sollte, so nimmt sich diese Phase im Rückblick des Historikers wie ein kontinuierlicher, um nicht zu sagen zwangsläufiger Untergangsprozess aus. Zugleich steht das Jahr 1204 für die Pervertierung des Kreuzzugsgedankens. Zwar haben Glaubenskriege heutzutage in keinem Fall ein gutes Image, jedenfalls in der westlichen Welt, aber die Belagerung, Erstürmung und überaus gründliche Plünderung einer christlichen Hauptstadt durch christliche Kreuzfahrer wurde seit jeher als eine Monstrosität betrachtet, sieht man einmal von den direkten Nutznießern dieses Ereignisses, allen voran den Venezianern, ab. Schließlich bezeichnet die Eroberung Konstantinopels den Triumph des einstigen Vasallen über den ehemaligen Souverän, denn die Initiative, der die Kreuzritter folgten, ging ja eindeutig von Venedig aus. Das kontinuierliche Wachstum seines politischen Gewichts fand durch die Ereignisse der Jahre 1202 bis 1204 einen unübersehbaren Ausdruck. Begleitet war dieser Machtzuwachs von einer wichtigen Entwicklung im Inneren: der Begründung der Kommune.

In ihren Grundzügen verlief die innenpolitische Entwicklung Venedigs im 12. Jahrhundert parallel zu derjenigen in den anderen großen oberitalienischen Handelszentren, wo die erfolgreichen Kaufleute begannen, politische Ansprüche gegen die geistlichen oder weltlichen Stadtherren durchzusetzen. Nach und nach entstanden in diesen Städten kommunale politische Institutionen wie der Rat, dessen Mitglieder meist nach antikem Vorbild *consules*, Konsuln, genannt wurden und immer mehr Kompetenzen an sich zogen. In Venedig verlief die Entwicklung ähnlich – und auch wieder nicht. Ähnlich insofern, als sich auch hier aus älteren Vorläufern neue Gremien bildeten. Schon zuvor hatte es Berater des Dogen gegeben, die sogenannten *iudices* («Richter»), die ihn zugleich kontrollieren sollten. Doch trat dieses Element der Kontrolle sehr viel stärker in den Vordergrund, als 1143 erstmals ein dauerhafter Rat von *sapientes*, von «Weisen», aus den sechs Stadtteilen Venedigs gewählt wurde. Denn damit entstand so etwas wie ein Kabinett, und aus dem Dogen wurde eine Art Regierungschef, der denn auch, wie es nur folgerichtig war, wenige Jahre später zum ersten Mal bei seiner Wahl einen feierlichen Eid abzulegen hatte, dass er die Gesetze befolgen und keine eigenmächtigen Entscheidungen treffen werde. Auf die weitere Entwicklung der venezianischen Verfassung und die Stellung des Dogen, seine verfassungsgemäße Funktion, seine Macht und deren im Laufe der Zeit immer enger gezogene Grenzen wird an späterer Stelle noch ausführlich einzugehen sein (S. 90 ff.). Hier mag es genügen darauf hinzuweisen, dass sich im Zuge der politischen Emanzipation reicher Kaufmannsfamilien – einer allgemeinen Entwicklung im Italien des Hohen Mittelalters – in Venedig eine besondere verfassungsmäßige Konstruktion herausbildete: eine aristokratisch geprägte Wahlmonarchie, und mit ihr beschritt Venedig einen Weg, der sie von den meisten anderen Städten Italiens unterschied.

Innerhalb dieser eigentümlichen Verfassungsform sollte bald einer Institution eine zentrale Rolle zukommen, die im Jahre 1172 erstmals zusammentrat: dem «Großen Rat» *(maggior consiglio)*, der die ältere Volksversammlung, *arengo* oder *concio* genannt, die immer mehr an Bedeutung verloren hatte, ersetzte und sich im Laufe der Zeit zu so etwas wie dem venezianischen Parlament entwickelte. Demgegenüber bildeten der Doge und seine engsten Berater den «Kleinen Rat» *(minor consiglio)*. Zwi-

Abb. 10 Santi Giovanni e Paolo, im venezianischen Dialekt «San Zanipolo» genannt, ist die Hauptkirche des Dominikaner-Ordens in Venedig. Der Baugrund für die Kirche wurde dem Orden 1234 durch den Dogen Jacopo Tiepolo geschenkt.

schen beiden Gremien stand als ein weiteres Kernelement der venezianischen Verfassung seit der Mitte des 13. Jahrhunderts der Senat. Ursprünglich nur einer von vielen Ausschüssen, an die der Große Rat die Behandlung von bestimmten Fragen delegierte, entschieden seine Mitglieder, die sogenannten «Gebetenen» *(pregadi)*, schon bald über die Außen- und Handelspolitik Venedigs. Ein Ausschuss des Senats wiederum, der sogenannte «Rat der Vierzig» *(quarantia)*, entwickelte sich zur wichtigsten juristischen Instanz innerhalb der venezianischen Verfassung, die im Laufe der folgenden Jahrhunderte eine Vielzahl weiterer Elemente ausbildete, auf die noch einzugehen sein wird. Schon in dieser frühen Phase der Kommune, der Bürgergemeinde, lassen sich jedoch die grundlegenden Prinzipien des «Systems Venedig» ausmachen: Ein ausgeprägtes Misstrauen gegen individuellen Ehrgeiz und der Versuch, jede Form von Machtakkumulation von vornherein auszuschließen, führten dazu, dass viele Ämter kollegial, also mindestens an zwei Inhaber, vergeben wurden und auch nur auf (meist kurze) Zeit – mit wenigen Ausnahmen: Die wichtigste darunter war das Amt des Dogen, dessen Wahl auf Lebenszeit erfolgte.

DIE ENTWICKLUNG DES STADTBILDES

Während sich im 12. Jahrhundert die Grundstrukturen dessen auszubilden begannen, was später die vielgerühmte venezianische Verfassung werden sollte, zählte die Stadt bereits zu den bedeutenden Metropolen ihrer Zeit. Verlässliche Zahlen über ihre Größe liegen uns nicht vor, und bei Schätzungen gilt es eine Vielzahl von Unsicherheitsfaktoren ebenso in Rechnung zu stellen wie starke Schwankungen, denn eine plötzlich auftretende Seuche oder Hungersnot konnte binnen weniger Wochen furchtbare Lücken in die Einwohnerschaft reißen. Bei aller gebotenen Vorsicht scheint es aber doch plausibel, für die zweite Hälfte des 12. Jahrhunderts von etwa 50000 Einwohnern auszugehen.

Das 13. Jahrhundert dann war geprägt von einem raschen weiteren Anwachsen der Bevölkerung, und dieses Wachstum schlug sich nicht zuletzt im Stadtbild nieder. Wo immer sich die Möglichkeit dazu bot, wurde das bebaute Gebiet erweitert. Schon sehr früh, zu Beginn des 9. Jahrhunderts, als der Sitz des Dogen von Malamocco an den Rialto verlegt worden war, hatte sich

Abb. 11 Von monumentaler Schlichtheit ist das Äußere der zweiten großen Bettelordenskirche neben San Zanipolo, errichtet an der Wende vom 13. zum 14. Jahrhundert: Santa Maria Gloriosa dei Frari, kurz: I Frari, die Hauptkirche der Franziskaner in Venedig.

die Institution der *maestri delle acque* herausgebildet, die für die Trockenlegung von Morast und Sümpfen zuständig waren – naheliegenderweise in Venedig ein besonders wichtiges und entsprechend angesehenes Amt.

Seit dem 13. Jahrhundert sind auch immer deutlichere Tendenzen auszumachen, den öffentlichen Raum als solchen wahrzunehmen und bewusst zu gestalten. Diese Entwicklung lässt sich in ganz Europa erkennen, spielte jedoch in Venedig aufgrund seiner extravaganten Lage eine besondere Rolle: In einer Stadt, in der selbst das sonst allerorts Selbstverständliche, nämlich fester Boden unter den Füßen, das Ergebnis aufwendig durchdachter Mühen war, kam der Organisation der Bautätigkeit eine außerordentliche Bedeutung zu.

Die kommunalen Bauaufsichtsinstanzen stellten einen wichtigen Faktor für die Entwicklung von Venedigs Stadtbild im Mittelalter dar; ein weiterer waren die großen Bettelorden, die das 13. Jahrhundert hervorbrachte. Besonders die Franziskaner und Dominikaner wurden von der venezianischen Obrigkeit mit Geschick in die urbanistische Entwicklung der Stadt eingebunden, dabei aber auch genau überwacht. Mit Vorliebe stellte die Stadtregierung ihnen Land am Rande des bisher besiedelten Gebietes zur Verfügung, sumpfiges und immer wieder überschwemmtes Terrain, so dass die Mönche im wahrsten Sinne des Wortes erst einmal Grund legen mussten, ehe sie sich an die Errichtung ihrer Gotteshäuser machen konnten. Auf diese Weise entstanden neue Siedlungskerne, und die Kirchen, die dabei emporwuchsen, stellen dem Ehrgeiz der Mönche, über die widrigen Baubedingungen zu triumphieren, ein beeindruckendes Zeugnis aus: Sowohl die Dominikaner mit Santi Giovanni e Paolo, von den Venezianern kurz «San Zanipolo» genannt (Abb. 10), als auch die Franziskaner mit Santa Maria Gloriosa, im Volksmund ebenfalls abkürzend nur als «I Frari» bezeichnet (Abb. 11), verfügten schließlich über Kirchen, die zu den größten der Stadt gehörten; und die beide aufgrund ihrer Bedeutung von der venezianischen Oberschicht mit Vorliebe als Ort für die Errichtung von gewaltigen Grabmonumenten genutzt wurden.

Nicht minder mühsam als der Stadtausbau war die Instandhaltung der Wasserwege. Denn es wäre von Grund auf verkehrt, im Wasser der Lagune nur einen Störfaktor, eine Bedrohung für die Venezianer zu sehen. Das Faszinierende an Venedig ist ja das Gleichgewicht, in dem sich Land und Wasser befinden – ein labiles Gleichgewicht, stets gefährdet und nur mit großem Aufwand zu bewahren. Das ausgeklügelte System der Kanäle, die in einer Gesamtlänge von rund 37 Kilometern die Stadt durchziehen, entwickelte sich ebenso langsam wie die bebaute Stadtfläche. Und wie im Bereich der Stadtplanung sind auch im Hinblick auf die Wasserstraßen erste energische Bemühungen, Regelungen im Sinne des Gemeinwohls durchzusetzen, aus dem 13. Jahrhundert überliefert. Schon damals verbot der Große Rat kategorisch, Abfälle in die Kanäle zu werfen oder Verkaufsstände direkt an den Ufern der Kanäle zu errichten. Ohne ein intaktes Kanalsystem, das der ständig lauernden Gefahr der Versandung begegnete – und das hieß nach Möglichkeit: vorbeugte –, war die Stadt nicht lebensfähig (und ist es im Übrigen bis heute nicht). Kein Wunder also, wenn das Thema der Kanalpflege die Behörden der Markusrepublik andauernd beschäftigte. Mehr als hundert technische Patente wurden zwischen 1492 und 1797 beantragt, von denen man sich die endgültige Lösung der Kanalreinhaltung versprach. Doch in der Realität hat sich bis heute an der Sisyphusarbeit gegen das Versandungsproblem nichts geändert.

An den sorgsam gepflegten Wasserwegen entwickelte sich im Hochmittelalter ein Stadtbild, das die bescheidenen Anfänge Venedigs mehr und mehr vergessen ließ. An die Stelle einfacher Holzhäuser traten Gebäude aus Stein (Abb. 12), deren Architektur deutliche Auskunft darüber gab, wo die kulturellen Wurzeln der Gemeinde in der Lagune lagen. Kirchen und Paläste wurden in einem von Byzanz beeinflussten Stil gebaut, besaßen Rundbögen und Arkaden und darüber hinaus eine Eigenheit, die der spezifischen Lage Venedigs geschuldet war. Anders als in den Städten auf dem Festland mussten hier die Wohnhäuser der führenden Familien nicht zugleich Festungsanlagen sein. So entstanden in Venedig keine geschlossenen, wehrhaft-abweisenden Mauern mit nur kleinen Fensteröffnungen in den Fassaden, sondern offene Arkaden sogar im Erd- oder besser: im Wassergeschoss, das in der Regel als Warenlager diente, wäh-

rend die Wohnräume im ersten Stock meist über eine Treppe an der Seite des Erdgeschosses zu erreichen waren. Über diese Treppe gelangte man in die *sala*, den großen Saal, der die ganze Tiefe des Gebäudes einnahm und nur selten, bei festlichen Gelegenheiten, genutzt wurde. Das alltägliche Leben spielte sich hingegen in den kleineren Zimmern zu Seiten der *sala* ab, während die zum Haus gehörigen Sklaven und Dienstboten in niedrigen Zwischengeschossen oder unter dem Dach ihre beengten Unterkünfte fanden.

Abb. 12 Die im 13. Jahrhundert gebaute Ca' da Mosto am Canal Grande stellt eines der wenigen erhaltenen Beispiele für die venezianische Profanarchitektur des Hochmittelalters dar. Der byzantinische Einfluss wird unter anderem an den Pateren, den mit Tier- oder Pflanzenmotiven verzierten Steinplatten im ersten Stockwerk, sichtbar.

DIE ORGANISATION DES HANDELS IM MITTELALTER

Die Grundlage des venezianischen Handels in der Frühzeit war die Kaufmannsfamilie gewesen und ihre *fraterna compania*, eine Gesellschaft von Brüdern, die gemeinsam auf mehr oder minder ausgedehnte Geschäftsreisen gingen, wie etwa die Brüder Niccolò und Maffeo Polo, die im Jahre 1271 in Begleitung ihres Sohnes bzw. Neffen Marco in Richtung Schwarzes Meer aufbrachen. Mit dem Aufschwung, den das Wirtschaftsleben in ganz Europa während des 13. Jahrhunderts nahm, vergrößerte sich die Reichweite der Handelsrouten (siehe Karte S. 81) ebenso wie das Handelsvolumen, und damit wurden zugleich neue Formen der Handelsorganisation notwendig. An die Stelle der *fraterna* trat mehr und mehr die *colleganza*. Dabei handelte es sich idealerweise um den Zusammenschluss zweier Kaufleute, von denen der eine drei Viertel des Kapitals stellte, der andere dagegen nur ein Viertel – dafür aber seine Arbeitskraft einbrachte. Ersterer, der sogenannte *socius stans*, überließ das «operative Geschäft», die konkrete, oft mühe- und gefahrvolle Handelsreise, dem *socius procertans*. Der dabei erzielte Gewinn wurde anschließend zu gleichen Teilen ausgeschüttet. Es liegt auf der Hand, dass diese Geschäftsform (die in vielfältigen Abwandlungen und Spielarten anzutreffen war) für eine zunehmend differenzierte Gesellschaft ein hervorragend geeignetes Instrument darstellte, um unterschiedliche soziale Gruppen am Handel teilhaben zu lassen. Der arrivierte Großhandelskaufmann konnte sein Kapital einsetzen, ohne selbst die Heimat – und die politischen Geschäfte – verlassen zu müssen, während junge, unternehmungslustige Neulinge den Mangel an Bargeld durch persönlichen Einsatz auszugleichen in der Lage waren.

Im Laufe des 14. Jahrhunderts verschwand die *colleganza* nach und nach aus dem Seehandel und behielt lediglich im innerstädtischen Wirtschaftsleben Venedigs eine gewisse Bedeutung. An ihre Stelle trat die *societas*, die Handelsgesellschaft, an der sich mehrere Kaufleute beteiligten. Die Ursachen für diese Entwicklung liegen in einer Verbesserung der Reise- und Kommunikationsbedingungen einerseits, dem wachsenden Kapitaleinsatz andererseits. Im *colleganza*-System lag die gesamte Verantwortung beim reisenden Kaufmann, der frei entscheiden musste und konnte, wie zu handeln sei. Das war ein Vorteil, wenn die Reise ins Ungewisse ging. Wo jedoch die Handelsrouten, -partner und -bedingungen weitgehend bekannt waren, lag es im Interesse der in Venedig bleibenden Investoren, eine möglichst genaue Kontrolle auszuüben. Dabei kam ihnen eine Reihe neu entwickelter Geschäftstechniken zugute, wie etwa die doppelte Buchführung, deren Erfindung man lange Zeit den Venezianern zugeschrieben hat, jedoch zu Unrecht. Immerhin scheinen die Kaufleute am Rialto einige Weiterentwicklungen eingeführt zu haben, die sich schnell durchsetzten, wie etwa die Anordnung der Rubriken «Soll» und «Haben» in parallelen Spalten. Diese Art der Buchführung ermöglichte es den Kaufleuten, ihre Vermögensbewegungen auch dann im Blick zu behalten, wenn sie auf mehreren Märkten gleichzeitig aktiv wurden; sie konnten die Geschäfte vom heimischen Kontor am Rialto aus lenken.

So traten an die Stelle unternehmungslustiger Abenteurer an Bord der venezianischen Handelsschiffe mehr und mehr fest bezahlte Agenten, die genau nach den Anweisungen nüchtern kalkulierender Kapitalisten handelten. Wobei man sich unter ihnen nicht unbedingt steinreiche Magnaten vorstellen muss, im Gegenteil. Denn durch die Einrichtung von Handelsgesellschaften konnten große Teile der venezianischen Bevölkerung, auch solche mit bescheidenem Vermögen, sich an den Handelsgeschäften als stille Teilhaber beteiligen. Vergleicht man die dabei erzielten Gewinne mit denen in anderen Wirtschaftszweigen, etwa der Landwirtschaft oder der Salzgewinnung, so erklärt sich der Reiz, den die Investitionen in den Fernhandel ausübten. Renditen im zweistelligen Prozentbereich waren die Regel; wir wissen von Fällen, in denen der Gewinn nach einer einzigen Handelsfahrt über 100 Prozent ausmachte.

Die Gründe für derartig märchenhafte Profitmargen hängen mit dem hohen Risiko des Fernhandels zusammen. Denn trotz neuer Erfindungen wie der epochemachenden des Kompasses, trotz verbesserter Seekarten und trotz der Entwicklung neuer, leistungsfähigerer Schiffstypen im Laufe des 13. und frühen 14. Jahrhunderts blieben die Kaufleute des Mittelalters vielfältigen Gefahren ausgesetzt. Nicht nur durch Stürme, sondern vor allem durch Piraterie. Die Grenzen zwischen einem zur eigenen Verteidigung bewaffneten Handelsschiff und einem Kriegsschiff waren fließend, gewalttätige Übergriffe an der Tagesordnung und die Frage, ob ein Kapitän beim Entern eines anderen Schiffes auf eigene Rechnung oder im Auftrag seiner Heimatstadt handelte, war kaum ohne weiteres zu klären. Nur wenn man die beschränkten Kommunikations- und Disziplinierungsmöglichkeiten der Zeit in Rechnung stellt, wird verständlich, warum der Seehandel auch dann, wenn offiziell Frieden herrschte, eine gefahrvolle Angelegenheit und die Seeräuberei während des Spätmittelalters und der Frühen Neuzeit im Mittelmeerraum ein endemisches Problem blieb. Aber auch politische Ereignisse stellten einen Unsicherheitsfaktor dar; ein plötzlicher Kriegsausbruch, ein Herrscherwechsel, ein Umsturz konnten zur Beschlagnahmung von Schiffen und Waren führen.

Das Leben des venezianischen Kaufmanns Romano Mairano, über das wir durch eine glückliche Quellenlage ungewöhnlich detailliert informiert sind, lässt diese Unwägbarkeiten des Fernhandels, die Gefahren, denen der Kaufmann ausgesetzt war, anschaulich werden. Mairano stammte aus kleinen Verhältnissen und ging 1155 bereits in jungen Jahren nach Konstantinopel, wo er gemeinsam mit seinem Bruder Samuele Handel trieb, zunächst in sehr bescheidenem Rahmen. Erst nachdem er rund ein Jahrzehnt am Bosporus tätig gewesen war, hatte er genug Geld verdient, um in den kapitalintensiven Fernhandel einsteigen zu können. Von nun an wuchs sein Vermögen beständig, und vor allem erwarb er in wachsendem Maße das Vertrauen von Kaufleuten, die ihm Kapital für seine Handelsunternehmungen zur

Verfügung stellten. 1163 kehrte er nach Venedig zurück und erwarb ein eigenes Schiff, dem bald ein zweites folgte. Auch in den folgenden Jahren liefen die Geschäfte Mairanos prächtig. Doch dann überraschte den Kaufmann, der sich gerade auf Geschäftsreise in Konstantinopel befand, am 12. März 1171 der Befehl Kaiser Manuels I. Komnenos, alle Venezianer, die sich in seinem Reich aufhielten, festzusetzen. Zwar gelang Mairano auf seinem Schiff eine abenteuerliche Flucht, doch war er durch den Verlust seiner Waren – die er zu einem großen Teil mit fremdem Kapital erworben hatte – praktisch ruiniert. Nur durch seine exzellenten Beziehungen zur Familie Ziani, dem reichsten Clan im damaligen Venedig, gelang es ihm in den folgenden Jahren, einen Teil seines Vermögens zurückzugewinnen. Doch der soziale Aufstieg, der in Mairanos besten Tagen zum Greifen nahe schien, war durch die Politik eines oströmischen Kaisers zunichte gemacht worden. Die Familie Mairano sollte in der Geschichte Venedigs keine Rolle mehr spielen, der Name nach dem Tod des Romano Mairano im Jahr 1201 oder wenig später wieder im Dunkel verschwinden.

Angesichts der vielfältigen Gefahren, denen der Fernhandel ausgesetzt war, bemühte sich in Venedig schon sehr früh die Kommune darum, durch regulierendes Eingreifen in all jenen Wirtschaftsbereichen, in denen rein private Organisation als nicht ausreichend erschien, die Erfolgschancen ihrer Bürger zu erhöhen. Großes Gewicht legte man natürlich auf die Sicherung der Schifffahrtswege. Das sich in diesem Zusammenhang entwickelnde System der sogenannten *mude* stellt vielleicht das beste Beispiel für die typisch venezianische Verknüpfung von privaten und staatlichen Aktivitäten im Dienste des Handelsverkehrs dar. Der Begriff *muda* bezeichnet eine Flotte von meist fünf bis zehn Handelsgaleeren, die im Konvoi-System fuhren und von Kriegsschiffen begleitet wurden. Die wichtigsten Routen waren diejenigen ins östliche Mittelmeer, nach Konstantinopel, und weiter noch bis ins Schwarze Meer, nach Syrien und schließlich nach Ägypten (Abb. 13); doch auch nach Flandern fuhr eine

Abb. 13 Die Karte aus einem Codex des frühen 14. Jahrhunderts zeigt die weitreichenden venezianischen Handelsbeziehungen im östlichen Mittelmeer.

muda. Befehligt wurde der Konvoi von einem *capitano*. Seit 1329 ließ der Senat die Galeeren für jede Fahrt meistbietend versteigern. Der erfolgreiche Bieter (oder die hinter ihm stehende Sozietät) übernahm als *patrono* das Kommando über die Galeere, und zwar unter strengen Auflagen: So verpflichtete er sich durch einen Eid, für die Fracht fällige Gebühren zu bezahlen und während der Zuladung von Handelsgütern persönlich anwesend zu sein, um jeden Schmuggel zu verhindern. Die Galeerenkonvois fuhren in vom Senat festgelegten Perioden zu ebenfalls festgelegten Zielen. Die *mude* verkehrten also, unter Berücksichtigung des meteorologisch Möglichen, nach einem geradezu modernen Fahrplansystem.

Doch auch in anderen Bereichen des Wirtschaftslebens wirkte sich das Bemühen der Obrigkeit um regulierende Maßnahmen zum Nutzen der venezianischen Kaufleute aus. So wurden die

Abb. 14 Der Fondaco dei Tedeschi war Gasthaus, Lagergebäude und Handelszentrale der Deutschen am Canal Grande. Heute ist das Gebäude, dessen Fassade einstmals Fresken von Giorgione und Tizian schmückten, Sitz des venezianischen Hauptpostamts.

nach Venedig eingeführten Warenmengen genauestens kontrolliert, um eine Überschwemmung des Marktes und den dadurch unvermeidlichen Preisverfall zu verhindern. Und auch die *fondachi* trugen erheblich zum Florieren der venezianischen Wirtschaft bei. Dabei handelte es sich um eine Mischung von Warenbörse, Lagerhalle und Herberge. Hier fanden, nach Nationen getrennt, fremde Kaufleute Unterkunft. So gab es etwa einen *fondaco dei turchi* und, seit 1228, den *fondaco dei tedeschi*, den Handelshof der Deutschen (Abb. 14). Da die Venezianer schon sehr früh darauf achteten, den Handel in ihrer Stadt zu kontrollieren, zwangen sie die deutschen Kaufleute, hier abzusteigen, gleich nach ihrer Ankunft ihre Waffen abzugeben und bei den *visdomini*, den Aufsehern des *fondaco*, Zoll auf ihre mitgebrachten Waren zu entrichten. Danach wurde ihnen ein staatlicher Makler, der sogenannte *sensal*, zugelost, der den Kaufmann während seines gesamten Aufenthalts auf Schritt und Tritt begleitete, um ihn als Dolmetscher zu unterstützen – und die getätigten Handelsabschlüsse eifrig zu notieren. Diese wurden dann den *visdomini* mitgeteilt, die daraufhin die zu zahlenden Gebühren festlegten und einzogen. Diese einzigartige Mischung aus Serviceleistungen und Kontrollmechanismen, die Venedig im Bereich des Handelswesens entwickelte, erhöhte die Einnahmen des sich entwickelnden Staates in nicht geringem Maße.

Große Bedeutung für den Erfolg der venezianischen Handelspolitik kam schließlich dem Münzwesen zu. Die wichtigste Silbermünze, der *grosso* oder *matapan*, wurde erstmals zu Beginn des 13. Jahrhunderts unter dem Dogen Enrico Dandolo geprägt. Ab 1284 kam dann als Goldwährung der venezianische Dukaten hinzu, mit einem Gewicht von 3,5 Gramm, nach der venezianischen Münze (*zecca*) auch *zecchino* benannt. Daneben gab es im Laufe der Zeit eine Vielzahl weiterer Münzen wie Lira, Soldo oder Scudo. Über Jahrhunderte hinweg waren venezianische Münzen ein in ganz Europa begehrtes Zahlungsmittel, und das beruhte auf der Konsequenz, mit der die venezianischen Politiker auf die Stabilität der Währung achteten. In einer Epoche, in welcher der Wert eines Geldstücks noch von seinem Materialwert, seinem Feingehalt an Edelmetall, abhing, war es gängige Praxis, in Zeiten erhöhten Geldbedarfs diesen Anteil zu senken, «gute» Münzen kurzerhand einzuschmelzen und aus ihnen eine höhere Anzahl an «schlechten» Münzen mit geringerem Feingehalt zu schlagen. Dieser verlockenden Versuchung gaben die venezianischen Politiker und die in ihrem Auftrag tätigen Münzmeister niemals nach. Denn der kurzfristige warme Geldregen in den öffentlichen Kassen zeitigte langfristig ruinöse Folgen für den Handel, da er das Vertrauen der Handelspartner zerstörte und zur Inflation führte. Auch in diesem Bereich zeigt sich, wie die Handelsinteressen in der venezianischen Politik dominierten.

DIE GROSSE PEST

Mitten in einer historischen Wachstumsphase wurde die Stadt von einer großen Pestepidemie getroffen – und mit ihr ganz Europa. Venedig zählte zu Beginn des 14. Jahrhunderts wohl an die 120 000 Einwohner und gehörte damit zu den größten Städten Europas; lediglich Mailand, Florenz, Neapel und Palermo erreichten ähnliche Bevölkerungszahlen. Außerhalb Italiens kam allein Paris in die Nähe der 100 000 Einwohner, und in der größten deutschen Stadt dieser Zeit, Köln, lebten damals um die 40 000 Menschen.

Das alles waren große Menschenmengen, verglichen mit den Einwohnerzahlen europäischer Städte in den Jahrhunderten zuvor. Insgesamt war die Bevölkerung Europas etwa seit der Jahrtausendwende beständig gewachsen – bis im Herbst 1347 ein Schiff, das aus Kaffa am Schwarzen Meer heimkehrte, in Venedig festmachte. An Bord dieses Schiffes gelangten nicht nur wertvolle Handelsgüter an den Rialto, sondern auch Ratten und in ihrem Fell Flöhe, die den Erreger der Pest in sich trugen. Kurze Zeit später erkrankten die ersten Venezianer an Kopf- und Gliederschmerzen und eigenartigen, schwärzlichen Beulen im Bereich der Lymphknoten – sicheres Anzeichen für die Beulenpest, den «Schwarzen Tod». In den allermeisten Fällen starben die Infizierten innerhalb weniger Tage. Und die Zahl der Erkrankungen stieg mit atemberaubender Geschwindigkeit. Besonders betroffen waren die Unterschichten, und hier wiederum schwangere Frauen, von denen nach zeitgenössischen Berichten kaum eine die Epidemie überlebte. Etwas besser standen die Überlebenschancen der reichen Patrizier, die über die wirtschaftlichen Mittel verfügten, um auf das Festland zu flüchten. Doch Sicherheit gab es auch hier nicht. In Venedig selbst wurde schnell der Platz für die Beerdigung der Pestopfer knapp. Schon im April 1348 bestimmte der Senat, auf zwei kleinen Inseln in der Lagune, San Leonardo Fossamala und San Marco Boccamala, Massengräber auszuheben, um dort die «Körper der armen Verstorbenen, die auf der Welt keine Wohnung haben und von Almosen leben», beizusetzen. Doch die beiden Inseln sollten sich schon nach zwei Monaten als zu klein erweisen, obwohl auch die Friedhöfe innerhalb der Stadt zunächst weiterhin benutzt wurden. Allein vor der Kirche San Salvatore wurden bis zu 30 Personen am Tag bestattet. Insgesamt ging vermutlich mehr als die Hälfte aller Venezianer an der großen Pestepidemie des Jahres 1348 zu Grunde, mit anderen Worten: Die Einwohnerzahl sank auf etwa 50- bis 60 000.

Ein so dramatisches Massensterben wurde als existenzielle Erschütterung erfahren und konnte nicht ohne tiefgreifende Folgen bleiben, wie sie auch im übrigen Europa zu beobachten waren. Eine unmittelbare Reaktion auf die tödliche Bedrohung bestand in einer intensivierten, mitunter exaltierte Züge tragenden Frömmigkeit, oftmals verbunden mit apokalyptischen religiösen Erwartungen. Und kann es verwundern, dass viele Menschen glaubten, der Jüngste Tag stehe unmittelbar bevor? Die Stadt muss in Zeiten der Pest – und allein bis zum frühen 16. Jahrhundert liegen uns Berichte über nicht weniger als 26 Ausbrüche der Krankheit in Venedig vor – erfüllt gewesen sein von den Litaneien der Bittprozessionen, die Kirchen waren voller Betender; dazwischen in den engen Gassen überall die Toten und Sterbenden, die hilflosen Ärzte, die Totengräber, die mit dem Abtransport der Leichname schon bald hoffnungslos überfordert waren. Doch auch die Regierung der Stadt zeigte sich der Wucht, mit der die Epidemie die Stadt traf, nicht gewachsen. Anfang Juli 1348 war der Große Rat nicht mehr beschlussfähig und teilte der Bevölkerung mit, «dass nunmehr die Angelegenheiten des Staates nicht mehr erledigt werden können, es sei denn, man findet durch Gottes Gnade irgendein Heilmittel gegen die Pest».

Erst nach und nach begriff man, dass die Seuche durch Kontakt übertragen wurde, und reagierte darauf: 1423 ließ der venezianische Senat erstmals ein Pestkrankenhaus errichten, das *Lazzaretto Vecchio* («Altes Lazarett»), auf einer Insel südlich der

Stadt, in unmittelbarer Nähe des Lido gelegen. Es diente indes nicht der Heilung von Erkrankten, sondern allein ihrer Isolierung, und wie es unter den weitgehend sich selbst überlassenen Schwerkranken und Sterbenden zugegangen sein muss, mag man sich kaum ausmalen.

Anders das *Lazzaretto Nuovo* («Neues Lazarett»), bei dem es sich um eine revolutionäre Neuerung handelte: 1468 richtete die venezianische Regierung auf einer Insel im Nordosten der Stadt die erste Quarantänestation der Welt ein. Hierher wurden all jene gebracht, bei denen Verdacht auf Pesterkrankung bestand, vor allem Seeleute und Reisende, die aus von der Pest betroffenen Gebieten nach Venedig gelangten. Erst wenn sich nach längerem Aufenthalt keine Anzeichen der Erkrankung zeigten, durften sie das von außen fast festungsartig wirkende *Lazzaretto Nuovo* verlassen (Abb. 15).

Abb. 15 Einen festungsartigen Eindruck erweckt das Lazzaretto Nuovo, die im Jahre 1468 im Auftrag des Senats auf einer kleinen Laguneninsel errichtete erste Quarantänestation der Welt. Die idyllische Stimmung auf dem Bild trügt nicht: Das Gemälde von Giacomo Guardi entstand um 1800, als die Zeit der großen Pestepidemien schon weit zurück lag.

Abb. 16 Jan Grevembroichs Zeichnung aus dem 18. Jahrhundert zeigt einen Pestarzt. Wohlriechende Kräuter in der Schnabelmaske sollten vor den gefährlichen Ausdünstungen der Pest schützen.

Schon bald beauftragte der Senat auch ein Gremium von drei Patriziern, die sogenannten *provveditori alla sanità* («Aufseher über das Gesundheitswesen»), damit, Maßnahmen gegen die Pest zu koordinieren und vor allem für ihre Durchsetzung zu sorgen. Zunächst nur beim Auftreten der Seuche berufen und nach ihrem Abklingen wieder entlassen, wurden die *provveditori alla sanità* ab 1485 auf Beschluss des Senats zu einer dauerhaften Institution und trugen erheblich dazu bei, dass das venezianische Gesundheitswesen im 16. und 17. Jahrhundert in ganz Europa als vorbildlich galt. Seit dem Jahr 1504 musste gemäß einer Anweisung der *provveditori* jeder Verstorbene von einem Arzt untersucht werden (Abb. 16), der festzustellen hatte, ob eine ansteckende Krankheit vorlag.

Doch all diese Maßnahmen konnten nicht verhindern, dass der Schwarze Tod Venedig bis ins 17. Jahrhundert hinein immer wieder heimsuchte. Und sie lagen noch in ferner Zukunft, als die Stadt 1348 auf so furchtbare Weise zum Opfer einer bis dahin unbekannten Krankheit wurde. Nach dem Abklingen der Seuche wirkte sich der katastrophale Bevölkerungsverlust sogleich spürbar aus, als im Jahre 1350 ein Krieg mit dem alten Handelskonkurrenten Genua begann, der Venedig vor ein bisher noch nie aufgetretenes Problem stellte: Um eine schlagkräftige Flotte auszurüsten, fehlte es an Mannschaften. Zum ersten Mal in ihrer Geschichte sah sich die Lagunenstadt gezwungen, Söldner anzuwerben.

DER KAMPF MIT GENUA UM DIE VORHERRSCHAFT IM MITTELMEER

Der im August 1350 ausbrechende Krieg mit Genua war nicht die erste Auseinandersetzung zwischen den beiden Städten, sondern nur eine Etappe in ihrem jahrhundertelangen Kampf um die Handelshegemonie im Mittelmeer. Die erste Hälfte des 13. Jahrhunderts hatte, wie gesehen, eine Phase weitgehend kontinuierlicher Prosperität für Venedig dargestellt. Schon zuvor, im 12. Jahrhundert, hatten sich der Aktionsradius der venezianischen Kaufleute und damit ihre Interessensphäre erheblich erweitert. Mit der Eroberung Konstantinopels 1204 beschleunigte sich das Wachstum dann nochmals: Dank der Erwerbungen von «einem Viertel und einem halben Viertel» aus der Erbmasse Ostroms und vor allem dank der Handelsprivilegien, mit denen die lateinischen Kaiser die Unterstützung durch Venedig zu bezahlen hatten, entwickelte sich die Wirtschaft prächtig. Der zeitgenössische venezianische Chronist Martino da Canal schrieb nicht ohne Stolz: «Die Waren sprudeln in dieser ehrwürdigen Stadt hervor wie das Wasser aus der Quelle (…). Von allen Orten kommen Handelsgüter hierher und Kaufleute, welche die Dinge, die sie benötigen, einkaufen und in ihre Heimat transportieren.» Die Konkurrenz, vor allem der Erzrivale Genua, hatte das Nachsehen. Konflikte blieben nicht aus, so etwa 1257, als es in der Kreuzfahrerstadt Akkon zu gewalttätigen Auseinandersetzungen zwischen Genuesen und Venezianern kam, die einen Krieg zwischen den beiden Städten zur Folge hatten; in der entscheidenden Seeschlacht vor Akkon behielt Venedig 1258 die Oberhand.

Im Jahr 1261 jedoch zogen dunkle Wolken über diesem insgesamt so erfreulichen Gesamtbild auf, und zwar in jener Stadt, mit deren Schicksal dasjenige Venedigs seit jeher auf das Engste verknüpft war: Konstantinopel. Am 25. Juli dieses Jahres endete nämlich die kurze Geschichte des lateinischen Kaiserreichs am Bosporus; und dieses Ende gestaltete sich in einer Form, wie man sie für das «Reich», das von Anbeginn seiner schwächlichen Existenz nur mühselig sein Dasein gefristet hatte, geradezu als stilecht bezeichnen möchte.

Schon seit längerem hatte sich der erfolgreichste unter den Herrschern der griechischen Nachfolgestaaten Ostroms, Michael VIII. Palaiologos, um die Rückeroberung der alten Hauptstadt bemüht. Sie wäre ihm auch längst gelungen, wenn der notorisch bankrotte lateinische Kaiser Balduin II. nicht auf die Unterstützung Venedigs hätte zählen können. Ende Juli 1261 nun sandte Michael VIII. einen seiner Generäle mit gerade einmal 800 Reitern zu einer Aufklärungspatrouille nach Konstantinopel, mit dem Ziel, die Verteidiger zu beunruhigen; eine Aufgabe, zu deren Erfüllung selbst eine derartig winzige Streitmacht genügte. Doch als die Griechen sich den gewaltigen Befestigungsanlagen näherten, stellten sie fest, dass diese so gut wie gar nicht besetzt waren. Die wenigen Soldaten, über die Balduin II. gebot, befanden sich nämlich fast vollständig auf einer Expedition der von Venedig gestellten kaiserlichen Flotte. So nutzten die Griechen die Gelegenheit und besetzten in der Nacht vom 24. auf den 25. Juli 1261 die alte Kaiserstadt, praktisch ohne auf Widerstand zu stoßen. Als die venezianischen Schiffe am Tag darauf an den Bosporus zurückkehrten, verzichteten sie von vornherein auf einen Versuch, die Stadt zurückzuerobern, und beschränkten sich stattdessen darauf, Balduin II. und etwa 3000 weitere Lateiner zu evakuieren, von denen nicht wenige an

Hunger und Durst zugrunde gingen, ehe man im Zielhafen Negroponte ankam. So endete das aus dem vierten Kreuzzug hervorgegangene lateinische Kaiserreich nach 57 Jahren einer tristen, von Anfang an hoffnungsarmen Existenz.

Die Folgen für Venedig waren tiefgreifend. Denn zusammen mit dem lateinischen Kaisertum in Konstantinopel endeten auch die zahlreichen Handelsprivilegien, derer sich die Venezianer als Hauptstütze der schwachen Imperatoren erfreut hatten. Mehr noch: Der neue Herrscher Michael VIII. pflegte beste Beziehungen zu Venedigs altem Konkurrenten Genua. Die ligurische Handelsmetropole nutzte die Gelegenheit, die sich aus dieser neuen Konstellation ergab, mit Energie. Statt der Venezianer beherrschten nun die Genuesen den Handel mit Konstantinopel und den Gebieten um das Schwarze Meer. Die Folge war, dass schon sehr bald ein neuer bewaffneter Konflikt mit Venedig ausbrach. In dessen Verlauf erwies sich die Markusstadt ihrem Gegner als militärisch überlegen; wann immer es zu einer größeren Seeschlacht kam, ob bei Settepozzi 1263 oder bei Trapani 1266, die Auseinandersetzungen endeten mit mehr oder minder deutlichen venezianischen Siegen. Allein, diese Erfolge blieben einigermaßen folgenlos, weil die Genuesen gleichzeitig einen höchst effizienten Kaperkrieg gegen venezianische Schiffe führten. Prestigeträchtige Triumphe waren dabei zwar nicht zu erhoffen, aber der wirtschaftliche Schaden für die venezianischen Kaufleute erwies sich auf die Dauer als so groß, dass man sich an der Lagune schließlich im Jahre 1270 zu einem Kompromissfrieden bereitfand, der jedoch kaum mehr als einen Waffenstillstand darstellte.

Dennoch dauerte es bis 1293, ehe es zu neuen Feindseligkeiten kam, und diesmal verfolgte jeder der Kontrahenten die militärische Strategie, die zuvor der Gegner angewandt hatte. Die Genuesen operierten erfolgreich mit größeren Flottenverbänden und schlugen die Venezianer vor allem in der Seeschlacht vor der Insel Curzola im Jahre 1298, wenngleich um den Preis schwerer eigener Verluste. Doch obwohl dieser Triumph in einer der größten Seeschlachten des Mittelalters einen gewaltigen Prestigegewinn darstellte, blieben seine Auswirkungen gering, weil es den Venezianern gelang, im Kaperkrieg den genuesischen Handel nachhaltig zu schädigen. Mit dem Abschluss des Friedens von Mailand am 25. Mai 1299 verzichteten die beiden Gegner auf Entschädigungen für die Kriegskosten und Verluste, vereinbarten die Freilassung der Gefangenen und erkannten gegenseitig ihre Interessensphären an.

Das 14. Jahrhundert sah den Konflikt zwischen den beiden Seestädten weiter schwelen, lange Zeit in Gestalt des «unerklärten Krieges», jenes für diese Epoche so typischen Kaperns einzelner Schiffe, ohne dass es zu größeren Schlachten kam. 1350 ging der verdeckte abermals in den offenen Kriegszustand über. Die Auseinandersetzungen endeten nach fünf Jahren und brachten den Venezianern schwere Verluste, aber keine endgültige Entscheidung; diese ließ auf sich warten, bis 1378 der vierte genuesische oder Chioggia-Krieg ausbrach, ein Krieg, der für Venedig zur härtesten Bewährungsprobe wurde, die es bis zu diesem Zeitpunkt zu bestehen gehabt hatte. Mit diplomatischem Geschick verstanden es die Genuesen, den Erzrivalen politisch zu isolieren, so dass sich die Venezianer einer bedrohlichen Koalition gegenüber sahen, der unter anderem König Ludwig von Ungarn, der Patriarch von Aquileia und Francesco da Carrara, Herr der Stadt Padua, angehörten. Damit war die Markusrepublik nicht nur von der Seeseite, sondern zugleich von ihrem oberitalienischen «Hinterhof» aus bedroht.

Die Strategie der Venezianer, den Hauptfeind Genua direkt zu attackieren, zeitigte zunächst einen aufsehenerregenden Erfolg: 1378 schlug die venezianische Flotte unter Führung des Admiral Vettor Pisani vor Anzio, nicht weit von Rom an der tyrrhenischen Küste gelegen, die Genuesen vernichtend. Doch schon im Jahr darauf drehten die Ligurer den Spieß um, statteten mit einer neuen Flotte den Venezianern einen Besuch in der Adria ab und schlugen die Schiffe des eben noch triumphierenden Vettor Pisani vor Pola in die Flucht. Trotz des Todes ihres Oberbefehlshabers Luciano Doria in dieser Seeschlacht nutzten die Genuesen den Erfolg energisch und besetzten gemeinsam mit den verbündeten Paduanern Chioggia, im Süden der Lagune gelegen. Venedig war eingeschlossen und damit die Versorgung der Stadt aufs Höchste bedroht. Nur der im letzten Augenblick aus der Levante heimkehrenden Flotte unter dem Befehl von Carlo Zeno war die Rettung der Heimatstadt zu verdanken. Es gelang Zeno, die feindlichen Truppen ihrerseits einzuschließen, und nach monatelangen Gefechten sahen sich die Genuesen im Juni 1380 gezwungen zu kapitulieren.

DER *STATO DA MAR*

Mit dem Sieg bei Chioggia und dem am 8. August 1381 geschlossenen Frieden von Turin war eine Vorentscheidung im Kampf um die Seeherrschaft im Mittelmeer gefallen. Nicht dass die alte Konkurrentin Genua dadurch ein für alle Mal ausgeschaltet gewesen wäre; eine einzelne Schlacht wirkt sich selten so definitiv aus, zumal in dieser Epoche. Der Turiner Friedensschluss nahm sich in seinen Einzelbestimmungen aus venezianischer Perspektive zunächst sogar eher ungünstig aus. Viel wichtiger für die weitere Entwicklung war, dass sich Genua in der Folgezeit durch innere Auseinandersetzungen selbst lähmte und deswegen kaum mehr in der Lage war, der Markusrepublik Widerpart zu bieten. So gelang Venedig in den Jahren, die auf den Chioggia-Krieg folgten, nach den Erwerbungen von 1204 eine zweite beeindruckende Expansionswelle im östlichen Mittelmeer, die man mit gutem Grund geradezu als «Protokolonialismus» bezeichnet hat. Binnen gut zwei Jahrzehnte wurde die Markusflagge unter anderem in Korfu (1386), Nauplia (1388), Durazzo (1392), Argos und Malvasia (1392), Scutari (1396), Lepanto (1407) und Patras (1408) gehisst, in den Jahren von 1409 bis 1420 fiel die ganze dalmatische Küste an die Serenissima – für Venedig nicht nur aufgrund ihrer Hafenstädte wichtig, sondern auch als Reservoir an tüchtigen Seeleuten. Und 1423 folgte schließlich Saloniki an der Ostküste Griechenlands (siehe Karte S. 81).

Nimmt man hinzu, dass schon vorher eine beträchtliche Zahl der ägäischen Inseln unter venezianischer Herrschaft bzw. der Herrschaft einzelner venezianischer Familien gestanden hatte (so etwa Santorin unter den Barozzi, Lemnos unter den Navagero, Andros unter den Zen), dann wird verständlich, wie am Ende des 14. Jahrhunderts das entstanden war, was die Venezianer selbst voller Stolz den *stato da mar*, den Meeresstaat, bezeichneten: ein umfassender Herrschaftsbereich im östlichen Mittelmeer, bestehend aus Inseln, Hafenstädten und Küstenstreifen. Rein flächenmäßig betrachtet, bot der *stato da mar* gar kein eindrucksvolles Bild, doch ein Gemeinwesen wie das venezianische, das in dieser Epoche ganz überwiegend vom Handel lebte, legte naturgemäß kaum Gewicht auf binnenländischen Besitz. Interessant erschien den venezianischen Politikern vielmehr die Möglichkeit, durch eine Vielzahl von Hafenstützpunkten die Sicherheit, Geschwindigkeit und Zuverlässigkeit des Handels zu erhöhen, und genau das gelang den Venezianern durch ihr Kolonialreich. Um 1400 bestand ein über das ganze Mittelmeer, ja bis nach England und in die Niederlande reichendes System regelmäßiger Schiffsverbindungen, die nach einem festen und weitgehend zuverlässigen Fahrplan funktionierten, jene bereits erwähnten *mude*, die das Rückgrat des Seehandels bildeten. Kein Wunder, wenn die Senatsprotokolle dieser Zeit übervoll sind von Beratungen, welche die *mude* betrafen – während im Vergleich dazu politische Fragen im engeren Wortsinn eine eher untergeordnete Rolle spielten.

Auch im Umgang mit den Einwohnern dieses Kolonialreichs *avant la lettre* äußerte sich die Dominanz der Handelsinteres-

Während seiner Hochblüte im 14. und 15. Jahrhundert unterhielt Venedig ein weitgespanntes Netz von Handelsverbindungen und Stützpunkten im östlichen Mittelmeer. Die Karte zeigt die wichtigsten Handelsrouten und den stato da mar in der ersten Hälfte des 16. Jahrhunderts.

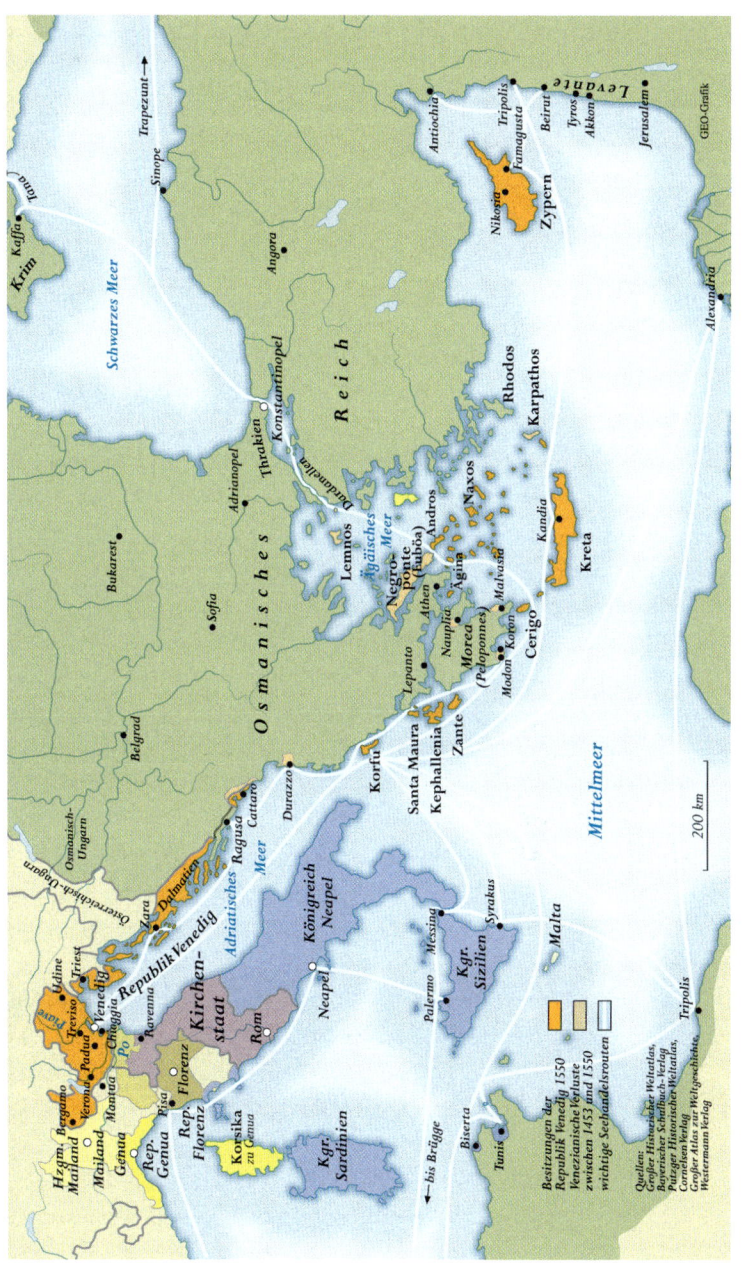

sen: Stets waren die Venezianer bemüht, den Aufwand für Verwaltung und Kontrolle ihrer Besitzungen so gering wie möglich zu halten, was für die Beherrschten immerhin den Vorteil mit sich brachte, dass ihnen die ferne Kapitale relativ viel Autonomie ließ; auch zu Zwangskatholisierungen der zu einem erheblichen Teil orthodoxen Untertanen ist es im venezianischen Herrschaftsbereich nicht gekommen.

Doch trotz der geographischen Expansion des *stato da mar* und der damit verbundenen wirtschaftlichen Blüte des 15. Jahrhunderts blieben Probleme und Bedrohungen genug. Die alte Feindschaft mit Genua schwelte weiter, und wenn es die Genuesen nach dem Chioggia-Krieg nicht mehr wagten, in die Adria vorzudringen, so machte sich ihre Konkurrenz im Levantehandel um so spürbarer bemerkbar. Ein chronisches Problem stellte des Weiteren die Seeräuberei dar. Doch die eigentliche Gefahr entwickelte sich erst im Laufe des 15. Jahrhunderts in Gestalt des expandierenden Osmanenreiches.

Ursprünglich alles andere als ein Seefahrervolk, erwiesen sich die ersten Versuche der Türken, eine Flotte zu bauen und vor allem einzusetzen, als unbeholfen; so hatte der venezianische Admiral Pietro Loredan in der Seeschlacht bei Gallipoli im Mai 1416 leichtes Spiel und ließ nach seinem vollständigen Sieg, etwas vollmundig, der Heimatstadt melden, dass die türkische Flotte auf lange Zeit keine Gefahr mehr darstellen werde. Die Nachricht wurde zwar verständlicherweise in Venedig bejubelt, dadurch aber in der Sache nicht richtiger. Schon wenige Jahre später befand man sich von neuem im Kriegszustand mit der Hohen Pforte und erklärte sich sogar schon bald bereit, jährliche Tributzahlungen zu leisten – welche die Staatskasse weniger als die Kriegskosten belastet hätten, Sultan Murad II. aber nicht interessierten. 1430 ging das erst wenige Jahre zuvor gewonnene Saloniki an die Türken verloren.

Das alles sollte sich jedoch nur als ein Vorspiel herausstellen für die existenzielle Bedrohung der venezianischen Herrschaft im östlichen Mittelmeer durch die türkische Offensive in der zweiten Hälfte des 15. Jahrhunderts. Das Fanal stellte die Eroberung Konstantinopels durch die Osmanen am 29. Mai 1453 dar. Venedig hatte wenig getan, um die Hauptstadt des Oströmischen Reiches, von dem am Ende nur noch einige Vororte der Kapitale übrig geblieben waren, in ihrem Todeskampf zu unterstützen. Eine Flotte unter dem Befehl des Giacomo Loredan wartete so lange in Negroponte auf die Verstärkung durch ein päpstliches Kontingent, bis die Nachricht vom Fall der Stadt eintraf. Die Folgen sollten sich sehr bald bemerkbar machen, denn von nun an traf die türkische Expansion den venezianischen *stato da mar* mit voller Wucht.

Nur ein Jahrzehnt nach dem Untergang Konstantinopels kam es 1463, trotz aller diplomatisch-vorsichtigen Zurückhaltung der Serenissima, zum Krieg. Die Auseinandersetzungen zogen sich über mehr als 15 Jahre hin, mit wechselndem Erfolg und enormen Kosten. Immer deutlicher stellte sich heraus, dass die Republik diesem Gegner allein nicht gewachsen war. Der Friedensvertrag, der schließlich am 25. Januar 1479 in Istanbul geschlossen wurde, enthielt bittere, ja demütigende Bestimmungen: Über den Verlust wichtiger Stützpunkte in der Ägäis hinaus, darunter Lemnos und Negroponte, verpflichtete sich Venedig zu einer einmaligen Reparationszahlung von 100000 Dukaten und zu jährlichen 10000 Dukaten Tribut für die Garantie seiner Handelsprivilegien. Dennoch wurde der Friedensschluss in Venedig mit großer Erleichterung aufgenommen; der Handel, von den anderthalb Jahrzehnten Kriegszustand schwer in Mitleidenschaft gezogen, blühte bald wieder auf. Und nach dem Tod Mehmeds II. im Mai 1481 konnte die Markusrepublik von den bald ausbrechenden Kämpfen um die Nachfolge des Sultans profitieren: Am 12. Januar 1482 verzichtete Mehmeds Erbe Bayezid auf weitere Tributzahlungen. Das venezianische Kolonialreich, der *stato da mar*, hatte jedoch den Höhepunkt seiner Ausdehnung überschritten. Für die Zukunft standen schwere Abwehrkämpfe zu befürchten, an die Stelle offensiver Expansion trat die mühsame Verteidigung des Erreichten.

NOBILI, CITTADINI UND *POPOLANI*

Während die einstige Sumpfsiedlung in der Lagune zu einer europäischen Großmacht, zur wichtigsten Handelsdrehscheibe zwischen Abend- und Morgenland geworden war, hatte sie nicht nur eine einzigartige Verfassung ausgebildet, sondern auch eine eigentümliche Sozialstruktur. Deren wichtigstes Kennzeichen stellte eine im Vergleich zu anderen italienischen Gemeinwesen ungewöhnlich rigide Trennung der gesellschaftlichen Schichten dar. Lange Zeit wurde mit dem Entstehen dieser Sozialstruktur ein konkretes Datum in Verbindung gebracht, die sogenannte *Serrata del Maggior Consiglio*, die «Schließung des Großen Rates», die im Jahr 1297, zur Zeit der Herrschaft des Dogen Pietro Gradenigo, festlegte, welchen Familien die erbliche Zugehörigkeit zum Großen Rat und damit der Zugang zu allen wichtigen politischen Ämtern zustand. Doch handelt es sich bei der *Serrata*, die von den Geschichtsschreibern späterer Zeiten zu so etwas wie der Grundsteinlegung für die venezianische Gesellschaftsverfassung verklärt wurde, um ein weiteres Mosaiksteinchen im mythischen Bild vom vorbildlich-einzigartigen Gemeinwesen Venedig. Die Ausbildung von klar definierten Standesgrenzen war kein punktuelles Ereignis, sondern ein langfristiger Prozess, der sich bis ins 14. Jahrhundert hinzog und erst im Jahr 1323 als weitgehend abgeschlossen betrachtet werden kann. Von nun an gab es tatsächlich eine Gruppe von Familien, deren Angehörige den Zugang zum Großen Rat als dem Basisorgan der venezianischen Verfassung monopolisierten. Zugangsberechtigt war seitdem, wessen Vater und Großvater schon Mitglieder des Großen Rates gewesen waren, wobei dieses Privileg nur in männlicher Linie vererbt wurde. Mit anderen Worten: Die Söhne eines Patriziers, der eine Bürgerstochter geheiratet hatte, übernahmen den Status des Vaters und damit das Zutrittsrecht zum Großen Rat, nicht jedoch die Kinder einer Patrizierin, die eine Ehe mit einem Bürger eingegangen war. Zu Beginn des 16. Jahrhunderts beschloss dann die venezianische Regierung, die Registrierung von rechtmäßigen Patrizier-Ehen und die Geburt von Söhnen aus solchen Verbindungen durch die *Avogaria di Comun*, das kommunale Notariatsbüro, verpflichtend vorzuschreiben, damit niemand mehr Mitglied des Großen Rates werden konnte, ohne den Nachweis zu erbringen, dass die Ehe seiner Eltern und seine eigene Geburt im Goldenen Buch der Stadt registriert worden waren.

Nur in ganz wenigen Ausnahmefällen gelangten in der Folgezeit neue Familien in den Großen Rat. Nach dem glücklichen Ende des existenzbedrohenden Chioggia-Kriegs gegen den alten Konkurrenten Genua wurden noch einmal 30 Familien kooptiert; von da an fanden nur noch einzelne große Familien vom Festland Zulass, ehe die militärischen und finanziellen Nöte im 17. Jahrhundert den Widerstand gegen Neuaufnahmen brachen. Doch bis dahin, über einen Zeitraum von gut 300 Jahren hinweg, behauptete sich ein fester Stamm von Patrizierfamilien, welche die Macht unter sich aufteilten. Da der Adelsstatus auf alle Söhne eines Patriziers und nicht nur auf den Erstgeborenen überging, bildeten sich im Laufe der Zeit zahlreiche *case*, adlige Haushalte oder Familienzweige, aus. Sie führten zwar alle denselben Namen, hatten aber darüber hinaus kaum etwas miteinander zu tun. Der am stärksten verzweigte Clan, die Contarini, brachten es auf Dutzende von *case*, die meist nach der Pfarrkirche, bei der sie ihren Wohnsitz hatten, bezeichnet wurden, etwa die Contarini di San Paternian. In vielen anderen Fällen benannte man die Familienzweige auf ähnliche Weise, so etwa die Cornaro di San Polo oder die Morosini di Santa Maria Formosa.

Da alle Söhne aus standesgemäßer Ehe eines Patriziers, deren Geburt die Eltern im Goldenen Buch der Stadt eintragen ließen, ihrerseits *nobili* waren, entwickelte sich der wirtschaftliche Status der venezianischen Aristokratie im Laufe der Zeit immer mehr auseinander. Während eine relativ kleine Gruppe von reichen und sehr reichen Patrizierfamilien im Wesentlichen die Geschicke der Stadt und des Staates Venedig bestimmten, sanken viele Patrizierfamilien zu bescheidenerem Wohlstand, ja geradezu in die Armut ab. Dennoch behielten die Angehörigen dieses Adelsproletariats, die man später nach einer eigens für sie errichteten Sozialsiedlung bei der Kirche San Barnaba die *barnaboti* nannte, ihre politischen Privilegien – was zu nicht wenigen Problemen führte, auf die im Einzelnen noch einzugehen sein wird (S. 207 ff.). Naheliegenderweise entstanden mit der Zeit Spannungen zwischen diesen armen, aber dennoch politisch privilegierten Patriziern und den *cittadini*, Bürgerlichen, die keinen Zugang zum Großen Rat besaßen und damit auch nicht zu den wichtigen politischen Ämtern der Republik. Sie verfügten ihrerseits gegenüber der einfachen Bevölkerung, den *popolani*, über eine Reihe von Vorrechten, zumal wenn sie zu den in Venedig geborenen *cittadini originarii* zählten. Aus dieser bürgerlichen Elite rekrutierte sich die Beamtenschaft, an ihrer Spitze der Großkanzler der Republik, das prestigeträchtigste Amt, das Bürgerlichen zugänglich war, ferner die staatlichen Sekretäre und Notare. Vor allem aber genossen die *cittadini* in vollem Umfang die Handelsprivilegien, die in Venedig den Einheimischen zukamen, und waren wie die Patrizier hauptsächlich im Fernhandel tätig. Viele reiche *cittadini* lebten kaum anders als die Angehörigen der großen Patrizierfamilien und tätigten mit ihnen Geschäfte von gleich zu gleich – nur von der Teilhabe an der politischen Macht waren sie eben ausgeschlossen.

Zusammen bildeten diese beiden sozialen Gruppen allerdings nur eine kleine Minderheit. So zählte Venedig im Jahr 1540 insgesamt 129 971 Einwohner, darunter 4457 in der Stadt anwesende Aristokraten, vermutlich nur wenig mehr *cittadini*, während den Rest, um die 90 Prozent, die sogenannten *popolani* ausmachten, das einfache Volk: Handwerker und Arbeiter, Gesinde und, bis in die Frühe Neuzeit hinein, die völlig rechtlosen Sklaven; schließlich die Juden, die seit 1516 in einem eigenen, ummauerten Wohnbezirk im Stadtteil Canareggio lebten, dem «Ghetto», so genannt, weil sich an dieser Stelle früher eine Kanonengießerei (ital. gettare = gießen) befunden hatte.

Angesichts der rigiden Trennung zwischen *nobili*, *cittadini* und *popolani* und der daraus resultierenden Begrenzung sozialen Aufstiegs stellt sich die Frage, wie die erstaunliche Stabilität der venezianischen Verfassung zu erklären ist. Denn im Allgemeinen ist es ja so, dass dort, wo aufsteigende Schichten keine Chance sehen, wirtschaftlichen Erfolg in gesellschaftlichen Status und politische Machtteilhabe umzumünzen, hochexplosiver sozialer Sprengstoff entsteht. Um zu verstehen, warum es in Venedig dennoch über mehrere Jahrhunderte hinweg zu keiner Revolution gekommen ist, hilft ein Blick auf einen weiteren Typus von Institution, den es in dieser Form nur in Venedig gab: die *scuole*.

DIE *SCUOLE*

Die *scuole*, wörtlich: Schulen, doch zutreffend mit «Bruderschaften» übersetzt, stellten in Venedig keine Bildungseinrichtungen dar, sondern waren ursprünglich aus der Flagellantenbewegung des 13. Jahrhunderts hervorgegangen, die für eine Wiederbelebung der christlichen Ideale von Armut, Demut und Nächstenliebe durch intensive Bußübungen eintrat. Ihre Mitglieder zogen in der Frühzeit barfuß und in grobes Leinen gekleidet durch das Land, das Kreuz tragend und sich selbst geißelnd. An die Stelle der Selbstkasteiung traten bald weniger martialische Formen, religiöse Begeisterung zum Ausdruck zu bringen: In den immer prächtiger gestalteten Prozessionen der *scuole* spielten aufwendig verzierte Reliquiare berühmter Heiliger eine wachsende Rolle. Doch nicht nur als Veranstalter von Andachtsübungen und Prozessionen engagierten sich die *scuole*. Daneben bemühten sie sich um die soziale Absicherung ihrer Mitglieder, denen sie im Fall von Krankheit, Tod von Familienangehörigen oder unverschuldeter Not beistanden. Mit der Zeit entstanden regelrechte Sozialsiedlungen, die von den *scuole* unterhalten wurden.
Die meisten dieser Bruderschaften waren berufsständisch orga-

Abb. 17 Die scuole, eine venezianische Form der Bruderschaften, spielten im gesellschaftlichen Alltag der Markusrepublik eine wichtige Rolle. Ihre Bedeutung kam nicht zuletzt in den prächtigen Versammlungsgebäuden zum Ausdruck. Die Fassade der Scuola Grande di San Rocco entstand in der ersten Hälfte des 16. Jahrhunderts.

nisiert, standen also zum Beispiel Maurern, Pelzhändlern oder Seeleuten offen, doch gab es auch landsmannschaftliche *scuole*, etwa solche der Mailänder, der Griechen oder der Deutschen. Die bei weitem größte Bedeutung besaßen die vier, später sechs *scuole grandi*, benannt nach ihren Schutzheiligen, wie etwa San Giovanni Evangelista oder San Rocco. Gerade diese *scuole grandi* bildeten ein wichtiges Element der vertikalen sozialen Integration, da ihre bis zu 600 Mitglieder aus allen Schichten der Bevölkerung stammten. Durch Mitgliederbeiträge und vor allem Erbschaften kamen in den Kassen der *scuole* beträchtliche Mittel zusammen, deren Verwaltung den *cittadini* vorbehalten war. Adlige und Geistliche konnten zwar Mitglieder werden, blieben jedoch von allen Ämtern ausgeschlossen: ein hervorragendes Mittel, um den Ehrgeiz der von der Staatsmacht ausgeschlossenen *cittadini* in die gewünschten Bahnen zu lenken, indem ihnen ein repräsentatives Betätigungsfeld reserviert blieb.

Die Bedeutung der *scuole* für die venezianische Gesellschaft schlug sich nicht zuletzt im Stadtbild nieder. Während das Erscheinungsbild des Canal Grande vor allem von den großen Patrizier-Clans und ihren Palästen bestimmt wurde, waren es an den Plätzen der Stadt oftmals die Gebäude der *scuole grandi*, die prägend wirkten. In den umfangreichen mäzenatischen Aktivitäten der Bruderschaften, vor allem den großen Bauaufträgen, spiegelt sich unübersehbar der Konkurrenzkampf mit dem Patriziat um soziales Prestige wider. Die Versammlungsgebäude der *scuole* orientierten sich dabei nicht etwa an einzelnen Adelspalästen, sondern an Dogenpalast und Markusplatz, deren formalem Vorbild man etwa durch die Ausstattung der Räume mit Historiengemälden und prunkvollen Decken nacheiferte. In welchem Maße bei den *scuole* mit der Zeit Fragen von Prestige und Selbstdarstellung gegenüber den ursprünglichen, christlich-karitativen Aufgaben die Oberhand gewannen, lässt die im frühen 16. Jahrhundert entstandene Fassade der *Scuola Grande di San Rocco* (Abb. 17) besonders markant erkennen. An ihr finden sich nicht einmal mehr Spurenelemente von Sakralarchitektur, selbst ein Bildnis des namengebenden Heiligen, des Schutzpatrons gegen die Pest, sucht der Betrachter vergeblich. Und mit der aufwendigen Fassade nicht genug, beschlossen die Vorsteher der *scuola* schon bald nach deren Fertigstellung, dass es nunmehr an der Zeit sei, den Mitbürgern mittels eines entsprechenden Treppenhauses vor Augen zu führen, welche Bedeutung die *Scuola Grande di San Rocco* besaß. Hier entstand die größte Treppenanlage der Stadt, architektonisch nicht unbedingt ein Schmuckstück, aber immerhin ein unübersehbarer Hinweis darauf, über welche Mittel die Bruderschaft verfügte. Mit der Ausmalung der riesigen Versammlungssäle schließlich betraute die Bruderschaft keinen geringeren als Jacopo Tintoretto, dank dessen Dekorationsprogramm, bestehend aus stolzen 62

Gemälden, die *scuola* bis heute zu den wichtigsten Sehenswürdigkeiten der Stadt zählt.

Kein Wunder, dass angesichts solch spektakulärer Prachtentfaltung bissige Kritik an den *scuole* nicht ausblieb. So höhnte der Goldschmied und Gelegenheitsschriftsteller Alessandro Caravia 1541: «Sie (die Vorsteher der Bruderschaft) investieren 80 000 Dukaten, wenngleich sechs ausgereicht hätten. Der Rest wurde umsonst ausgegeben, während er doch besser den Barfüßigen und Nackten gegeben worden wäre, deren ein jeder krank und hungrig war.» Doch änderten solche mahnenden Worte nichts daran, dass die *scuole grandi* einen beträchtlichen Teil ihrer Einkünfte in eine aufwendige Selbstdarstellung investierten – zu verlockend erschien den reichen *cittadini* die Möglichkeit, ihren gesellschaftlichen Rang in diesem Rahmen sinnfällig in Szene zu setzen.

DER DOGE

Das Amt des Dogen stellte im europäischen Vergleich eine Besonderheit dar, insofern es sich um einen Wahlmonarchen handelte, vergleichbar mit dem Papst, aber ohne dessen religiöse Legitimation. Ursprünglich war der Doge nicht mehr als ein Provinzgouverneur von byzantinischen Gnaden gewesen, doch gelang es den Venezianern hervorragend, diese historische Wurzel vergessen zu machen. Im selben Maße, in dem sich die Beziehungen zu Byzanz lockerten, gewannen die Dogen an Autonomie, und der Machtzuwachs führte dazu, dass es immer wieder Versuche gab, eine Herrscherdynastie zu etablieren – Versuche, die jedoch am Widerstand konkurrierender Clans scheiterten. Es sei an dieser Stelle nur an das tragische Ende Pietro Candianos IV. im Jahre 976 erinnert (S. 28). Im Laufe des 11. und 12. Jahrhunderts gelang es dann den führenden Familien, die Macht des aus ihren Reihen gewählten Staatsoberhauptes immer mehr zu beschneiden. Mit der Einsetzung von Räten, gegen deren Votum der Doge keine Entscheidung treffen durfte, wurde Mitte des 12. Jahrhunderts ein entscheidender Schritt von einer monarchischen hin zu einer oligarchischen Regierungsform vollzogen. Aus dieser Zeit sind auch die ältesten Promissionen (Wahlversprechen) überliefert, in denen der frisch gekürte Herrscher sich schriftlich verpflichten musste, bestimmte Forderungen seiner Wähler zu erfüllen und die Grenzen seiner Macht sorgfältig zu beachten.

Dieser Prozess der Einhegung des Dogen verlief alles andere als konfliktfrei, und entgegen der Darstellung in den offiziellen, vom Senat in Auftrag gegebenen Geschichtswerken späterer Zeiten war es lange durchaus unklar, ob sich in der venezianischen Verfassung auf die Dauer die aristokratische oder die monarchische Komponente durchsetzen würde. Jedenfalls gab es sehr ernste Konflikte zwischen einzelnen Dogen und den Angehörigen der Oberschicht, wie etwa im Falle der Verschwörung des Baiamonte Tiepolo im Jahre 1310. Zu diesem Zeitpunkt befand sich die Republik im Krieg mit dem Papst. Es ging um die Herrschaft über Ferrara auf dem oberitalienischen Festland und indirekt um die Sicherung der Handelswege in dieser Region. Baiamonte Tiepolo, aus einer der ältesten und renommiertesten Patrizierfamilien stammend, machte sich zum Anführer der Opposition gegen den Dogen, die nach einer schweren Niederlage der venezianischen Truppen und der Verhängung des päpstlichen Interdiktes den Krieg beenden wollte. Die Hartnäckigkeit des Dogen Pietro Gradenigo veranlasste Tiepolo, der möglicherweise auch nach der Alleinherrschaft strebte, gemeinsam mit anderen unzufriedenen Aristokraten einen bewaffneten Umsturz zu wagen. Doch verriet ein Mitverschworener im letzten Augenblick den Plan, so dass Gradenigo noch loyale Truppen um sich sammeln konnte. Es kam zu Straßenkämpfen in der Gegend um den Markusplatz. Als die Entscheidung auf des Messers Schneide stand, warf eine Frau einen Blumentopf aus dem Fenster, der den Bannerträger Tiepolos traf, so dass die Fahne zu Boden fiel und die entmutigten Aufrührer sich zurückzogen.

Tiepolo gelang die Flucht, einige seiner Mitverschworenen waren gefallen, andere wurden unverzüglich hingerichtet. Als folgenreich erwies sich die Einrichtung einer Kommission von zehn Patriziern, die den Auftrag erhielten, die Hintergründe der Verschwörung aufzuklären und die Aufrührer zu bestrafen: Als «Rat der Zehn» (*consiglio dei dieci*) sollte dieses Gremium dauerhaften Bestand haben und sich zu einer der einflussreichsten Institutionen der venezianischen Verfassung entwickeln.

Seine erste große Bewährungsprobe bestand der Rat der Zehn ein knappes halbes Jahrhundert nach der Tiepolo-Verschwörung, als der Doge Marin Falier 1355 versuchte, die verfassungsmäßigen Beschränkungen, die dem Staatsoberhaupt auferlegt waren, abzustreifen und eine Alleinherrschaft durchzusetzen – so lauteten jedenfalls die Vorwürfe seiner Gegner. Auch diese Verschwörung scheiterte daran, dass die Pläne verraten wurden. Am 16. April 1355 übernahm der Rat der Zehn die Untersuchung – und handelte rasch: Noch am selben Abend sahen die erschrockenen Venezianer die Leichen zweier Hauptverschwörer an den Fenstern des Dogenpalasts baumeln, am Tag darauf fand die Hinrichtung des Dogen Falier auf der Freitreppe im Innenhof des Palasts statt. In der Galerie von Dogenporträts, die sich im *palazzo ducale* befindet, wurde das Bildnis des Marin Falier mit einem schwarzen Vorhang übermalt und mit der Inschrift versehen: «Dies ist der Platz des Marin Falier, der wegen Verbrechen enthauptet wurde» (Abb. 18).

Die Falier-Verschwörung sollte sich als das letzte Mal erweisen, dass ein Doge versuchte, die Fesseln seines Amtes zu sprengen. In der Folgezeit wurde die Liste der Forderungen in den Promissionen, die der neu gewählte Doge zu beachten sich verpflichtete, immer länger, bis diese Promissionen als kleine gedruckte Bücher erschienen. Eindrucksvoll nimmt sich auch die Liste der Regelungen aus, die verhindern sollten, dass der Doge im Zuge seiner Amtsausübung zu viel Macht für sich oder seine Familie erlangte. Zunächst musste er seinen Familiensitz verlassen und in den Dogenpalast umziehen, wo er fortan zu residie-

Abb. 18 1355 deckte der Rat eine Verschwörung des Dogen Marin Falier auf, der sich, so die Vorwürfe, zum Alleinherrscher machen wollte. Nach seiner Hinrichtung wurde statt seines Porträts im Dogenpalast ein schwarzes Tuch gemalt mit der Inschrift: «Dies ist der Platz des Marin Falier, der wegen Verbrechen enthauptet wurde.»

ren und repräsentieren hatte. Privatgeschäfte waren ihm verboten. Auch seine Familie unterlag strengen Restriktionen, die Söhne durften keine Staatsämter bekleiden noch Geschenke annehmen. Wollten sie eine Ausländerin heiraten, so mussten sie sich das genehmigen lassen; immer bewegte die Venezianer die Sorge, dass fremde Interessen bestimmenden Einfluss auf die Politik der Serenissima gewinnen könnten.

Des Weiteren war es dem Dogen verboten, Beratungen abzuhalten oder gar Beschlüsse zu fassen, ja selbst seine Post zu öffnen, ohne dass die Angehörigen des *consiglio* dabei waren. Seit der Regierungszeit des Michele Steno (1400–1413) galt das Verbot, Wappen des Dogen außerhalb des Amtssitzes anbringen zu lassen. Schließlich entwickelte sich gegen Ende des 15. Jahrhunderts die Gewohnheit, nach dem Tod eines Dogen dessen Amtsführung von einer eigens zu diesem Zweck eingerichteten Kommission untersuchen zu lassen, die Schadensersatzforderungen an die Erben stellen konnte. Und dafür konnte schon ausreichen, dass dem verstorbenen Staatsoberhaupt zur Last gelegt wurde, nicht genügend Geld aus seinem Privatvermögen für eine würdige Repräsentation, etwa in Form von Banketten, ausgegeben zu haben.

Im Laufe der Zeit entstand also ein nachgerade einschüchternd wirkender Katalog von Regelungen zur Beschränkung der Dogenmacht. Dennoch wäre es verkehrt anzunehmen, dass das Staatsoberhaupt lediglich eine repräsentative Puppe am Gängelband seiner Räte gewesen wäre. Das Gegenteil ist richtig, gelang es doch vielen Dogen – vorausgesetzt, sie besaßen genug Machtbewusstsein und diplomatisches Geschick –, die Grundlinien der venezianischen Politik zu bestimmen. Denn gegenüber all ihren Standesgenossen in den inneren Zirkeln der Macht verfügten sie über eine Reihe von unschätzbaren Vorteilen: Erstens waren sie auf Lebenszeit gewählt, während alle anderen Ämter nur auf Zeit und in der Regel auf kurze Zeit vergeben wurden. Konnte der amtierende Doge in einer bestimmten Situation eine Entscheidung nicht durchsetzen, so blieb ihm stets die Möglichkeit, Beschlüsse zu verzögern, bis eine Neuwahl die Machtverhältnisse in einem widerspenstigen Gremium veränderte. Zweitens besaß der Doge als einziger Politiker Venedigs den Gesamtüberblick über die großen politischen Zusammenhänge, da er allein in allen wichtigen Gremien präsent war. Und schließlich sah er sich aufgrund seiner herausgehobenen Position oftmals in der Lage, die einzelnen Angehörigen der zentralen Gremien gegeneinander auszuspielen.

Daraus ergab sich ein labiles Gleichgewicht zwischen dem Staatsoberhaupt und den Spitzen des Patriziats, das immer wieder austariert werden musste, vor allem bei den Dogenwahlen. Naheliegenderweise gingen die Absichten vieler Wähler dahin, einen Kandidaten fortgeschrittenen Alters zu wählen. Zum einen war ein solcher Doge nicht in der Lage, wirklich langfristige Politik zu planen, zweitens erhöhte eine kurze Herrschaft die Aussicht ehrgeiziger Konkurrenten, beim nächsten Mal selbst zum Zuge zu kommen, und drittens verstärkten abnehmende Kräfte des Herrschers naturgemäß den Einfluss seiner Räte. Doch konnte sich die Tendenz zur Gerontokratie, zur Herrschaft von Greisen, mitunter auch als höchst problematisch erweisen: In krisenhaften Zeiten, in denen es auf eine energische Politik ankam, waren jüngere Kandidaten die bessere Wahl. Ein geradezu emblematisches Beispiel für die Möglichkeiten und Grenzen eines venezianischen Dogen im 15. Jahrhundert bietet die Herrschaft des Francesco Foscari, dessen energische Persönlichkeit die Politik seiner Heimatstadt über den Zeitraum von mehr als zwei Jahrzehnten prägte.

FRANCESCO FOSCARI UND DIE EROBERUNG DER *TERRA FERMA*

Über Jahrhunderte hinweg hatte sich Venedig als eine Stadt entwickelt, die nicht nur im Wasser lag, sondern auch exklusiv vom Wasser lebte, ja die geradezu auf das Wasser fixiert war. Während venezianische Kaufleute auf ihren Schiffen die gesamte damals bekannte Welt bereisten und während im östlichen Mittelmeer ein veritables Kolonialreich mit zahlreichen Handelsstützpunkten, der *stato da mar*, entstanden war, interessierte das italienische Festland die Lagunenbewohner kaum – jedenfalls nicht als Objekt direkter Herrschaft. Zwar waren die Venezianer schon sehr früh bereit, für die Sicherung ihrer Absatzwege in Oberitalien Kriege zu führen, und auch die Versorgung mit Nahrungsmitteln und Rohstoffen vom Festland war für die Lagunenbewohner eine Frage von vitalem Interesse. Entsprechend berichten die Quellen schon im 12. Jahrhundert von venezianischen Interventionen bei den politischen und militärischen Auseinandersetzungen zwischen den unruhigen oberitalienischen Stadtstaaten. Doch das vorrangige Ziel blieb dabei stets der Schutz von Handels- und Wirtschaftsinteressen. Die direkte politische Kontrolle, die Errichtung eines eigenen Herrschaftsbereichs auf dem Festland hielten die Politiker im Dogenpalast lange Zeit für unnötig.

Diese Einstellung begann sich im Laufe des 14. Jahrhunderts

Im Laufe des 15. Jahrhunderts begann Venedig sich von einer See- zu einer Landmacht zu wandeln. Die zuvor im Handel tätigen Patrizier investierten mehr und mehr in Grundbesitz und betätigten sich als Bauherren eindrucksvoller Villen. Die Karte zeigt den venezianischen Festlandsbesitz in Oberitalien, die terra ferma, um 1550.

nach und nach zu wandeln. Mit dem Gebiet um Treviso eroberte die Serenissima 1339 zum ersten Mal ein Territorium auf dem Festland, das sie unter eigene Verwaltung stellte. Doch bei diesem schmalen Landstrich, den die Zeitgenossen als «Vorgarten» der Stadt bezeichneten, blieb es auch für lange Zeit. Erst zu Beginn des 15. Jahrhunderts setzte – dann aber mit erstaunlicher Dynamik – die Eroberung der *terra ferma*, des Festlands, ein. Es ist besonders ein Name, der mit diesem Prozess in Verbindung gebracht wird: Francesco Foscari, der in den langen Jahren von 1423 bis 1457 als Doge die Geschicke seiner Heimatstadt lenkte.

Foscaris Wahl erfolgte zu einem Zeitpunkt, da das Ausgreifen der Markusrepublik auf das oberitalienische Festland bereits in vollem Gange war. Schon 1405 hatten die Venezianer die Herrschaft der Familie Da Carrara über die Städte Padua, Vicenza und Verona – und mit brutaler Konsequenz die Existenz der Familie Da Carrara ebenfalls – beendet und das eroberte Gebiet dem eigenen Territorium einverleibt (siehe Karte S. 96). In den folgenden Jahren kam es immer wieder zu militärischen Auseinandersetzungen um diesen Besitz und seine Erweiterung. Doch war die intensive Hinwendung zum italienischen Festland innerhalb der venezianischen Führungsschicht keineswegs unumstritten. Konservative Kreise begegneten der aggressiven Außenpolitik, die unvermeidlich zu Lasten der Investitionen in das Handelsimperium ging, mit tiefer Skepsis. Einer der herausragenden Vertreter dieser Haltung war der Doge Tommaso Mocenigo (1414–1423). Zwar betrachtete auch er die Besitzungen auf der *terra ferma* als mittlerweile integralen Bestandteil der Republik, doch warnte er nachdrücklich vor einer Vergrößerung des Herrschaftsbereichs, der ja nicht nur Kosten verursachte, sondern auch unvermeidlich zu Konflikten mit den Nachbarn führen musste. Noch auf dem Sterbebett beschwor er seine Landsleute, nur nicht Francesco Foscari zu seinem Nachfolger zu wählen, den profiliertesten Politiker der «Falken», die eine energische Expansionspolitik im Westen befürworteten. «Wenn ihr Foscari zum Dogen macht, werdet ihr bald Krieg führen», so die ebenso prophetischen wie wirkungslosen Worte des sterbenden Tommaso Mocenigo. Am 15. April 1423 erfolgte die Wahl Francesco Foscaris zum 65. Dogen Venedigs.

Zur allgemeinen Überraschung ließ sich die Herrschaft Foscaris zunächst sehr undramatisch an. Scheinbar unbeteiligt beobachtete Venedig den ganz Oberitalien erschütternden Krieg zwischen der Mailänder Herzogsfamilie Visconti und der Republik Florenz, ohne Stellung zu beziehen. Doch schon 1425 war es mit der Neutralität vorbei: Am 3. Dezember dieses Jahres wurde eine antimailändische Liga zwischen Florenz, Venedig und dem Herzog von Savoyen geschlossen, die nicht weniger als die Aufteilung des Herrschaftsbereichs der Visconti unter den drei Verbündeten zu ihrem Ziel erklärte.

Die folgenden drei Jahrzehnte stellten eine Epoche fast permanenten Kriegszustands in Oberitalien dar. Die Bündniskonstellationen und das Kriegsglück wechselten oft. Venedig gelang es, mit Francesco Bussone, nach seinem Geburtsort «Carmagnola» genannt, den renommiertesten Condottiere dieser Zeit in Dienst zu nehmen. Pikanterweise hatte der Söldnerführer zuvor für die Mailänder Herzöge gekämpft. Zunächst führte er den Krieg sehr erfolgreich, errang einige Siege und eroberte die Städte Brescia und Bergamo. Doch nach einiger Zeit agierte Carmagnola zunehmend passiv, was ihm erst das Misstrauen der venezianischen Politiker, dann die Vorladung zu einer «Besprechung» im Dogenpalast eintrug, an deren Ende der verdutzte Kriegsmann festgenommen und ins Gefängnis gebracht wurde. Wenige Wochen später verurteilte ihn ein Gericht wegen Hochverrats zum Tode. Am 5. Mai 1432 wurde der einstige Volksheld auf der Piazzetta vor dem Dogenpalast geköpft.

Seine Nachfolger agierten glücklicher, etwa jener Bartolomeo Colleoni, dessen Reiterstandbild, 1479 bei Andrea Verrocchio in Auftrag gegeben und neun Jahre später von Alessandro Leopardi gegossen, zu den Höhepunkten der Renaissanceskulptur zählt (Abb. 19). Colleoni hatte es sich laut Testament, in dem er der Republik die stolze Summe von 100 000 Dukaten hinterließ, «vor San Marco» aufgestellt gewünscht – was jedoch den venezianischen Politikern als ein allzu auffälliger Personenkult erschien, so dass man das Standbild kurzerhand vor der *Scuola Grande di San Marco* errichtete, dem Wortlaut des Testaments Genüge tuend und dennoch in ausreichendem Abstand vom politischen Zentrum der Republik.

Im Übrigen verliefen die Auseinandersetzungen um den Sinn der offensiven Festlandspolitik angesichts des wechselvollen Kriegsverlaufes immer erbitterter. Foscari setzte auf die Unterstützung der mittleren und kleinen Familien des Patriziats, denen er mit dem Landgewinn neue Ämter in Aussicht stellte. Denn die eroberten Gebiete und Städte mussten ja durch Magistrate aus der Hauptstadt regiert werden. Die Opposition hingegen, die sich um den erfolgreichen Admiral Pietro Loredan scharte, besaß an solchen Posten kein Interesse. Ihnen ging es

Abb. 19 Das Reiterstandbild des Condottiere Bartolomeo Colleoni, zwischen 1481 und 1488 von Andrea Verrocchio geschaffen, stellt ein Meisterwerk der Renaissanceskulptur dar. Zugleich ist das monumentale Bildnis des erfolgreichen Söldnerführers einzigartig, denn die venezianische Führungsschicht begegnete jeder Form von Personenkult mit Skepsis.

darum, endlich Frieden zu schließen und damit die Bedingungen für einen florierenden Handel wiederherzustellen.

Doch es sollte bis zum Jahr 1454 dauern, ehe Italien für ein knappes halbes Jahrhundert zu relativer Ruhe kam. Der Frieden von Lodi schrieb die Rolle Venedigs als stärkster italienischer Landmacht fest. Daraus ergab sich nicht nur ein aufmerksames Interesse für die politischen Entwicklungen auf der Apenninenhalbinsel, sondern auch die Notwendigkeit, einen umfangreichen Verwaltungsapparat für die Herrschaft auf der *terra ferma* einzurichten. Die Vielzahl der neuen Verwaltungsämter sorgte wiederum für eine ganz neue Ämterlaufbahn der venezianischen Patrizier. Seit der Mitte des 15. Jahrhunderts begegnen wir immer öfter Dogen und anderen Spitzenpolitikern, die ihre politischen Erfahrungen und ihr Renommee auf dem Festland, nicht etwa in der Levante erworben haben. Und damit hängt unmit-

Abb. 20 In dem um 1440 von Bartolomeo Bon skulptierten Porträt des Dogen Francesco Foscari kommt die willensstarke Persönlichkeit des bei den Zeitgenossen umstrittenen Staatsoberhaupts meisterhaft zum Ausdruck.

telbar zusammen, dass sich nach dem dreißigjährigen erbitterten und verlustreichen Ringen um den Festlandsbesitz die Einstellung der Venezianer grundlegend wandelte. Nach und nach wurden die einstigen Kaufleute und Seefahrer zu grundbesitzenden Rentiers.

Es war gewiss nicht allein die Person des Dogen Francesco Foscari, die diese langfristige Entwicklung einleitete. Bei aller Willensstärke Foscaris, wie sie in der meisterhaften Porträtbüste von Bartolomeo Bon zum Ausdruck kommt (Abb. 20), konnte auch er nicht mehr, als Tendenzen zu verstärken und Entwicklungen zu fördern. Und im Laufe der Jahre stieß der Doge auch dabei immer deutlicher an Grenzen. 1450 gelang seinen Widersachern ein schwerer Schlag: Jacopo Foscari, der letzte noch lebende Sohn des Dogen, wurde nach zweifelhaftem Prozess vom Rat der Zehn zur Verbannung auf die Insel Kreta verurteilt. Die Wiederaufnahme des Verfahrens sechs Jahre später endete mit der Bestätigung des früheren Urteils. Jacopo Foscari verstarb am

12. Januar 1457. Sein Vater nahm zu dieser Zeit schon kaum mehr an den politischen Geschäften teil. Am 21. Oktober 1457 verkündete ihm der Rat der Zehn, der damit seine Kompetenzen eindeutig überschritt, die Absetzung, gegen die sich Francesco Foscari nicht wehren mochte. Ein gebeugter Greis, verließ er auf einen Stock gestützt den Dogenpalast und verstarb wenige Tage später.

DIE VERFASSUNG

Jede Beschreibung der venezianischen Verfassung hat es mit dem Problem zu tun, dass diese über die Jahrhunderte gewachsen ist und es nie zu grundlegenden Reformen oder gar revolutionären Veränderungen kam – ein gutes Zeichen im Hinblick auf ihre Stabilität, ein schlechtes, was ihre Übersichtlichkeit angeht. Tatsächlich ist das Chaos an Ämtern, Gremien und Behörden, das sich im Laufe der Zeit entwickelte, von einer derartig bunten Vielfalt, dass es hier nur darum gehen kann, einige zentrale Institutionen zu beschreiben und ihre Funktionen zu charakterisieren. Eine Geschichte der Verfassung Venedigs wäre ein eigenes Buch – und kein schmales.

Die institutionelle Basis der Verfassung bildete, wie bereits erwähnt, der Große Rat, der *Maggior Consiglio*, gewissermaßen das Parlament, dessen vornehmste Aufgabe darin bestand, in einem überaus komplizierten Verfahren den Dogen zu wählen. Im Großen Rat besaßen alle erwachsenen männlichen Patrizier Sitz und Stimme. Das waren gegen Ende des 15. Jahrhunderts etwa 2500 Männer, doch lagen die tatsächlichen Teilnehmerzahlen an den Sitzungen weit darunter, meist zwischen 1000 und 1400, und schon bei 600 Anwesenden galt das Gremium, das im größten Saal des Dogenpalasts (Abb. 21) in der Regel einmal wöchentlich tagte, als beschlussfähig. Angesichts der vielen Angehörigen verarmter Patrizierfamilien, die ihre Stimme im *maggior consiglio* in recht unverhohlener Weise verkauften,

Abb. 21 Der größte Raum im Dogenpalast: die Sala del Maggior Consiglio. Hier tagte die Versammlung aller männlichen Patrizier, die das 26. Lebensjahr erreicht hatten. Zwischen 1588 und 1592 malte Jacopo Tintoretto das gewaltige Wandgemälde an der Stirnseite des Saales:

«Das Paradies». Durch die davor befindliche Sitze des Dogen und seiner Räte kommt die sakrale Überhöhung des venezianischen Staats sinnfällig zum Ausdruck.

aber auch angesichts der strukturellen Unterlegenheit großer Gremien gegenüber kleinen Zirkeln bedarf es kaum besonderer Erklärungen, warum der Große Rat keinen entscheidenden Einfluss auf die Tagespolitik besaß. Letzten Endes stellte er eine wohl weltweit einzigartige Kombination aus Wahlversammlung, exklusivem Club und Jobbörse dar, denn aus dem Kreise seiner Mitglieder wurden die vielen Amtsträger der venezianischen Verwaltung gewählt, und für die Angehörigen verarmter Adelsfamilien bestand oftmals die einzige Möglichkeit, zu einem bescheidenen Einkommen zu gelangen, in einem Posten auf der *terra ferma* oder in den Kolonien im östlichen Mittelmeer. Vor allem aber trug der Große Rat durch sein regelmäßiges Zusammentreten wesentlich zur Stabilität des politischen Systems bei. Hier kannte jeder jeden, und wenngleich die realen politischen Möglichkeiten der Angehörigen dieses Gremiums begrenzt waren, so stellte sich doch auch bei noch so bescheidenen Vertretern des «kleinen Patriziats» das gute Gefühl ein, zur politischen Elite zu gehören.

In politischer Hinsicht ungleich wichtiger war der Senat. Er stellte das eigentliche Machtzentrum der Republik dar. Der Patrizier Marin Sanudo (1466–1536), dessen zwischen 1496 und 1533 geführte Tagebücher eine der wichtigsten erzählenden Quellen für die Geschichte Venedigs zu Beginn des 16. Jahrhunderts darstellen, konstatierte kurz und knapp: «Es ist der Senat, der unseren Staat regiert.» Entstanden im Laufe des 13. Jahrhunderts als *consiglio dei pregadi* («Rat der Gebetenen»), bestand dieser Ausschuss des Großen Rates zunächst aus 40 bis 60 Mitgliedern; doch stieg die Zahl rasch an, weil immer mehr Inhabern politischer Ämter der Zugang zu dieser Institution gewährt wurde. Im 16. Jahrhundert gab es schließlich 300 Senatoren, die sich vor allem mit der Handels- und Außenpolitik beschäftigten. Im Senat wurden die Berichte der venezianischen Diplomaten von den Höfen aus ganz Europa verlesen, hier fielen die Entscheidungen über Krieg und Frieden. Für die Beschäftigung mit Einzelfragen ernannte der Senat Ausschüsse, denen drei bis fünf *Savi* (von lat. sapientes = Weise) angehörten. Drei dieser Ausschüsse erlangten im Laufe der Zeit besondere Bedeutung: Die *Savi grandi* (oder *del consiglio*) bereiteten die Senatsentscheidungen vor und entschieden in Routineangelegenheiten selber; die *Savi di Terraferma* waren für die Verwaltung des Festlandsbesitzes zuständig; und die *Savi agli ordini* waren mit den Angelegenheiten des *stato da mar* befasst. Tagten diese drei Ausschüsse mit dem Dogen und seinen Beratern zusammen, so sprach man vom *Pien Collegio*, das so etwas wie einen Ministerrat und damit das Machtzentrum der Markusrepublik darstellte.

Ein ursprünglicher Ausschuss des Großen Rats, die *Quarantia* («Rat der Vierzig»), entwickelte sich als Appellationsgericht im Laufe der Zeit zur höchsten juristischen Institution der *Serenissima Repubblica,* wie die Venezianer ihren Staat seit dem 15. Jahrhundert nannten. Im Bereich der «inneren Sicherheit» hingegen zog der 1310 eingerichtete Rat der Zehn immer mehr Kompetenzen an sich. Dabei ist es wichtig, sich vor Augen zu halten, dass in den frühneuzeitlichen Staaten Europas die Aufgabenbereiche einzelner Institutionen ungleich weniger klar abgegrenzt waren als in den modernen Staaten des 19. und 20. Jahrhunderts. Das hatte zur Folge, dass sich die Gewichte innerhalb der Führungsgruppen immer wieder verschoben. Besonders der Rat der Zehn legte ein ausgeprägtes Machtbewusstsein an den Tag, was im Jahre 1583 zu ernsten innenpolitischen Spannungen führte – Großer Rat und Senat stutzten die Kompetenzen der Zehn zurück, die zwischenzeitlich sogar Friedensverträge mit dem Osmanischen Reich geschlossen hatten, ohne den dafür eigentlich zuständigen Senat auch nur zu informieren.

Aus dem Rat der Zehn ging schließlich im 16. Jahrhundert ein Gremium hervor, um das sich in späterer Zeit geradezu eine «schwarze Legende» bilden sollte, die Staatsinquisitoren (*inquisitori di stato*). Aus Furcht, in besonders delikaten Angelegenheiten könnten Verhandlungen im Rat der Zehn (an dessen Sitzungen auch der Doge und seine sechs Räte teilnahmen, so dass es sich eigentlich um einen «Rat der Siebzehn» handelte) die Geheimhaltung gefährden, beauftragte man zwei Angehörige der «Zehn» und einen der Räte des Dogen, Fälle zu verfolgen, in denen es um Spionage und staatsfeindliche Umtriebe ging. Da die drei Staatsinquisitoren geheim tagten, mit der Zeit ein umfangreiches Spitzelwesen aufbauten und überhaupt ihre Kompetenzen ausweiteten, umgab sie vor allem im 18. Jahrhundert eine geheimnisvolle Aura. Nicht umsonst nannte sie der Volksmund *i tre babài*, «die drei Gespenster». Tatsächlich aber war auch die Macht der Staatsinquisitoren begrenzt, schon durch den Umstand, dass sie lediglich auf ein Jahr gewählt wurden und nur gemeinsam vorgehen konnten.

Neben diesen zentralen Institutionen existierten zahlreiche weitere Gremien und Ämter, und es wurden im Laufe der Zeit immer mehr. Ihnen allen war gemeinsam, dass sie stets auf Zeit vergeben wurden. Das Staatsoberhaupt war zwar von dieser Regelung ausgenommen. Doch wurde der Doge, wir haben es bereits gesehen, wiederum durch seine Berater (sechs Räte aus den Stadtteilen Venedigs sowie die drei Vorsitzenden der *Quarantia*) streng beaufsichtigt. Mit ihnen zusammen bildete er die *Signoria*, die Regierung der Republik. Neben dem Dogen gab es nur noch ein weiteres wichtiges Amt, das auf Lebenszeit verliehen wurde: das der *Procuratori di San Marco*. Ursprünglich für den Bau und die Instandhaltung der Markuskirche zuständig, erweiterten die Prokuratoren im Laufe der Zeit ihre Kompetenzen und spielten eine wichtige Rolle als Vormundschaftsrichter und Testamentsvollstrecker. Seine Bedeutung erlangte das Amt jedoch vor allem durch das mit ihm verbundene Prestige. Die Prokuratoren besaßen unter anderem das Recht, eine scharlachrote Robe zu tragen, und nahmen bei den Staatsprozessionen eine prominente Stellung ein (Abb. 22). Obwohl ohne politische Macht im engeren Sinne, galt das Prokuratorenamt als klassische Vorstufe zum Amt des Dogen.

Wollte man die Geisteshaltung, die der hochkomplizierten

Abb. 22 Jacopo Tintorettos um 1550 entstandenes Porträt des Patriziers Jacopo Soranzo zeigt den Procuratore di San Marco in der prächtigen scharlachroten Robe, die den Inhabern dieses Amtes vorbehalten war.

venezianischen Verfassung zugrunde lag, auf einen Nenner bringen, so böte sich das glückliche Wort an, das Heinrich Kretschmayr, der Altmeister der Geschichtsschreibung über Venedig, geprägt hat: das Prinzip Misstrauen. Die Venezianer selbst wurden hingegen nicht müde, ihre Verfassung mythisch zu überhöhen. Besonders erfolgreich war dabei der Patrizier und spätere Kardinal Gaspare Contarini (1483–1542) (Abb. 23), dessen Traktat *De magistratibus et republica Venetorum* («Über die Ämter und die Republik der Venezianer») eine brillante Mischung aus Beschreibung, Analyse und Stilisierung der venezianischen Verfassung enthält. In ihr sieht Contarini die aristotelische Forderung an eine Idealverfassung erfüllt, in der sich demokratische, aristokratische und monarchische Elemente verbinden. Der Große Rat verkörpert demnach das demokratische, der Senat das aristokratische, der Doge schließlich das monarchische Element. Dass die «demokratische» Basis kaum 5 Prozent der Bevölkerung umfasste und im Laufe der Zeit gar auf wenig mehr als 2 Prozent zusammenschmolz, der «aristokratische» Senat aus Angehörigen des Großen Rats (also der «demo-

Abb. 23 Patrizier, Geschichtsschreiber und Kardinal: Gaspare Contarini gehörte zu den bedeutendsten Persönlichkeiten, die Venedig im 16. Jahrhundert hervorbrachte. Seine Büste in der Kirche Madonna dell'Orto schuf der Bildhauer Danese Cattaneo Mitte des 16. Jahrhunderts für die Familienkapelle der Contarini.

kratischen» Basis) bestand, der «monarchische» Doge zumindest in der Theorie kaum Entscheidungsgewalt besaß – diese und viele andere Widersprüche taten der Suggestivkraft von Contarinis Darstellung, ihrer Wirksamkeit innerhalb und außerhalb Venedigs keinen Abbruch.

Die Schwächen der venezianischen Verfassung, wie sie sich über die Jahrhunderte ausgebildet hatte und seit dem 14. Jahrhundert im Wesentlichen abgeschlossen war, lassen sich als die Schattenseiten der Vorzüge verstehen, die aus dem «Prinzip Misstrauen» hervorgingen. Die vielgerühmte und in ganz Europa bewunderte Stabilität der Gesellschaft, der friedliche Interessenausgleich im Inneren, beruhten auf der Skepsis gegenüber grundsätzlichen Neuerungen, zugespitzten Ansichten, polarisierenden Persönlichkeiten – und grundlegenden Reformen, auch dann, wenn ihre Notwendigkeit auf der Hand lag. Die raschen und regelmäßigen Ämterwechsel, die gegenseitige Kontrolle der immer zahlreicheren Behörden verhinderten Machtkonzentration in einer Hand, aber ebenso die Entwicklung von Fachkompetenz und die Möglichkeit rascher Entscheidungen. Ineffizienz sowie Kompetenzchaos und die daraus resultierenden Konflikte waren der Preis, den die Republik für ihre auf Ausgleich bedachten Verfassungsstrukturen zu zahlen hatte. Und dieser Preis wuchs mit der Zeit. Die negativen Folgen verschleppter Entscheidungen akkumulierten sich und führten zu jenem im 18. Jahrhundert immer wieder beklagten weitgehenden Stillstand, der Venedig schließlich zum Opfer der radikalen Wandlungsprozesse im Zeitalter der Französischen Revolution machen sollte.

ZEREMONIEN UND RITUALE

Doch sind wir mit diesem Ausblick gleich um mehrere Jahrhunderte vorausgeeilt. Kehren wir zurück ins späte Mittelalter und vergleichen das Erscheinungsbild der Verfassung mit demjenigen der Venezianer. Wie im übrigen Europa auch spielte Kleidung als symbolische Kommunikationsform im Venedig des späten Mittelalters eine wichtige Rolle. Die Alltagskleidung der Patrizier bestand, wenn sie politischen Geschäften nachgingen, in einer togaartigen schwarzen Robe (Abb. 25). Sie stellte gewissermaßen den Nachweis der persönlichen Reife ihres Trägers dar. Junge Angehörige der Oberschicht, die noch nicht das Alter erreicht hatten, um in Staatsämter gewählt werden zu können, kleideten sich gemäß der neuesten Mode und in bunten Farben. Im frühen 15. Jahrhundert begannen die jungen Patriziersöhne damit, sich in «Clubs» zusammenzuschließen, für die sich nach der extravaganten Mode ihrer Mitglieder, den hautengen Strumpfhosen, der Name *compagnie delle calze*, «Strumpfgesellschaften», einbürgerte (Abb. 24). Die der Jugend gestatteten modischen Lizenzen trugen einen Anstrich von Narrenfrei-

heit, auch wenn durch Luxusgesetze versucht wurde, dem dabei betriebenen Aufwand Grenzen zu setzen.

Überhaupt, die Luxusgesetze. Auch sie gehörten zu den Charakteristika der spätmittelalterlichen und frühneuzeitlichen Städte in ganz Europa. Überall versuchten die Stadtväter, den Aufwand für Kleidung im Allgemeinen ebenso wie die Formen bestimmter Moden zu begrenzen. In Venedig tat man dies beispielsweise durch ein Gesetz aus dem Jahre 1506, das die sogenannte «französische Mode», die man für allzu freizügig und verschwenderisch hielt, kurzerhand mit einem Verbot belegte. Doch hellsichtige Zeitgenossen wie der Patrizier und eifrige Tagebuchschreiber Girolamo Priuli machten sich über die Durch-

Abb. 24 Vettor Carpaccios «Ursula-Zyklus» erzählt die Legende einer bretonischen Prinzessin, die dem Sohn des Königs von England zur Ehefrau versprochen wurde. Doch die Architektur und die Kleidung der Protagonisten sind nach Vorbildern aus dem Venedig des 15. Jahrhunderts gestaltet. Die Hauptpersonen in der Bildmitte tragen lange Gewänder. Am linken Bildrand sind dagegen Jünglinge in den modischen Strumpfhosen zu erkennen.

setzbarkeit solcher Verbote keine Illusionen. Priuli kommentierte trocken, dass dieses Gesetz «kurze Zeit gelten und nicht befolgt werden wird, wie es im Allgemeinen immer ist». Eine Prophezeiung, die sich erfüllte, denn drei Jahre später notierte Priuli: «Ausländische Kleidung herrscht in der Stadt, wie sie in

Abb. 25 Die Zeichnung des holländischen Malers Jan Grevembroich aus dem 18. Jahrhundert zeigt die Alltagskleidung der venezianischen Patrizier, die das 26. Lebensjahr erreicht hatten: eine schlichte schwarze Robe. Links der Doge in seinem weißgoldenen Gewand und dem Dogenhut.

älteren Zeiten als ungut und schockierend gegolten hätte und niemals toleriert worden wäre.» Zwar zählte Priuli zu den konservativen Vertretern des Patriziats und beklagte gerne und ausgiebig den Verfall der Sitten, doch dass die Kleidergesetzgebung des Senats in ihrer Wirksamkeit beschränkt blieb, dürfen wir ihm glauben – es handelt sich um ein immer wieder zu beobachtendes Phänomen.

Allgemein lässt sich anhand der Anti-Luxus-Gesetzgebung ein Strukturmerkmal der Herrschaftsorganisation dieser Epoche aufzeigen, nämlich die vergleichsweise geringen Möglichkeiten zur Durchsetzung von staatlichen Regelungen. Die Flut von *bandi*, von Erlassen, mit denen man in Venedig wie andernorts versuchte, Verschwendung zu begrenzen, zeugen vor allem von der Ohnmacht der Obrigkeit, diese Bestimmungen wirklich durchzusetzen. Und was im Bereich der Kleidermoden zu beobachten ist, das gilt auch sonst: Die Städte und Staaten Europas im 15. und 16. Jahrhundert sind keine bürokratisch durchorganisierten, effizienten Institutionen mit hoher Regelungs- und Kontrollkompetenz wie ihre heutigen Nachfahren, sondern gekennzeichnet von sehr unvollkommenen Möglichkeiten zur Sanktion nicht normgerechten Verhaltens.

Was nun nicht heißen soll, dass es Normen nicht gegeben habe; ganz im Gegenteil. Verfolgen wir die Kleiderordnung der Serenissima, wie sie sich im Laufe des 15. Jahrhunderts ausgebildet hatte, ein wenig weiter. Fast jede Körperschaft innerhalb der venezianischen Staatsordnung besaß ihre genau festgelegten Kleidungsstücke, die ihre Träger bei Auftritten in der Öffentlichkeit erkennbar machten. So stand den Mitgliedern der *Signoria*, des Beratergremiums für den Dogen, das zusammen mit ihm bei festlichen Anlässen den Staat repräsentierte, ebenso wie den Angehörigen des Rates der Zehn und den Prokuratoren von San Marco eine scharlachrote Robe zu. Die Senatoren hingegen trugen ein purpurfarbenes Gewand. Gold – in Kombination mit Weiß – zu tragen war schließlich seit 1473 das exklusive Recht des Dogen. Aber selbst das Staatsoberhaupt hatte seine Kleidung dem Anlass anzupassen und war zum Beispiel gehalten, gegebenenfalls eine genau festgelegte Trauerkleidung anzulegen, wie sie Jan Grevembroich beschrieb, der ein ganzes Buch den «Kleidungen der Venezianer» gewidmet hat: «Wenn der Doge Trauer zeigen will, trägt er einen scharlachfarbenen Umhang, ohne weiteren Schmuck, denn weniger kommt dem Staatsoberhaupt nicht zu, wenn er seine Gemächer verlässt». Ein sorgsam differenziertes Repertoire von Kleidungsstücken sorgte dafür, dass die öffentlichen Prozessionen in Venedig nicht nur überaus farbenprächtig, sondern auch bedeutungsschwer waren und den gesellschaftlichen Status der Teilnehmer ebenso ins Bild setzten wie ihren freudigen oder traurigen Anlass.

Die Vielzahl eben dieser Prozessionen prägte das öffentliche Leben in Venedig. Wiederum gilt, dass derartige zeremonielle Umzüge nach einem mehr oder minder genau festgelegten Schema in allen europäischen Staatswesen eine wichtige Rolle spielten. Jede politische Autorität dieser Zeit war darauf ange-

wiesen, ihre Bedeutung den Untertanen ganz körperlich vor Augen zu führen, durch einen vielköpfigen Hofstaat, prächtige Gewänder, ein würdiges Zeremoniell, in dem die sozialen Hierarchien deutlich wurden. In Venedig wurde durch die Prozessionen sowohl den Einwohnern der Stadt wie auch den Fremden Verfassung und Mythos der Serenissima gleichzeitig präsentiert. Zumal die Dogenprozessionen nahmen an Zahl stetig zu und entwickelten schon im Laufe des 14. Jahrhunderts eine ausgefeilte Choreographie, ein peinlich genau beachtetes Protokoll. Diese rigide Ordnung stellte damals ein venezianisches Spezifi-

Abb. 26 Zahlreiche Prozessionen prägten das Bild Venedigs im späten Mittelalter. Gentile Bellinis 1496 entstandenes Bild «Prozession der Kreuzesreliquie» zeigt einen Umzug zu Ehren des heiligen Markus am 25. April. Im Vordergrund sind in weißen Chorhemden Angehörige der Scuola Grande di San Giovanni Evangelista zu erkennen, die an einer Reihe vornehm gekleideter Zuschauer vorbeiziehen.

kum dar und wurde von Besuchern der Stadt aufmerksam registriert. So notierte der Mailänder Pilger Pietro Casola über die Fronleichnamsprozession, die er im Jahre 1494 beobachtete: «Und alle gingen je zwei und zwei und, wie schon gesagt, in völliger Ordnung hinter dem Dogen. Das ist sehr von dem unterschieden, was ich an vielen Höfen beobachtet habe, wo in dem Moment, in dem der Fürst vorbeigeschritten ist, Geistliche und Weltliche zusammen weitergehen, ohne jede Ordnung.»

Im Zentrum der meisten Umzüge stand der Doge, der bei diesen Gelegenheiten dem Volk fast wie eine Reliquie präsentiert wurde. Wie eine derartige politische Prozession im Einzelnen aussah, führt uns ein Tafelbild von Gentile Bellini vor Augen, das die Prozession auf der Piazza San Marco am Tag des heiligen Markus, dem 25. April, zum Gegenstand hat (Abb. 26). Das Gemälde ist Teil eines Zyklus, den die *Scuola Grande di San Giovanni Evangelista* 1491 bei Bellini in Auftrag gab, und zeigt im Vordergrund die Mitglieder der *scuola*, von denen vier den Baldachin zum Schutz des kostbaren Reliquiars tragen.

Insgesamt gab es schließlich pro Jahr nicht weniger als 36 große Prozessionen mit Teilnahme des Dogen, mit anderen Worten: im Durchschnitt alle zehn Tage. Besonders feierlich wurden die verschiedenen Festtage des heiligen Markus begangen, daneben spielten Dankprozessionen für die Befreiung von Pestepidemien eine große Rolle, schließlich die Prozessionen aus aktuellen politischen Anlässen. Der am prächtigsten gestaltete Feiertag der Republik war die *sensa*, die feierliche Vermählung des Dogen mit dem Meer als Symbol für die Seeherrschaft Venedigs, ein Fest, bei dem buchstäblich die ganze Stadt auf den Beinen war.

Der hochentwickelten Festkultur kam eine zentrale Bedeutung für die Stabilität der venezianischen Gesellschaft zu. Bei den Prozessionen vergewisserten sich die Venezianer ihrer gemeinsamen Überlieferungen und setzten sie so ins Bild, dass alle sozialen Gruppen ihren Platz wiederfanden. Darüber hinaus stellten die Festtage einen Kontrapunkt zum oftmals bedrängten Alltagsleben der Unterschichten dar, der einfachen Arbeiter und Tagelöhner, des Gesindes, der Seeleute. Die Angehörigen dieser bei weitem zahlreichsten Bevölkerungsgruppe lebten nicht selten am Rande des Existenzminimums, und wenngleich Venedig von großen Hungersnöten weitgehend verschont blieb, so gab es doch nur eine einzige Gruppe von Arbeitern, die durch eine Vielzahl von Privilegien ein in materieller Hinsicht vergleichsweise sorgenfreies Leben führte: die *arsenalotti*, die in Venedigs einzigartiger Schiffs- und Waffenschmiede arbeiteten.

DAS ARSENAL

Die Geschichte des Arsenals (Abb. 27), das als zentrale Werft der Serenissima die Herzkammer des *stato da mar* darstellte, lässt sich bis in die ersten Jahrzehnte des 13. Jahrhunderts zurückverfolgen. Es handelte sich ursprünglich um ein alles andere als spektakuläres Areal am Rande der Stadt, das als Lagerplatz für Schiffsausrüstungen diente, ehe man zu Beginn des 14. Jahrhunderts daran ging, es systematisch auszubauen und in einen immer wieder erweiterten und ergänzten architektonischen Rahmen zu fassen. Am 25. Februar 1302 beschloss der venezianische Senat, das *Arsenale vecchio*, das alte Arsenal, um ein etwa dreimal so großes *Arsenale nuovo* zu erweitern. Schon bald erlangte die wichtigste venezianische Werft (neben der weiterhin eine Vielzahl anderer Werften bestanden) Berühmtheit. Kein Geringerer als Dante erwähnt sie 1312 in seiner *Göttlichen Komödie*, wo er im 21. Gesang des *Inferno* schreibt:

> «*Gleich wie man in Venedigs Arsenal*
> *Das Pech im Winter sieht aufsiedend wogen,*
> *Womit das lecke Schiff, das manches Mal*
> *Bereits bei Sturmgetos das Meer durchzogen,*
> *Kalfatert wird – da stopft nun der in der Eil*
> *Mit Werg die Löcher aus dem Seitenbogen,*
> *Der klopft am Vorder-, der am Hinterteil,*
> *Der ist bemüht, die Segel auszuflicken,*
> *Der bessert Ruder aus, der dreht ein Seil.*»

Schon in dieser frühen Beschreibung des großen italienischen Dichters wird angesprochen, was zum Erfolgsgeheimnis dieser einzigartigen Schiffswerft werden sollte: das Prinzip konsequenter Arbeitsteilung. Der Begriff «Arsenal», der auf das arabische *dar as-sina'a* («Haus der Arbeit») zurückgeht, setzte sich allerdings erst im 16. Jahrhundert durch. In dieser Zeit erreichte das Arsenal auch den Höhepunkt seiner Leistungsfähigkeit. 1473 war es abermals erweitert worden, mit dem *Arsenale nuovissimo* bedeckte es eine Fläche von mehr als 8 Hektar. Und inzwischen war es weit mehr als nur eine Werft. Hier wurden nicht nur Schiffe gebaut und repariert, sondern alles hergestellt, was man zu ihrer Ausrüstung benötigte. Hinter den mächtigen Mauern, die das Arsenal einfassten und vor Spionen schützen sollten, gingen Zimmerleute und Rudermacher, Kanonengießer und Seilwinder, Tuchmacher und Kalfaterer ihrer Tätigkeit nach, zudem zahlreiche Lehrburschen und Handlanger. Bis zu 3000 Handwerker arbeiteten um die Mitte des 16. Jahrhunderts in dieser «Stadt in der Stadt». Zur Not waren sie in der Lage, binnen weniger Wochen hundert Galeeren zu bauen und auszurüsten; und die Bronzegießerei im Arsenal produzierte 1538 nicht weniger als 1500 Geschütze. In den Zeughäusern lagerten abertausende von Musketen und Brustpanzern, Piken und Helmen für die Ausrüstung der Schiffsbesatzungen (Abb. 28).

Sorgfältig wachte man in der Serenissima darüber, dass kein Unbefugter Zugang zu diesem Wunderwerk an Produktivität erhielt, und war gleichzeitig nur zu gern bereit, Besucher, die man beeindrucken wollte, unter aufmerksamer Aufsicht durch die Anlage zu geleiten. Der französische Adlige Jean de Chambes berichtet über seinen Besuch des Arsenals im Jahre 1459: «Der Doge führte uns zur Besichtigung des Arsenals, wo die Artillerie der Stadt aufbewahrt wird; und die Waffenkammer, in acht Sälen, ist ausgestattet, um 30 000 Mann oder mehr auszurüsten; und darauf zeigte er uns die Galeeren, und danach in einem anderen Teil des Arsenals tausendfünfhundert Arbeiter, oder mehr, die nichts anderes tun, als Galeeren zu bauen; und in einem an-

deren Teil zeigte er uns vierzig oder fünfzig Mann, die nichts anderes herstellen als Ruder; und in einem anderen Teil achtzig Frauen, die nichts anderes tun, als Segel herzustellen und zu reparieren; und in einem anderen Teil jene, die Taue für die Galeeren und Segelschiffe herstellen, und das sind mehr als hundert Männer und Jugendliche: und das ist das längste und breiteste Gebäude, das ich je gesehen habe, wie ich glaube. Und er zeigte uns die Mühlen für Kohle, Schwefel und Salpeter und ein anderes Gebäude, wo alles veredelt wird und ein weiteres, wo man das Schießpulver aufbewahrt. Wir verbrachten einen ganzen Tag dort, denn all diese Dinge befinden sich hinter einem Gürtel aus sehr schönen Mauern.»

Abb. 27 Ein Gemälde Canalettos, um 1732 entstanden, zeigt den Zugang zum Arsenal. Zwischen den Türmen ist die Durchfahrt für die Schiffe zu sehen, auf der linken Bildseite das mächtige Eingangsportal mit dem Markuslöwen.

Im Laufe des 15. Jahrhunderts lässt sich die Stilisierung des Arsenals als ein zentrales Motiv der mythischen Selbstüberhöhung ausmachen. Angesichts des hohen Bedarfs an effizienter, arbeitsteiliger Organisation, die der Schiffsbau generell und natürlich in weit höherem Maße ein so produktiver, protoindustrieller Schiffsbau nötig machte, lag es nahe, im Arsenal das

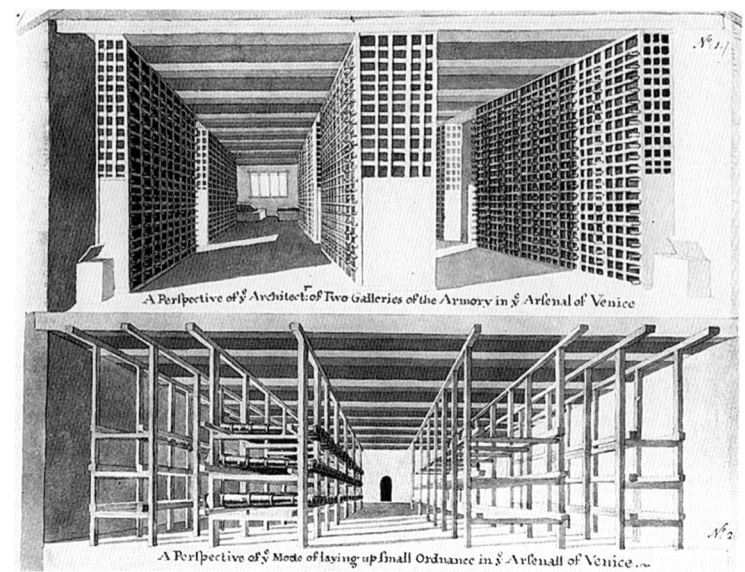

Abb. 28 Das Arsenal war nicht nur eine Werft von beeindruckender Leistungsfähigkeit, sondern zugleich die Waffenschmiede und Rüstkammer Venedigs. Die Zeichnung aus dem 17. Jahrhundert zeigt die Lagerräume für Handfeuerwaffen und Geschützrohre.

Sinnbild für die Organisation des venezianischen Staates insgesamt, für seine Verfassung zu sehen. Kein Wunder also, wenn es sich die Dogen in dieser Zeit nicht nehmen ließen, Staatsgäste durch das Arsenal zu führen. Es war ein makelloses Bild, das den Gästen der Republik hier präsentiert wurde, und für den Fall, dass sie das Staunen doch vergessen sollten, wurden sie von den Panegyrikern der Markusrepublik sicherheitshalber daran erinnert; etwa wenn Gregorio da Tiferno um 1460 schrieb: «Der vortreffliche Senat hat dieses venezianische Arsenal einrichten lassen, damit die Flotte und die Waffen für die See in Sicherheit seien; Du aber, oh Fremder, der Du schon viele Strände gesehen hast, wo hättest Du je eine größere Menge an Dingen der Seefahrt gesehen?» Mit der Zeit entwickelte sich ein regelrechtes Zeremoniell beim Besuch des Arsenals, wie zum Beispiel im Jahre 1574 deutlich wurde, als König

Heinrich III. von Frankreich Venedig besuchte – eine Besichtigung des Arsenals durfte im Programm des hohen Gastes nicht fehlen, bei welcher Gelegenheit zum Erstaunen des Monarchen eine vollständig ausgestattete Galeere binnen eines einzigen Tages zusammengebaut wurde. Andrea Vicentinos Gemälde wurde eigens angefertigt, um diesen hochoffiziellen Staatsbesuch zu feiern und im öffentlichen Gedächtnis festzuhalten (Abb. 29), ein weiteres Beispiel für die Virtuosität, mit der die Serenissima sich selbst darzustellen verstand.

Im 16. Jahrhundert, als die Bedrohung durch die erstarkende Seemacht der Türken zu einer erhöhten Produktion eigener Kriegsschiffe führte, wurde der Schiffsbau des Arsenals in einer Weise organisiert, die in ihren Prinzipien der Normierung und Systematisierung an industrielle Fließbandproduktion erinnert. Die Bestandteile einer Galeere, vom Nagel bis zur Kanone, wurden in großen Mengen in ebenso großen Magazinen bereit gehalten, um gegebenenfalls binnen kürzester Zeit nach dem Baukastenprinzip zusammengesetzt werden zu können. Zugleich entwickelte sich das Arsenal auch im Hinblick auf seine Funktion als Waffenschmiede für den Krieg gegen die Glaubensfeinde zu einem geradezu mythischen Ort. Zahlreich sind zeitgenössische Berichte wie der des Engländers William Wey, der von seiner Besichtigung des Arsenals berichtet: «Hier werden die Galeeren gebaut zur Verteidigung unseres Glaubens.»

Ein solches hochproduktives Wunderwerk mit seiner für die Epoche ganz ungewöhnlichen, arbeitsteiligen Effizienz konnte nur funktionieren, wenn die hier tätigen Arbeiter vor allem zwei Qualitäten mitbrachten: handwerkliches Können und Disziplin. Besonders die angestellten Handwerksmeister waren gesuchte Spezialisten ihres Metiers. Sie gaben ihre Kenntnisse mündlich an ihre Söhne weiter, und so entstanden wahre Dynastien von *protomastri dell'arte* («Handwerksmeistern») oder einfach *proti*, wie etwa die Nadal, die Baxon oder die Greco. Neben ihrem technischen und konstruktiven Können lagen ihre Aufgaben vor allem im organisatorischen und administrativen Bereich: Sie hatten zu garantieren, dass die Rohstoffe effizient verteilt und die Aufgaben von ihren Untergebenen sachgemäß und pünktlich ausgeführt wurden. Die Leitung des Arsenals aber oblag dem *Amiraglio dell'Arsenale*, der wiederum seit 1442 den *Provveditori dell'Arsenale* verantwortlich war, einem einflussreichen Gremium, in dem Angehörige der großen Patrizierfamilien den Ton angaben.

Der Niedergang des Arsenals setzte um 1600 ein. Furchtbare Verluste brachte die große Pestepidemie von 1630: Ihr fielen nicht weniger als 422 Arbeiter des Arsenals zum Opfer, während gerade einmal 425 überlebten. Doch angesichts des seit 1640 von neuem drohenden Türkenkriegs stieg die Zahl der Arbeiter schon bald wieder rasant an, bereits 1641 waren annähernd 2000 Mann beschäftigt.

Langfristig betrachtet wurde dem Arsenal seine Leistungsfähigkeit zum Verhängnis, so paradox das klingen mag. Im 16. Jahrhundert hatte es ein qualitatives wie quantitatives Niveau erreicht, das ohne Konkurrenz dastand. Das Osmanenreich und Spanien mochten aufgrund ihrer schieren Größe die venezianische Seemacht überflügelt haben, doch nirgendwo in der Welt konnten so schnell so viele so leistungsfähige Galeeren vom Stapel laufen wie im Arsenal. Doch am Ende des 16. Jahrhunderts kam die Galeere nicht nur im Bereich des Handels, sondern auch als Kriegsschiff aus der Mode. Oder besser gesagt (denn es ging nicht nur um eine Mode), sie erwies sich dem vollgetakelten, dreimastigen Linienschiff aufgrund ihrer erheblich geringeren Feuerkraft als hoffnungslos unterlegen. Doch die hochspezialisierten und ebenso hoch angesehenen Handwerksmeister des Arsenals wollten oder konnten sich lange Zeit nicht auf die Herstellung der moderneren Segelschiffe umstellen.

Erst in der Mitte des 17. Jahrhunderts änderte sich das. Ein anderes Grundproblem des Arsenals aber blieb auch im 18. Jahrhundert bestehen. Die geringe Wassertiefe von nicht einmal 25 Fuß reichte nicht aus für die großen Linienschiffe, die im späten 18. Jahrhundert das Rückgrat der Kriegsflotten Englands oder

Abb. 29 Der Besuch König Heinrichs III. von Frankreich an der Lagune im Jahr 1574 wurde vielfach beschrieben und auf Bildern festgehalten. Andrea Vicentinos Gemälde (um 1593) im Dogenpalast zeigt den König neben dem venezianischen Staatsoberhaupt. Zur Linken des Herrschers ist der päpstliche Nuntius, rechts unter einem Baldachin der Patriarch von Venedig zu erkennen.

Frankreichs bildeten. Aus dem Arsenal konnten allenfalls Schiffe mit einem Tiefgang von 13 Fuß zum großen Hafen von Malamocco fahren.

Doch all diese Probleme lagen in weiter Ferne, als in der Blütezeit der Republik das Arsenal weithin als staunenerregende Meisterleistung effizienter Arbeitsorganisation galt, und nicht zuletzt seiner Produktivität war Venedigs Großmachtstellung im östlichen Mittelmeerraum zu verdanken, die in der zweiten Hälfte des 15. Jahrhunderts ihren Höhepunkt erreichte.

RIALTO

Wenn das Arsenal das Zentrum des venezianischen Seereichs darstellte, insofern hier die materiellen Voraussetzungen für den Handel der Stadt geschaffen wurden, so lag das Handelszentrum selbst um den Rialto. Hier, wo der Canal Grande an seiner schmalsten Stelle einen scharfen Knick macht, befand sich über Jahrhunderte hinweg die einzige Brücke über die wichtigste und größte unter den venezianischen Wasserstraßen. Und schon früh entwickelte sich an dieser Stelle ein lebhaftes Handelstreiben. Noch heute zeugen Straßennamen wie *Fondamenta del Vin* («Weinufer») oder *Riva del Carbon* («Kohleufer») von den Handelsgütern, die in der Gegend des Rialto einst angelandet wurden. Und ebenso hat sich bis heute der *Mercato del Rialto* erhalten, der große Gemüse- und Fischmarkt (Abb. 30), der zwar zur Blütezeit Venedigs ungleich größer war, der aber dennoch eine der Sehenswürdigkeiten der Stadt geblieben ist.

Berühmtheit, und zwar europaweite, erlangte die Gegend um die Rialtobrücke indes nicht wegen ihres bunten Markttreibens, sondern als Wirtschaftszentrum, das sich wie so vieles in Venedig in engem Zusammenspiel zwischen staatlicher Lenkung und privater Initiative entwickelte. Hier besaßen die venezianischen Kaufleute aus den Kreisen der *nobili* und *cittadini* ihre Kontore, hier befanden sich die *banchi* der großen Geldhäuser, hierher kamen die Kaufleute aus aller Welt, um unter sorgfältiger Beaufsichtigung durch venezianische Magistrate ihre Geschäfte zu tätigen. Kein Wunder mithin, dass in direkter Nachbarschaft zur Rialtobrücke der *Fondaco dei Tedeschi*, der große Handelshof der deutschen Kaufleute, errichtet wurde. Zu beiden Seiten der Rialtobrücke wuchsen im Laufe der Zeit Magazine und Warenspeicher empor, und bezeichnenderweise erhielten auch die *Camerlenghi di comun*, die mit der Verwaltung des Staatsvermögens beauftragt waren, ihren Dienstsitz in unmittelbarer Nähe zum Rialto. Im Palazzo dei Camerlenghi (Abb. 31) wurde unter strenger Bewachung der Staatsschatz von San Marco aufbewahrt.

Abb. 30 Nur scheinbare Gotik: Die Pescheria, in der noch heute täglich der sehenswerte Fischmarkt am Rialto stattfindet, entstand nicht im Mittelalter, sondern zu Beginn des 20. Jahrhunderts.

In den Zeiten der Hochblüte Venedigs muss der Rialto von einem pulsierenden Leben geprägt gewesen sein, wie es keine andere Stadt Europas in vergleichbarer Intensität kannte. Berühmt war das Viertel damals, um die Wende vom 15. zum 16. Jahrhundert, nicht nur für die hier umgesetzten Summen, sondern auch für seine exorbitanten Mieten. Der Chronist Marin Sanudo zeichnet ein anschauliches Bild, wenn er berichtet: «Für jedes kleine Lokal auf dem Rialto zahlt man eine hohe Miete, nicht nur für Magazine, sondern auch für Ladengeschäfte. Und es gibt Lokale, die etwa 100 Dukaten Miete kosten und dabei kaum zwei Schritte lang und breit sind. Dass die Geschäfte dort sehr teuer sind, können wir, Sanudo, bezeugen, weil wir am neuen Fischmarkt ein Gasthaus haben, das *Della Campana* («Zur Glocke») genannt wird, ein kleines Lokal zwischen all unseren Ladengeschäften, und

Abb. 31 Der Palazzo dei Camerlenghi am Rialtomarkt wurde zwischen 1525 und 1528 errichtet. Er diente als Amtssitz der venezianischen Steuer- und Zollaufseher, die den Warenumschlag auf dem Rialto kontrollierten, und war zugleich Aufbewahrungsort des Staatsschatzes.

trotzdem holen wir aus diesem Winkel mehr als 800 Dukaten Jahresmiete heraus, wobei eine so große Miete ein Wunder ist. Und weil die Lage so gut ist, zahlt die Gaststätte allein tatsächlich 250 Dukaten.»

Doch trotz aller Bemühungen, der wirtschaftlich pulsierenden Zone am Rialto zu einer reputierlichen Gestaltung zu verhelfen, blieb die Gegend in architektonischer Hinsicht im Schatten des Viertels um San Marco. Immer wieder gab es im 15. Jahrhundert Bestrebungen, das Chaos von Buden und Verkaufsständen, Anlegestellen und Müllhaufen zu ordnen, doch scheiterten diese guten Absichten am Widerstand der vielen Kleinhändler, die um ihren Lebensunterhalt fürchteten. Nach einer verheerenden Brandkatastrophe im Januar 1514, der große Teile des Stadtviertels zum Opfer gefallen waren, entstanden die neuen Straßenzüge westlich der Brücke nach den Plänen Antonio Scarpagninos in sachlich nüchterner Form, jedoch ohne Glanz.

Einzig die Rialtobrücke setzt einen herausragenden Akzent

im Stadtbild. Lange Zeit hatte es sich bei dieser wichtigsten venezianischen Brückenverbindung um eine Holzkonstruktion gehandelt, bestehend aus zwei schräg aufeinander zulaufenden Rampen, zwischen denen ein 8 Meter breites Mittelstück an Ketten aufgehängt war, das im Bedarfsfall emporgezogen werden konnte, um auch großen Schiffen die Durchfahrt zu gestatten. Aufgrund der zerstörerischen Wirkung von Wasser und Salz musste diese Holzbrücke alle 20 bis 25 Jahre gründlich saniert, nach etwa einem halben Jahrhundert sogar gänzlich erneuert werden. 1525 setzte der Senat schließlich ein Gremium von drei *provveditori* ein, die Vorschläge sammeln sollten, wie das überaus langlebige Provisorium aus Holz durch einen Steinbau zu ersetzen sei. An den Entwürfen für dieses Projekt beteiligten sich unter anderem auch Andrea Palladio und Vincenzo Scamozzi. Doch als die Brücke nach endlosen Verzögerungen in den Jahren 1587/88 endlich gebaut werden konnte (Abb. 32),

Abb. 32 Über Jahrhunderte hinweg verband nur eine immer wieder erneuerte Holzbrücke die beiden Stadthälften Venedigs. Erst 1587/88 entstand nach den Plänen Antonio da Pontes eine steinerne Brücke am Rialto. Bis ins 19. Jahrhundert blieb sie die einzige Verbindung über den Canal Grande.

folgte man den Plänen des vergleichsweise unbekannten Antonio da Ponte. Es handelte sich bei da Pontes Konstruktion, mit den Worten Norbert Huses zu sprechen, um «kein Weltwunder der Architektur (...), wohl aber (um) eine Lösung, die, pragmatisch klug und durchaus auch phantasievoll, viele Ideen zusammenführte und Venedig eine Brücke bescherte, die seit Jahrhunderten hält.»

CATERINA CORNARO UND DIE KRONE ZYPERNS

Ein rundes Jahrhundert, bevor die Rialtobrücke ihre endgültige, bis heute bestehende architektonische Form erhielt, gelang Venedig ein letzter großer außenpolitischer Erfolg im östlichen Mittelmeer, ein letztes Ausgreifen seines an sich längst von den Türken bedrängten *stato da mar*. Die Insel Zypern, weit nach Osten vorgeschobener christlicher Vorposten, spielte als Handelsstützpunkt für die Geschäfte mit der Levante und Ägypten seit langem eine wichtige Rolle. Darüber hinaus kam ihr als Anbaugebiet eines ansonsten im Abendland unbekannten Produktes Bedeutung zu: des Zuckerrohrs. Schon lange besaßen einige venezianische Patrizierfamilien ausgedehnte Besitzungen auf der Insel, und die Cornaro di San Cassiano zählten durch die Einnahmen aus Zuckerherstellung und -handel zu den reichsten Familien der Stadt.

Die in Zypern herrschenden Könige aus der Kreuzfahrerdynastie der Lusignan hielten es politisch allerdings seit längerer Zeit mit den Genuesen, sehr zum Ärger der Politiker im Dogenpalast. Im Jahre 1458 nun war auf König Johannes II. von Zypern nicht etwa dessen legitime Tochter Carlotta gefolgt, sondern der uneheliche Sohn Jakob II., der freilich Verbündete brauchte, um die Ansprüche seiner Stiefschwester und ihres Gatten aus dem Hause Savoyen abzuwehren. Wie es sich nun mitunter fügt, fand er solche Verbündete in Venedig, und mehr

Abb. 33 Das um 1500 entstandene Porträt Gentile Bellinis zeigt die einzige Venezianerin, die zur Königin gekrönt wurde. Caterina Cornaro verzichtete nach dem Tod ihres Mannes Jakob II. von Zypern auf die Krone zugunsten ihrer Heimatstadt, der damit die Herrschaft über die Mittelmeerinsel zufiel.

noch: Nicht nur politische und gegebenenfalls militärische Unterstützung wurde ihm aus dem Dogenpalast zugesagt, sondern bald bot sich dem jungen König von zweifelhafter Legitimität auch die Aussicht auf eine Braut. Caterina Cornaro (Abb. 33) war die Tochter des steinreichen «Zuckerbarons» Giovanni Cornaro und Nichte des Andrea Cornaro, der seit langen Jahren schon im Dienste des Familienunternehmens in Zypern tätig war. Nachdem die Ehe mit der damals erst vierzehnjährigen Caterina Cornaro 1468 in Abwesenheit des Gemahls *per procura* im Dogenpalast geschlossen worden war und zeitweilig aufgetretene Konkurrentinnen wie eine Tochter des Königs Ferrante von Neapel durch politische Schachzüge der Republik, vor allem aber durch eine spektakuläre Mitgift von 100 000 Dukaten aus dem Feld geschlagen werden konnten, reiste die junge Braut im Juli 1472 nach Zypern. Das Eheglück hatte nur sehr kurzen Bestand, denn der gerade einmal dreißigjährige Monarch verstarb bereits 1473 unter ungeklärten Umständen – wie auch der erst nach Jakobs Tod geborene, gleichnamige Sohn. Nutznießer dieses tragischen Familienschicksals war die Serenissima, die auch sogleich wusste, was zu tun war: Der Senat entsandte eine Flotte und politische Berater nach Zypern.

Was in den folgenden Jahren geschah, böte Stoff für gleich mehrere Krimis und wirft ein bezeichnendes Licht auf die notfalls rücksichtslose Energie, mit der die venezianischen Politiker ihre Interessen durchzusetzen verstanden. Die junge Königin, immerhin selbst Angehörige der venezianischen Oberschicht, wurde von ihren Landsleuten streng überwacht. Als sie erkennen ließ, einem Angebot des neapolitanischen Königs Ferrante zu einer Heirat mit einem von dessen Söhnen nicht abgeneigt zu sein, sah sie sich im November 1488 in der glücklichen Lage, ihren Bruder Giorgio in ihrer Hauptstadt begrüßen zu können, der freilich einen genau umrissenen Auftrag mitbrachte: nämlich seine Schwester wenn möglich im Guten, notfalls aber auch im Unguten, das heißt mit massivem Druck, dazu zu bringen, auf ihre Krone zu verzichten. Dieweil kümmerte sich der Rat der Zehn darum, die neapolitanischen Werbungen um ihren Nachdruck zu bringen. Er beschloss am 13. Mai 1489, den in der Heiratsangelegenheit besonders engagierten neapolitanischen Botschafter in Ägypten namens Rizzo da Marino beseitigen zu lassen. Wenig später fand da Marino ein unrühmliches Ende in der Würgeschlinge gedungener Mörder.

Caterina Cornaro fügte sich und dankte ab. Im Juli 1489 empfing man die nunmehr wieder demonstrativ geliebte Tochter der Stadt bei ihrer Ankunft auf dem Lido di San Nicolò mit größtem Pomp. Der Doge, hohe Regierungsvertreter und vornehme Standesgenossinnen begleiteten sie bei der Fahrt vom Lido in die Heimatstadt. Von dort begab sich Caterina in das kleine Provinznest Asolo, wo ihr der Senat einen «Exilhof» mit einer nicht übermäßig eindrucksvollen Dotierung von jährlich 8000 Dukaten bewilligt hatte. In den folgenden zwei Jahrzehnten verstand es die unglückliche Königin, diesem politisch völlig bedeutungslosen Hof immerhin einigen kulturellen Glanz zu verleihen. Als einer von nicht wenigen Gelehrten hielt sich der Humanist und spätere Kardinal Pietro Bembo oft und gern in Asolo auf und verfasste hier seine *Asolani*, Gedichte über die himmlische und irdische Liebe, die er allerdings einer anderen, ungleich berühmteren Frau widmen sollte: Lucrezia Borgia.

Zypern aber blieb fortan im Besitz der Serenissima. Schon im Februar 1490 erkannte der Sultan von Ägypten die neuen Besitzverhältnisse an. Die Einrichtung einer venezianischen Verwaltung unter der Führung eines Statthalters und zweier Räte vollzog sich reibungslos. Wirtschaftlich trug die neue Kolonie reiche Früchte und erwies sich als einer der wenigen Aktivposten des im 16. Jahrhundert kränkelnden Levantehandels. Vor allem aber war den venezianischen Politikern mit dem Erwerb der großen Mittelmeerinsel ein aufsehenerregender Prestigeerfolg gelungen, der es der Republik gestattete, in Fragen des diplomatischen Protokolls königliche Würden für sich in Anspruch zu nehmen.

ABWEHRKAMPF UND SELBSTBEHAUPTUNG (1509–1669)

AGNADELLO

Dieser Erfolg fiel in eine Zeit, in der sich bedrohliche Sturmwolken am politischen Horizont abzuzeichnen begannen. Am 8. April 1492 starb in Florenz Lorenzo de' Medici, der lange Zeit als schöngeistiger Kunstmäzen missverstandene Staatsmann. Über viele Jahre hinweg hatte er es verstanden, die notorisch unruhige Gesellschaft seiner Heimatstadt in einem labilen Gleichgewicht und dadurch im Zaum zu halten. Ob es seinem arroganten Sohn Piero gelingen würde, diese Politik des Ausgleichs fortzuführen, durfte füglich bezweifelt werden. Keinem Zweifel unterlag dagegen, dass der Papst, der wenige Monate nach Lorenzo de' Medicis Tod den Stuhl Petri bestieg, Alexander VI. Borgia (1492–1503), durch die rücksichtslose Förderung der eigenen Familie gefährliche Unruhe in die italienische Politik bringen würde. Als dann im Herbst 1494 König Karl VIII. von Frankreich mit einem großen Heer die Alpen überquerte, um seine Ansprüche auf das Königreich Neapel militärisch durchzusetzen, endete das weitgehend friedliche «goldene Zeitalter», das Italien seit dem Frieden von Lodi 1454 beschieden gewesen war.

Die Markusrepublik, darin waren sich alle Beobachter der diplomatischen Ränkespiele einig, hätte den Einmarsch der Franzosen durch ein energisches Veto verhindern können. Mit feindlich gesinnten venezianischen Truppen im Rücken hätte König Karl VIII. es kaum gewagt, nach Neapel zu ziehen. Doch die Senatoren im Dogenpalast zögerten und taktierten so lange, bis es zu spät war: Der Triumphzug Karls, der Florenz, dann Rom, schließlich Neapel besetzte und dessen Herrscher, Alfonso von Aragón, vertrieb, drohte die Machtverhältnisse auf der Apenninenhalbinsel grundlegend zu verschieben. Das Königreich Neapel als französische Provinz: Das konnte, das musste als erster Schritt zur Herrschaft Frankreichs über ganz Italien erscheinen, und die galt es aus venezianischer Sicht natürlich um jeden Preis zu verhindern. So schloss der Senat nun doch ein Bündnis mit den Feinden der Franzosen und ließ sich den Abschluss der Liga von Venedig am 31. März 1495 vor allem von den bedrängten Aragonesen teuer bezahlen. Über die von der venezianischen Flotte besetzten apulischen Küstenorte Monopoli, Gallipoli und Carna hinaus erhielt die Serenissima die Städte Brindisi, Trani und Otranto verpfändet. Während der französische König sich eilends nach Norden zurückzog, damit ihm nicht die Wege nach Frankreich versperrt würden, begann sich unversehens eine Vorherrschaft der Serenissima über ganz Italien abzuzeichnen. Die wichtigsten Küstenstädte Süditaliens befanden sich bereits in ihrer Hand. Und als die Republik Florenz nun um venezianische Unterstützung gegen die Franzosen bat, verlangte der Senat dafür die Übertragung Pisas. Zwar kam es nicht zu einer venezianischen Exklave an der tyrrhenischen Mittelmeerküste, doch allein die Idee lässt schlaglichtartig erkennen, wohin die Ambitionen der Politiker im Dogenpalast, an deren Spitze zwischen 1486 und 1501 mit Agostino Barbarigo ein ebenso machtbewusstes wie diplomatisch versiertes Staatsoberhaupt stand, inzwischen gingen.

Dem Ziel weiterer Expansion auf der *terra ferma* und, als deren Konsequenz, einer hegemonialen Stellung auf der Apenninenhalbinsel wurde die traditionelle Sorge um den *stato da mar* entschieden untergeordnet. Als im Jahre 1499 ein neuer Krieg mit den Türken ausbrach, zeigte sich die venezianische Flotte ihrem Gegner nicht gewachsen und erlitt bei Zonchio eine schwere Niederlage. In der Folgezeit ging fast der gesamte venezianische Besitz in Griechenland verloren, einschließlich der strategisch besonders wichtigen Seefestungen Koron und Modon im Süden der Peloponnes, Venedigs «Augen im Mittelmeer». Doch angesichts der Einsätze, die gerade auf dem oberitalienischen Festland auf dem Spiel standen, zeigten sich die

Senatoren schon 1503 bereit, die bitteren Verluste im Osten hinzunehmen, um die Hände für Aktionen im Westen frei zu bekommen.

Doch auch hier entwickelten sich die Dinge schon bald nicht nach den Vorstellungen der erfolgsgewohnten Republik. Wie kein anderes Staatswesen Europas hatte die Serenissima in den zurückliegenden Jahrzehnten ein System diplomatischer Vertretungen an den Höfen Europas entwickelt. Die venezianischen Diplomaten aus den großen Patrizierhäusern genossen einen exzellenten Ruf und agierten in enger Abstimmung mit dem Senat, den sie in regelmäßigen Berichten über ihre Aktivitäten auf dem Laufenden hielten – noch heute sind diese *dispacci* aufgrund ihrer scharfsichtigen Beobachtungen und brillanten Analysen für Historiker von unvergleichlichem Wert. Berühmt waren die venezianischen Gesandten jedoch auch für ihr ausgeprägtes Talent, die politischen Feinde der Republik gegeneinander auszuspielen. Doch in den ersten Jahren des 16. Jahrhunderts zeitigte eine Reihe von politischen Fehleinschätzungen, falschen Entscheidungen und nicht zuletzt anmaßendes Verhalten der venezianischen Diplomaten fatale Folgen. Die Markusrepublik bemühte sich, ihren Festlandsbesitz auf Kosten der Nachbarn immer weiter auszudehnen und überreizte dabei ihre Karten. Papst Julius II. della Rovere (1503–1513) etwa wäre an sich an einem Bündnis interessiert gewesen. Doch zunächst verlangte er die Rückgabe einiger von Venedig besetzter Städte in der Emilia-Romagna, ein Ansinnen, das der Senat geradezu empört zurückwies.

Um der aggressiven Außenpolitik der Serenissima und dem unerträglichen Hochmut der verschlagenen Patrizier ein für alle Mal ein Ende zu bereiten, schloss sich im Dezember 1508 in Cambrai eine geradezu unnatürliche Liga zusammen. Sie bestand aus Kaiser Maximilian, den Königen von Frankreich und Spanien sowie Papst Julius II. Allesamt waren sie untereinander bis aufs Blut verfeindet und nur geeint von dem Wunsch, Venedig in seine Schranken zu weisen.

Die Venezianer gaben sich selbstbewusst und stellten ein Heer auf, wie es ein italienischer Staat noch nie zusammengebracht hatte. Doch als es am 14. Mai 1509 in der Nähe des kleinen lombardischen Städtchens Agnadello, zwischen Mailand und Crema gelegen, zur Schlacht kam, unterlag dieses Heer unter Führung des Condottiere Bartolomeo d'Alviano französischen Truppen. Die Niederlage war vollständig. Tausende von venezianischen Söldnern blieben tot oder verwundet auf dem Schlachtfeld. In den folgenden Wochen fiel fast die gesamte *terra ferma* in die Hände der Feinde – nicht etwa nach erbitterten Belagerungen, sondern weil sich zeigte, dass die venezianische Herrschaft in den großen Städten wie Padua, Verona oder Vicenza bei den einheimischen Eliten kaum Sympathie genoss. Wenige Wochen nach Agnadello standen die feindlichen Truppen am Rand der Lagune. «Die Stadt ist in der größten Angst», schrieb der venezianische Kaufmann Martino Merlini in diesen Tagen, «alles greift zu den Waffen, die Kirchen widerhallen von Litaneien, die Frauen gehen in Trauer, jede mit einer Kerze in der Hand, dazu Teuerung und Not. Herr, erbarme dich unser!»

Die politische und militärische Katastrophe wirkte sich sogleich auf die Wirtschaft aus: Die venezianischen Staatsanleihen fielen binnen kurzem von 102 Prozent auf 40 Prozent ihres Nominalwerts. Für einen Augenblick stand sogar die Belagerung der Hauptstadt zu befürchten. Es war allein der Uneinigkeit der Sieger zu verdanken, dass es nicht dazu kam. Wie nicht anders zu erwarten, begannen sich die unnatürlichen Verbündeten schon um die Verteilung des Löwenfells zu streiten, bevor dessen Besitzer wirklich erlegt war. Die Koalition zerbrach an inneren Spannungen, und energische militärische Gegenmaßnahmen der Venezianer, unter denen sich besonders der spätere Doge Andrea Gritti bei der Rückeroberung und anschließenden Behauptung Paduas auszeichnete, führten bald zu einer stabilisierten, wenn auch weiterhin kritischen Lage.

Erst 1517 gelang ein allgemeiner Friedensschluss, bei dem Venedig, formal gesehen, glimpflich davon kam. Es konnte fast alle seine Besitzungen auf der *terra ferma* behaupten. Kein Wunder, dass in der venezianischen Selbstdarstellung das Trauma von Agnadello in einen neuen Mythos umgedeutet wurde, wie ihn Palma il Giovane im Dogenpalast inszenierte, als er die allegorische Darstellung *Der Doge Leonardo Loredan im Kampf gegen die Liga von Cambrai* schuf (Abb. 34): Dank ihrer tugendhaften Selbstaufopferung triumphierten die markustreuen Venezianer über eine Welt von zu allem entschlossenen Feinden. Die Wirklichkeit sah freilich anders aus.

EIN KARDINAL ...

Denn der Kampf gegen die Liga von Cambrai und die Katastrophe von Agnadello sollten sich für die Republik tatsächlich als Epocheneinschnitt erweisen. Bis zu dieser Niederlage, die augenblicksweise die Existenz des venezianischen Staates in den Grundfesten erschüttert hatte, war die Entwicklung über Jahrhunderte hinweg nicht kontinuierlich, aber doch insgesamt aufwärts gegangen. Macht und Besitz der Stadt wie ihrer Bürger waren gewachsen, zuletzt hatte man sich über das Kolonialreich im östlichen Mittelmeer mit seinen vielen handelsstrategisch wichtigen Besitzungen hinaus auch noch einen ansehnlichen Flächenstaat in Oberitalien angeeignet, bei dessen Expansion nun aber der Bogen überspannt worden war – mit desaströsen Folgen.

Die Jahrzehnte nach Agnadello sind gekennzeichnet von der Reaktion auf dieses traumatische Erlebnis. Die Suche nach einer Neuorientierung führte bei den Vertretern der venezianischen Führungsschicht zu höchst unterschiedlichen Ergebnissen. Die daraus resultierenden erbitterten Richtungskämpfe – die dem so sorgfältig gepflegten Mythos von der unzerbrechlichen Einheit des venezianischen Patriziats diametral zuwiderliefen – spielten sich auf den verschiedensten Ebenen des öffentlichen Lebens ab: natürlich und zu allererst im Bereich des genuin Po-

litischen, bei Diskussionen im Senat und bei Dogenwahlen, bei Entscheidungen über Krieg und Frieden oder über die Besetzung von Botschafterämtern. Doch zeigten sie gravierende Auswirkungen bis in das Gebiet der Kunstförderung und Stadtplanung, und nicht zuletzt bis in die gesellschaftlichen Aufstiegsstrategien einzelner Clans.

So sind es die ersten Jahrzehnte des 16. Jahrhunderts, in denen sich das Phänomen der *papalisti* («die Päpstlichen») immer deutlicher herauskristallisiert. Darunter verstand man Familien, die auf enge Bindungen an die römische Kurie setzten. Vor allem

Abb. 34 *Im Kampf gegen die Liga von Cambrai stand Venedig 1509 zeitweilig am Abgrund. Ein Ende des 16. Jahrhunderts von Palma il Giovane gemalte Bild dagegen verklärt den Überlebenskampf zum Triumph des Dogen Leonardo Loredan, der die Allegorie Venedigs und den Markuslöwen in den Kampf gegen den Stier als Symbol für Europa führt.*

nachgeborene Söhne dieser Familien traten in den Klerikerstand ein, und zwar nicht nur, um auf diese Weise standesgemäß versorgt zu sein, sondern um Karriere in der kirchlichen Hierarchie zu machen. Eine solche Karriere war in der Regel eine kostspielige Sache, konnte aber im Erfolgsfall auch erhebliche Rendite abwerfen: an wirtschaftlichen Einnahmen durch fette Pfründen, an Sozialprestige durch einen Bischofs- oder gar den Kardinalstitel, an politischen Handlungschancen durch gute Verbindungen an der römischen Kurie; diese stellte damals noch eines der wichtigsten politischen Zentren Europas dar, an dem die Fäden der hochentwickelten päpstlichen Diplomatie zusammenliefen. Die Ressourcen, die in diesem Bereich zu erschließen waren, mussten umso interessanter erscheinen, als die Zuwachsraten im Handel, zumal mit dem Orient, langfristig im Schrumpfen begriffen waren.

Zu den Clans, die sich mit besonderer Energie um eine feste Verankerung an der römischen Kurie bemühten, gehörten neben den Cornaro di San Polo und den Pisani vor allem die Grimani. In der Person Domenico Grimanis brachten sie einen Kleriker hervor, der in geradezu idealtypischer Weise den Kirchenfürsten des Reformationszeitalters verkörperte: ebenso humanistisch gebildet wie politisch ambitioniert, ein engagierter Kunstmäzen zudem, der um die Zusammenhänge zwischen sozialem Erfolg und wirkungsvoller Selbstdarstellung wusste. Seine kostbare Sammlung antiker Marmorstatuen, von Handschriften, Gemälden, Zeichnungen zeugt ebenso von der Leidenschaft des gebildeten Humanisten wie von politischen Ambitionen, die langfristig für eine ganze Familienstrategie prägend wirken sollten.

Im Jahre 1493 zum Kardinal ernannt, hatte Grimani nach der Katastrophe von Agnadello seiner Heimatstadt wertvolle Dienste als diplomatischer Unterhändler am Papsthof geleistet und galt im Konklave von 1513 als aussichtsreicher Kandidat für die Nachfolge Julius' II. della Rovere. Seine Wahl auf den Stuhl Petri verhinderte nicht zuletzt die erbitterte Opposition des Kardinals Marco Cornaro, der als Landsmann Grimanis um das gesellschaftliche Gleichgewicht an der Lagune fürchtete und sich auch persönlich von dem hochgelehrten und einflussreichen Grimani seit längerem überspielt fühlte; ein lehrreiches Beispiel für die politischen Verwerfungen, die sich bei einem Konklave hinter den Kulissen ereigneten. Sie sollten sich acht Jahre später, bei jener Papstwahl, aus der am 9. Januar 1522 Hadrian VI. hervorging, wiederholen. Auch dieses Mal schien die Tiara für Domenico Grimani in greifbarer Nähe, auch dieses Mal intrigierte Kardinal Cornaro gegen den Landsmann, auch dieses Mal scheiterte Grimani im letzten Moment, sehr zum Verdruss seines Clans, der Cornaro die alleinige Schuld für die verhinderte Wahl gab, obwohl eine Reihe anderer Faktoren ebenfalls eine Rolle spielte. Die Ereignisse in Rom vergifteten jedenfalls das Verhältnis zwischen den beiden venezianischen Familien nachhaltig.

Wenngleich die Hoffnungen der Grimani auf einen gesellschaftlichen Aufstieg, wie ihn die Wahl eines Verwandten zum Papst in dieser Epoche unweigerlich mit sich brachte, erst einmal dahin waren, profitierten sie dennoch in reichem Maße von den Erfolgen Kardinal Domenicos, der in den Jahren bis zu seinem Tod am 26. August 1523 sorgfältig «sein Haus bestellte». Bereits 1517 resignierte er die mit reichen Einkünften ausgestattete Patriarchenwürde von Aquileia, aus der er so etwas wie einen Erbhof der Grimani machen wollte, zugunsten des Neffen Marino, der es 1527 dann auch zum Kardinal bringen sollte. 1520 verzichtete er auf das Bistum Ceneda, das ein anderer Neffe, namens Giovanni, erhielt. Doch verstand der hochgebildete Kardinal, dass es nicht allein um wirtschaftliche Einnahmen ging, wenn man den Status der Familie langfristig auf eine sichere Basis stellen wollte. Gesellschaftliches Prestige gehörte ebenso dazu; und zu dessen Mehrung trugen vor allem Wohltätigkeit und eine effektive Selbstdarstellung im Medium der bildenden Künste bei. So enthielt das Testament Domenico Grimanis Bestimmungen, denen zufolge ein beträchtlicher Teil seiner kostbaren Kunstsammlung dem venezianischen Staat zufallen sollte. Ferner ordnete er die Errichtung von 30 kleinen Häusern für arme Matrosen neben der Kirche San Antonio di Castello an. Und schließlich legte er fest, dass ein bereits von seinem Bruder Pietro für ihren Vater, den Dogen Antonio Grimani, in Auftrag gegebenes Grabmal von dem bedeutenden Florentiner Bildhauer und Architekten Jacopo Sansovino vollendet werden sollte.

... UND SEINE NEFFEN

Wenn Kardinal Domenico Grimani auf diese Weise zum ersten venezianischen Auftraggeber des berühmten Jacopo Sansovino wurde, so sollten es vor allem die Neffen des Kardinals sein, die diese Beziehung zu dem Florentiner Künstler langfristig fruchtbar werden ließen. Drei von ihnen, Marino, Marco und Giovanni, folgten der Laufbahn des Onkels als Geistliche. Sie alle waren dabei erfolgreich, und sie alle pflegten Zeit ihres Lebens nicht nur die Kontakte nach Rom, sondern unterstrichen ihre politische Einstellung nicht zuletzt durch die Wahl der Künstler und Gelehrten, mit denen sie in Verbindung standen: Durch die Bank weg handelte es sich dabei um Personen, die vom Klima der römischen Kultur zu Beginn des 16. Jahrhunderts geprägt waren.

Marino Grimani brachte es, wie schon erwähnt, zum Kardinalat, das auch sein jüngerer Bruder Giovanni (Abb. 35) mit aller Energie anstrebte. Doch verhinderten politisch motivierte Intrigen, die im Vorwurf der Häresie gipfelten, die Erfüllung seiner Hoffnungen, obwohl er 1563 von allen diesbezüglichen Beschuldigungen freigesprochen wurde. Man mag in der Art und Weise, wie Giovanni Grimani die Kirche San Francesco della Vigna zu einem persönlichen Ruhmesmonument ausgestalten ließ, so etwas wie eine Kompensation für seine gescheiterten Ambitionen sehen. Jedenfalls waren es auch hier römische Künstler, die zum Zuge kamen. 1563 erhielt Federico Zuccari den Auftrag, die Gestaltung der Seitenwände abzuschließen. Die dabei gewählten Themen, wie die Bekehrung Magdalenas oder die Er-

Abb. 35 Tintorettos 1560 entstandenes Porträt zeigt Giovanni Grimani, Patriarch von Aquileia und Angehöriger einer jener venezianischen Familien, die im 16. Jahrhundert ihre Söhne Karriere im Dienst der Kirche machen ließen.

weckung des Lazarus, scheinen nicht unpassend für einen Geistlichen, der sich gerade vom Vorwurf der Häresie befreit hatte. Vor allem aber gelang es Giovanni Grimani, für die Gestaltung der Fassade von San Francesco keinen geringeren als Andrea Palladio zu gewinnen, der hier in den Jahren nach 1564 ein Meisterwerk der Renaissance-Architektur für seinen geistlichen Auftraggeber schuf (Abb. 36). Der dritte im Bunde der Grimani-Kleriker, Marco, heiratete zunächst und wurde erst später Kleriker, als der er wie Onkel und Brüder zeitweise den Stuhl des Patriarchen von Aquileia einnahm.

Der vierte Bruder hingegen, Vettor Grimani, trat nicht als Kleriker, sondern als Politiker hervor und brachte es zum *Procuratore di San Marco*. Dabei zeigte er sich an Kunstfragen nicht weniger interessiert als sein Onkel und seine Brüder. Im Gegenteil: Er vor allem war es, der fast Zeit seines Lebens als Auftraggeber in engem Kontakt mit Jacopo Sansovino stand, sowohl in seiner Eigenschaft als Politiker wie auch als Privatmann. Noch bevor er sich als Politiker betätigte, gab Vettor Grimani bei Jacopo Sansovino einen Palast am Canal Grande in Auftrag. Die

Abb. 36 Im Auftrag des Kardinals Giovanni Grimani schuf Andrea Palladio von 1565 bis 1570 die Fassade von San Francesco della Vigna. Die zahlreichen Elemente der klassischen Architektur und die eindrucksvolle Kolossalordnung der Säulen zeugen von der Antikenbegeisterung des Bauherrn und seines Architekten.

Entwürfe, die der Architekt in den Jahren um 1530 anfertigte (Abb. 37), müssen in den Augen konservativer Venezianer geradezu skandalös gewirkt haben. Denn der Künstler bediente sich hier mit größter Konsequenz und Selbstverständlichkeit jener Formprinzipien und -motive, die im Laufe des 15. Jahrhunderts von humanistisch gebildeten Architekturtheoretikern wie Leon Battista Alberti bei der Beschäftigung mit antiken Traditionen wiederentdeckt und zur Formensprache der Renaissance weiterentwickelt worden waren. Diese Formensprache hatte in den zurückliegenden Jahrzehnten im Rom der Päpste Triumphe gefeiert – und war bisher in Venedig nahezu unbekannt geblieben. Denn der venezianische Palastbau hatte bis dahin auf ganz anderen Traditionen beruht, in ihm war nach wie vor der byzantinische und auch der orientalische Einfluss spürbar, zudem hatte sich, was den Grundriss betraf, ein typisch venezianisches Schema entwickelt, in dessen Zentrum sich ein großer, rechteckiger Saal, die *sala,* erstreckte. Und bei der Fassadengestaltung bestand ein allgemeiner Konsens, dass eine nicht allzu prunkvoll auftrumpfende Formensprache dem Selbstverständnis des

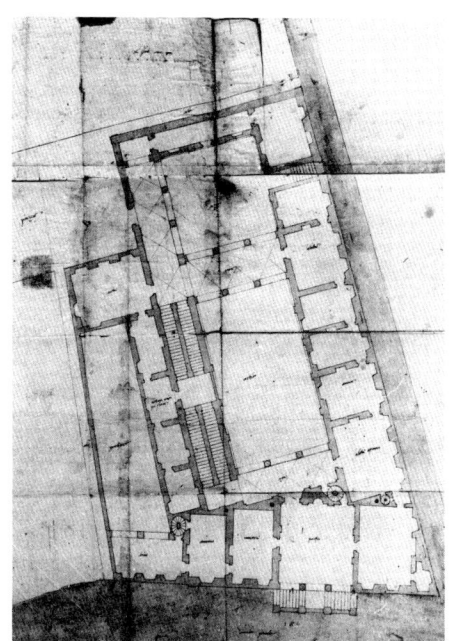

Abb. 37 Der Grundriss, den Jacopo Sansovino um 1530 für einen Palazzo im Auftrag des Vettor Grimani zeichnete, war für die venezianische Architekturtradition revolutionär. Vor allem der an klassischen Vorbildern orientierte Innenhof stellt ein an der Lagune bis dahin unbekanntes Motiv dar.

Patriziats mit seiner Gleichheitsmythologie am besten entspräche.

In seinem Palazzo-Entwurf für Vettor Grimani schob Sansovino all diese Traditionen mit provozierender Nonchalance beiseite. Klassische Säulenordnungen, ein Innenhof statt der *sala*, streng symmetrische Ausgewogenheit, eine hochrepräsentative, doppelläufige Treppenanlage, schließlich eine geradezu triumphalistische, durch ein mächtiges Portal akzentuierte Fassade zum Canal Grande – all das war in Venedig bisher unbekannt, all das wirkte wie eine einzige Provokation. Denn es war nicht nur neu, es war dezidiert römisch. Papstfeindlichen Traditionalisten, welche die Eigenständigkeit und Unabhängigkeit der Serenissima verteidigten, musste das von Sansovino geplante Gebäude erscheinen, als wolle der Auftraggeber seine Parteinahme für die im päpstlichen Rom entwickelte Architektursprache seinen Mitbürgern geradezu unter die Nase reiben.

Abb. 38 Der Palazzo Dolfin-Manin entstand in den Jahren zwischen 1538 und 1545 nach Plänen des Jacopo Sansovino. Seine elegant proportionierte Fassade, die durch eine klassische Säulenordnung gegliedert wird, spiegelt die neuen architektonischen Ideale der Renaissance wider.

Als Vertreter einer romorientierten Familie hätte Grimani seine politischen Präferenzen nicht deutlicher zum Ausdruck bringen können; und es ist gut möglich, dass ihm bewusst wurde, allzu deutlich geworden zu sein. Jedenfalls wurde das Projekt nie ausgeführt. Und die Palazzi, die Sansovino oder sein ebenfalls römischen Vorbildern verpflichteter Kollege Michele Sanmicheli in späteren Jahren tatsächlich am Canal Grande errichteten, fallen zwar innerhalb der traditionellen venezianischen Palastarchitektur aus dem Rahmen. Dennoch sind die Palazzi Dolfin (Abb. 38), Cornaro (Ca´ Grande) oder derjenige für Girolamo Grimani weitaus zurückhaltender, kompromissbereiter in den verwendeten

Innovationen, als der Entwurf für den Palazzo Vettor Grimanis. Was oft über die Politik gesagt worden ist: sie sei die Kunst des Machbaren – es gilt auch für die Architektur. Allzu hochfliegende, überakzentuierte Traditionsbrüche scheitern oftmals am zähen Widerstand der Wirklichkeit. Damit sind wir unversehens zurückgekehrt von den Höhen politischer Kunst in die Niederungen kunstvoller Politik: in die Reformära des Dogen Andrea Gritti.

DIE *RENOVATIO URBIS* UND DER DOGE ANDREA GRITTI

Traditionell wachte die Republik mit Argusaugen über den Dogen, dessen Zähmung so lange gedauert hatte. Ein würdiger Repräsentant der Republik hatte er nach den Vorstellungen der Patrizier zu sein, aber kein selbständig agierender Staatsmann, am allerwenigsten ein machtbewusster Autokrat. Doch sind in der Frühen Neuzeit die institutionellen Strukturen in den Staaten Europas noch sehr flexibel. Im Vergleich zu späteren Epochen war der Spielraum für die individuelle Ausgestaltung eines Amtes groß. Ein schlagendes Beispiel für diesen Sachverhalt liefert die Regierungszeit des Dogen Andrea Gritti (1523–1538).

Aus angesehener, aber nicht herausragender Familie stammend, hatte Gritti lange Jahre als Großhändler in Konstantinopel gelebt und dort die Freundschaft führender Angehöriger des Hofstaates von Sultan Bayezid II. gewonnen, etwa des Großwesirs Ahmed Pascha, ja sogar des Sultans selbst. Das hinderte ihn jedoch 1499 nicht daran, seiner Heimatstadt militärische Geheimnisse über die türkischen Kriegsvorbereitungen gegen Venedig zukommen zu lassen. Die Spionagetätigkeit flog auf, und nur seinen Verbindungen zu den politischen Spitzen des Osmanenreiches dürfte Gritti es zu verdanken gehabt haben, dass er mit dem Leben davonkam. Nach fast dreijähriger Kerkerhaft kehrte er nach Venedig zurück, erstattete dort am 2. Dezember

1503 vor dem Senat ausführlich Bericht – und zog sich fortan von den Geschäften zurück, um sich ganz der Politik zu widmen. Nach der Katastrophe von Agnadello war es nicht zuletzt seiner rücksichtslosen Entschlossenheit und unermüdlichen Energie zu verdanken, dass es der Republik bald gelang, die verfahrene Lage einigermaßen zu stabilisieren. Seit dieser Zeit galt er als potentieller Kandidat für das Dogenamt. Bei der Wahl im Jahre 1521 unterlag er knapp Antonio Grimani, Vater des Kardinals Domenico Grimani. Nach dessen Tod am 7. Mai 1523 setzte sich Gritti mit einer hauchdünnen Mehrheit durch.

Der Widerstand, der dieser Wahl entgegenstand, war beträchtlich. Gritti galt als egozentrisch, machtbewusst bis zum Despotischen, rücksichtslos und grenzenlos ehrgeizig. Ein meisterhaftes Porträt Tizians (Abb. 39) verrät durch die arrogante Pose ebenso wie die energische Mimik viel von der «Herrschsucht», die zu kritisieren Grittis Gegner nicht müde wurden. Auch schadeten ihm sein Ruf als Frauenheld und eine Vielzahl illegitimer Kinder. Doch nicht nur persönlich, auch politisch schuf Andrea Gritti sich Feinde, nämlich durch die Entschlossenheit, mit der er sich zum Wortführer der romorientierten, kleinen, aber durch Reichtum und enge familiäre Verflechtung einflussreichen Gruppe der *papalisti* machte.

Eines der konsequent verfolgten Ziele Grittis bestand in der Modernisierung der venezianischen Herrschaftsrituale, und zwar gemäß den Bildungsidealen der Humanisten, wie sie sich in den städtischen Zentren Nord- und Mittelitaliens im Laufe des 15. Jahrhunderts ausgeformt hatten. Dahinter stand die Überzeugung, dass die traditionelle Denkweise der venezianischen Oberschicht – oder zumindest der großen Mehrzahl ihrer Vertreter – auf nicht mehr zeitgemäßen Grundlagen beruhte. Die Zeiten der *splendid isolation,* da Venedig im Vertrauen auf die eigene Stärke Großmachtpolitik betreiben konnte, sie waren vorbei: Dies stellte die entscheidende Lehre dar, die der Kreis um Gritti aus der Niederlage von Agnadello gezogen hatte. Und die Konsequenz aus dieser Lehre zu ziehen, musste in ihren Augen bedeuten, sich neuen politischen und gesellschaftlichen Ideen zu öffnen, wie sie in den Kreisen der italienischen Humanisten seit längerem diskutiert wurden; sie spiegelten sich nicht zuletzt in den Formen der neuen Architektur wider, wie denn überhaupt gute Architektur als Sinnbild der guten Herrschaft, des *buon governo* galt.

Das Bemühen Grittis um grundlegende Reformen stieß auf zähen Widerstand, und zwar vor allem beim «kleinen Patriziat», jenen Familien der alten Aristokratie, deren wirtschaftliche Entwicklung nicht Schritt gehalten hatte mit ihrem gesellschaftlichen Rang. Eines der Sprachrohre dieser Gruppe war der schon mehrfach zitierte Patrizier und Chronist Marin Sanudo. Was Sanudo, dessen eigene politische Laufbahn enttäuschend verlief, fürchtete, wird in seinen Aufzeichnungen, in denen er sich gerne als entschlossenen Verteidiger überkommener Freiheiten stilisiert, immer wieder deutlich: eine von den alten venezianischen Institutionen kaum mehr kontrollierbare Macht, durch welche das eingespielte System der *checks and balances* ausgehebelt und eine kleine Gruppe von untereinander verwandten und verschwägerten Aristokratenclans die Politik allein bestimmen würde.

Schon bald nach seiner Wahl nahm Gritti eine *renovatio legis* in Angriff, eine umfassende Reform der über die Jahrhunderte zusammengetragenen venezianischen Gesetzessammlungen, die er von Widersprüchen und Anachronismen zu befreien suchte: an sich eine klar umrissene Aufgabe, die auch schnell die maßgeblichen Gremien, den Senat und den Großen Rat, passierte. Doch dann geschah – nichts. Jedenfalls dauerte es volle vier Jahre, bis drei Senatoren damit beauftragt wurden, eine Liste mit Vorschlägen zur Vorgehensweise in dieser Sache zu erarbeiten. Auch der weitere Verlauf der Angelegenheit lässt deutlich erkennen, dass es keinen offenen, energischen Widerspruch gegen die Reformbemühungen Grittis gab, keine grundsätzlichen Zweifel (oder jedenfalls keine öffentlich geäußerten) daran, dass sie sinnvoll wären, schon gar keine konstruktiven Gegenentwürfe, sondern nur hinhaltenden, nie recht greifbaren

Widerstand, bis schließlich die Justizreform nach dem Tode Grittis am 27. Dezember 1538 in aller Stille zu den Akten gelegt wurde – ein Musterbeispiel dafür, wie Reformbestrebungen versanden. Der Grund für die stille Opposition weiter Kreise der Aristokratie lag auf der Hand: Durch neue Rechtsnormen wären zahlreiche Gesetzeslücken und damit Handlungsspielräume vor allem in den unteren und mittleren Verwaltungsebenen geschlossen worden. Hier aber lag das wichtigste politische Betätigungsfeld jener Angehörigen des «kleinen Patriziats», die ohnehin um ihre Teilhabe an der Macht fürchteten.

Nicht anders erging es Gritti mit seinen Bemühungen, nach der Katastrophe von Agnadello die militärischen Strukturen des venezianischen Staates zu modernisieren. Auch hier blieben die Reformmaßnahmen in Ansätzen stecken, auch hier waren es keine offenen Diskussionen, keine klaren Gegenentwürfe, sondern kleinliche Bedenkenträgereien, die den mit der Durchführung der Reformen betrauten Militär Francesco Maria della Rovere, Herzog von Urbino, 1536 ratlos und ein wenig resigniert schreiben ließen: «Es hat mich nicht wenig verwundert, auf Leute zu treffen, die es für ihre Pflicht dem Staatswohl gegenüber hielten, all ihre Gedanken auf winzige und unbedeutende Detailfragen, die *terra ferma* betreffend, zu richten, was in etwa wirkt wie ein Arzt, der bei der Behandlung einer Person das Herz außer acht lässt, um einen Finger zu kurieren.»

Schließlich spielten sich die Auseinandersetzungen um die Zukunft der Republik auch im Medium der bildenden Künste ab. Auch in diesem Bereich wechselten sich erfolgreiche Initiativen, wie etwa die Ausgestaltung des Markusplatzes durch den Bau der *Libreria* nach Plänen Jacopo Sansovinos (Abb. 40), mit gescheiterten Projekten ab. So schlug derselbe Sansovino 1531 in seiner Eigenschaft als Architekt der Republik vor, die zahllosen Händler mit ihren Buden und Ständen von der Piazza San Marco zu verweisen, um dadurch dem für die Selbstdarstellung der Serenissima so wichtigen Platz ein würdigeres Aussehen zu verleihen. Eine an sich vernünftige Idee angesichts der in ganz

Abb. 39 Tizians Porträt des Andrea Gritti zeigt den Dogen als machtbewussten, ja herrischen Souverän in prächtigem Ornat. Das erst 1545, sieben Jahre nach Grittis Tod, entstandene Gemälde lässt in eindrucksvoller Weise Tizians Talent erkennen, den Charakter des Porträtierten «einzufangen».

Europa sich verbreitenden Initiativen, den städtischen Raum gemäß umfassender Planungen aktiv zu gestalten und dabei auf Repräsentation wachsendes Gewicht zu legen. Doch gerade weil er so zeitgemäß war, mag Sansovinos Vorschlag vielen Patriziern unsympathisch gewesen sein. Daneben spielten auch wirtschaftliche Gründe eine Rolle, denn viele der Verkaufsstände auf der Piazza befanden sich im Besitz von Patriziern, die aus ihrer Verpachtung Einnahmen bezogen. Jedenfalls wurde nichts unternommen, und die Piazza San Marco blieb der chaotische Mikrokosmos, der sie seit jeher gewesen war.

Abb. 40 Im Zuge der renovatio urbis, der Neugestaltung Venedigs unter dem Dogen Andrea Gritti, erhielt Jacopo Sansovino 1537 den Auftrag, die Libreria, das Gebäude der Staatsbibliothek, zu errichten. Noch heute befindet sich hier der Sitz der berühmten Biblioteca Marciana.

So fällt das Urteil über die Reformära unter dem Dogen Andrea Gritti zwiespältig aus. Die vielfältigen Bemühungen um eine Modernisierung des venezianischen Staates blieben zunächst oft in Ansätzen stecken; doch erwiesen sie ihre Wirksamkeit weit über den Tod Grittis hinaus. Die von ihm und seinem Kreis in konkrete politische Aktion umgesetzte Erkenntnis, dass die Zeit der selbstbewussten Autonomie der Serenissima vorbei war, dass es darum gehen musste, sich den gewandelten Verhältnissen in Italien und Europa anzupassen, diese Erkenntnis sollte sich à la longue gegen alle Widerstände der Traditionalisten durchsetzen, wie sich nicht zuletzt im Bereich der wirtschaftlichen Entwicklung Venedigs erkennen lässt.

WIRTSCHAFTLICHE ERHOLUNG

Denn parallel zu den Richtungskämpfen in der venezianischen Politik erholte sich die Wirtschaft Venedigs merklich. Das gerade auf diesem Gebiet so wünschenswerte Zahlenmaterial, das zur Rekonstruktion größerer Entwicklungslinien nötig wäre, bieten die Quellen für das 16. Jahrhundert leider nur in rudimentärer Form. Vor allem den Pionierstudien Frederic Lanes ist es zu verdanken, wenn wir trotzdem die wesentlichen Tendenzen einigermaßen deutlich fassen können.

Sie sind gekennzeichnet von einer zunächst langsamen, dann aber, etwa seit der Jahrhundertmitte, zunehmend dynamischen Erholung von den politischen, militärischen und wirtschaftlichen Katastrophen des Jahrhundertbeginns. Eine große Rolle spielte dabei das Wachstum der Wollproduktion, die sich von bescheidenen Anfängen zu einer tragenden Säule der venezianischen Ökonomie entwickelte. Ein anderer neuer, rasch prosperierender Wirtschaftszweig waren Buchdruck und Buchhandel. Daneben gelang ein beachtliches Comeback im Bereich des traditionellen Handels. Um die Jahrhundertmitte hatte die Handelsflotte der Serenissima ungefähr wieder jene Transportkapazitäten erreicht, über die sie um 1500 verfügt hatte. Etwa im Jahre 1570 wurde dann ein historischer Höchststand erzielt.

Was den Orienthandel, vor allem mit Gewürzen, betrifft, der seit dem Mittelalter eine der wichtigsten Quellen des venezianischen Reichtums darstellte, so erwies sich die Entdeckung des

Seeweges nach Indien durch Vasco da Gama im Jahr 1498 als durchaus nicht so schicksalhaft für die Serenissima, wie von den Historikern lange Zeit angenommen wurde. Die skeptische Prophezeiung des Chronisten Girolamo Priuli, der unter dem 24. Juli 1501 in seinem Tagebuch notierte: «(…) und deswegen sehe ich deutlich den Ruin der Stadt Venedig voraus, denn wenn es an Handelsverkehr mangelt, wird es bald an Geld mangeln, auf dem der Ruhm und die Reputation Venedigs beruhen», diese Prophezeiung trat allenfalls teilweise ein. Gewiss, den Venezianern war ein ernsthafter Konkurrent entstanden, aber der Weg um das Kap Horn war weit. Als viel ernsthaftere Bedrohung für den Gewürzhandel sollten sich zunächst die Spannungen mit der Hohen Pforte erweisen.

Neben dem an Volumen relativ unspektakulären, aber kapitalintensiven Gewürzhandel waren es vor allem Seide, Wolle, Baumwolle und – um die Mitte des Jahrhunderts in rasch steigendem Umfang hinzukommend – Rosinen, die eine bedeutende Rolle für den venezianischen Handel spielten. Des Weiteren erwies sich auch der traditionsreiche Salzhandel immer noch als lukrativ. Seit dem 13. Jahrhundert hatte sich die Republik darum bemüht, für diesen lebenswichtigen Rohstoff zumindest in Oberitalien ein Monopol durchzusetzen. Ganz war das nie gelungen, aber es kann kein Zweifel daran bestehen, dass Venedig in der zweiten Hälfte des 15. Jahrhunderts als der bedeutendste Salzexporteur des gesamten Mittelmeerraumes gelten konnte. Auch im Bereich des Salzhandels brachte der Krieg gegen die Liga von Cambrai erhebliche Einbußen, die dann im Laufe des 16. Jahrhunderts wieder ausgeglichen wurden. Um 1500 waren in Venedig rund 5000 *moggie* (circa 5000 Tonnen) Salz entladen worden, 1550 waren es erst wieder 4500 *moggie*, um 1560 lag man bereits bei 6000 und zwischen 1576 und 1582 bei jährlich etwa 7500 *moggie*. Das Ende des Jahrhunderts brachte dann allerdings einen Einbruch des Salzhandelsvolumens, teilweise bedingt durch Hungersnöte, deren Bekämpfung einen erhöhten Getreideimport nötig machte, der wiederum einen Großteil des vorhandenen Schiffsraumes band. Als langfristig folgenreich erwies sich die Einrichtung neuer Produktionsstätten, etwa in Triest und Fiume, die das venezianische Quasi-Monopol brachen.

Eine Verfallsphase des venezianischen Handels setzte dann mit dem Krieg um Zypern ein, Anfang der siebziger Jahre des 16. Jahrhunderts. Der Grund lag weniger im Krieg selbst, er stellte eher einen auslösenden Faktor dar. Hinter der Entwicklung stand vielmehr die zunehmende Konkurrenz durch Holländer, Franzosen und vor allem Engländer. Nicht nur der Handel mit Nordeuropa, der bisher von venezianischen Schiffen getragen worden war, gelangte nun in englische Hände. Sogar im Mittelmeer, der eigentlichen Domäne der Venezianer, gelang es den neuen Konkurrenten, die Venezianer zu überflügeln. 1602 äußerten sich die *savi alla mercanzia*, denen die Aufsicht über die Handelspolitik der Republik oblag, im Hinblick auf die neue Konkurrenz bereits im Tone umfassender Resignation: «Die Ausländer und Fremden der fernsten Länder haben sich durchaus zu Herren über alle Marineangelegenheiten aufgeworfen, besonders die Engländer, welche die Unsrigen zunächst aus dem Handel mit dem Norden völlig verdrängt haben und sich nunmehr auch in die Geschäfte mit der Levante und allen Inseln des venezianischen Staates einmischen.»

Es sind verschiedene Ursachen, die diese Verdrängung erklären: Überlegenen Schiffstypen mit besseren Segeleigenschaften und höherer Geschwindigkeit auf Seiten der Nordeuropäer stand auf venezianischer Seite ein grundsätzliches Kostenproblem gegenüber. Die an der Lagune produzierten Schiffe waren aufgrund von Holz- und Arbeitskräftemangel – zumal nach der großen Pestepidemie von 1576 – einfach zu teuer, um erfolgreich konkurrieren zu können. Auch weigerte man sich lange Zeit, die technischen Neuerungen, welche die übrigen Seemächte längst anwandten, selber zu übernehmen. Kein anderes Handelszentrum im Mittelmeer hielt so lange an der längst überholten Galeere als Handelsschiff fest wie Venedig.

Ein Problem mit eindeutig politischem Hintergrund kam hinzu: Seit der Mitte des 16. Jahrhunderts entwickelte sich die im Mittelmeer ohnehin endemische Piraterie zu einer immer ernsteren Bedrohung des Handels. Oft erfreuten sich die dalmatischen Seeräuber, die in der Adria ihr Unwesen trieben, mächtiger Rückendeckung, teilweise durch das Osmanische Reich, mitunter auch durch die Habsburger. In Zeiten, in denen die Grenzen zwischen erlaubtem, manchmal sogar erwünschtem Kaperkrieg im Auftrag eines Souveräns und Seeräuberei nur schemenhaft ausgebildet waren, erwies sich die vorsichtige Politik der Konfliktvermeidung, welche die Republik seit der Katastrophe von Agnadello verfolgte, als ruinös für den Handel. Von wem auch immer venezianische Schiffe gekapert wurden, die Serenissima war selten bereit, politischen Druck auszuüben, um ihre Kaufleute zu unterstützen. Kein Wunder also, dass der Transport mit venezianischen Schiffen als besonders risikoreich galt – mit fatalen Folgen, wie sich unschwer vorstellen lässt.

Wenn die Entwicklung des Handels als der traditionellen Haupteinnahmequelle Venedigs im späten 16. Jahrhundert tendenziell eher von Stagnation, am Ende gar von einer unübersehbaren Rezession geprägt war, gleichzeitig aber die Zahl der im Hafen der Stadt anlegenden Schiffe bis zum Beginn des 17. Jahrhunderts weiter anstieg, so findet sich die Erklärung für diesen scheinbar paradoxen Sachverhalt darin, dass sich die Stadt von einem Handels- zu einem Produktionszentrum zu wandeln begann. Seit langem schon spielte der Schiffbau eine große Rolle, ebenso die bis in unsere Tage berühmte Glasproduktion auf der Laguneninsel Murano. Hinzu kam die Produktion von Seife, von der zu Beginn des 17. Jahrhunderts an die 1000 Tonnen pro Jahr hergestellt wurden. Auch die intensive Bautätigkeit entwickelte sich zu einem wichtigen Wirtschaftszweig, und der Boom in diesem Bereich spiegelt sich nicht zuletzt in den Löhnen: Verdiente ein Maurermeister um 1580 rund 38 *soldi* am Tag, so waren es gerade einmal 20 Jahre später schon 61 *soldi*.

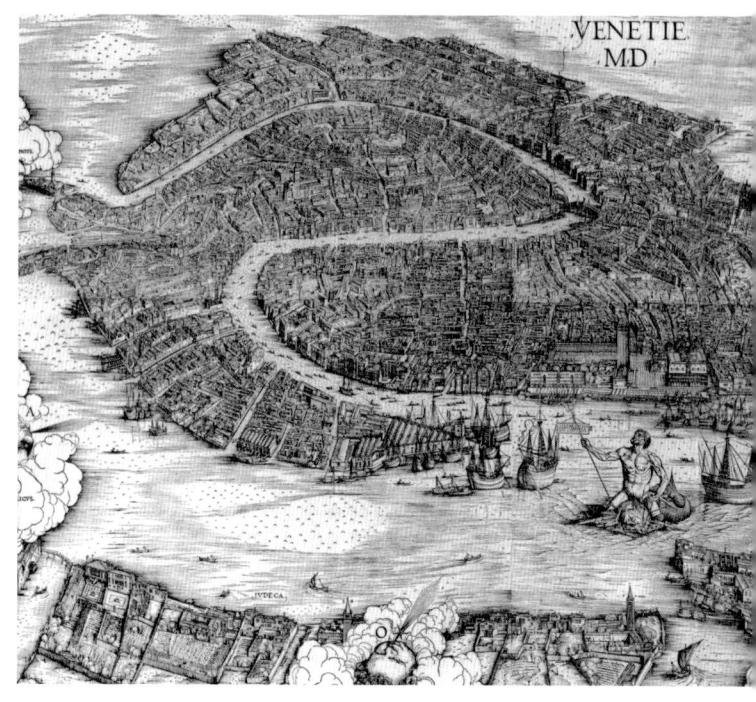

Doch war es vor allem der rasante Aufschwung der Wollproduktion, der den wirtschaftlichen Erfolg der Serenissima im 16. Jahrhundert gewährleistete. Zwar wurden Wollstoffe seit langem in Venedig hergestellt, doch im Zeitraum zwischen 1520 und 1600 versechsfachte sich die Produktion von jährlich 4000 Tuchen auf annähernd 25 000 Tuche. Ihr Wert belief sich auf ungefähr 1,9 Millionen Dukaten – und machte damit das Zehnfache der hochgerühmten Glasherstellung in Murano aus. Gegen Ende des 16. Jahrhunderts wurden über 90 Prozent der Wolltuche in die Levante exportiert, ein eindrückliches Zeichen dafür, dass der wirtschaftliche Austausch mit dem Osmanenreich nach wie vor zentrale Bedeutung besaß. Auch ein Blick auf die Beschäftigtenzahlen macht im Übrigen deutlich, welche Bedeutung die Tuchherstellung im Laufe des 16. Jahrhunderts gewonnen hatte, waren doch gegen Ende des Jahrhunderts mehr

Abb. 41 Der sogenannte Barbari-Plan, zwischen 1498 und 1500 auf Initiative des deutschen Verlegers Anton Kolb geschaffen, stellt eine einzigartige perspektivische Leistung dar. Er zeigt Venedig aus der Vogelschau mit einer Präzision, die auch kleinste Details der Stadt im späten Mittelalter erkennen lässt.

als 3000 Venezianer in diesem Bereich tätig, ungefähr so viele wie im Arsenal und deutlich mehr als in der Seidenproduktion (2000) oder im Bauwesen (1500).

Bis zum Beginn des 17. Jahrhunderts, so ließe sich zusammenfassen, hatte es Venedig verstanden, seinen Rang als Wirtschaftszentrum von europäischer Bedeutung zu behaupten; und zwar durch relativ rasch vollzogene Wandlungen und Anpassungen. Neben traditionellen, inzwischen aber stagnierenden oder gar regredierenden Wirtschaftsbereichen wie Schiffbau und Gewürzhandel gewannen neue Sektoren an Bedeutung, vor allem die Bauwirtschaft, die Produktion hochwertiger Wolltuche und schließlich ein Bereich, der nicht nur wirtschaftliches, sondern auch kulturelles Kapital eintrug: der Buchdruck, der in Venedig seit dem späten 15. Jahrhundert eine beständig wachsende Rolle spielte. Schon bald entwickelte sich die Stadt in der Lagune zum bei weitem wichtigsten Zentrum der Buchproduktion und des Buchhandels in Italien, vor Rom, Florenz und Mailand. Besonders Aldus Manutius sollte es mit seinen bibliophil gestalteten Ausgaben griechischer und lateinischer Klassiker zu europäischem Ruf bringen.

Die «schwarze Kunst» stellte nicht nur einen wichtigen Wirtschaftsfaktor dar, sie trug auch in erheblichem Maße zur Verbreitung des «Mythos Venedig» bei. Dank der in großen Auflagen hergestellten Bücher, Holzschnitte und Kupferstiche verbreitete sich der Ruhm der glanzvollen Metropole auf dem Wasser auch bei jenen, die nie Gelegenheit gehabt hatten noch je bekommen sollten, die Wunderstadt mit eigenen Augen zu sehen. Und dass die europaweite Kenntnis vom Glanz der Stadt nicht nur indirekt vom sich rasch entwickelnden Verlagsgewerbe profitierte, sondern dass der Buchdruck von der Serenissima auch sehr bewusst und gezielt zur Verbreitung des eigenen Ruhmes eingesetzt wurde, lässt sich besonders eindrücklich am Zustandekommen des spektakulärsten Stadtplans der Frühen Neuzeit aufzeigen, jener Darstellung Venedigs aus der Vogelperspektive, die dem venezianischen Künstler Jacopo de' Barbari zu Beginn des 16. Jahrhunderts zugeschrieben wird (Abb. 41).

Entstanden war der Barbari-Plan im Auftrag des aus Nürnberg stammenden Verlegers Anton Kolb, dem die venezianische Regierung am 30. Oktober 1500 weitreichende Privilegien gewährte, wenn er sich bereit erklären würde, das verlegerische Risiko der Großproduktion zu übernehmen. Ihm wurde das Recht zugesichert, das fertige Produkt zum Preis von drei Dukaten im gesamten Herrschaftsgebiet der Republik zu vertreiben, ohne irgendwelche Steuern oder Abgaben zahlen zu müssen. Kolb selber hatte um die Privilegierung seines anspruchsvollen Vorhabens nachgesucht und selbstbewusst darauf hingewiesen, dass auf diese Weise der Ruhm Venedigs über ein Medium Verbreitung fände, das an keinen Ort gebunden war und noch den entlegensten Winkel der Welt erreichen könne. Vor allem aber gestattete der einzigartige Plan aufgrund seiner außergewöhnlichen Präzision und zeichnerischen Qualität, selbst Fassadendetails und kleine Gässchen der Lagunenstadt in Augenschein zu nehmen, und er ist deswegen bis heute eine unersetzbare Quelle für das Erscheinungsbild der Stadt im frühen 16. Jahrhundert.

DIE KUNSTMETROPOLE

Wenn der Barbari-Plan ein herausragendes Beispiel für den Rang der venezianischen Druckkunst darstellt, so lenkt er zugleich unseren Blick auf die Entwicklung der Malerei in der Markusrepublik während der ersten Hälfte des 16. Jahrhunderts. Auch in diesem Bereich spielten sich bedeutsame Veränderungen ab: Zum einen entwickelte sich an Stelle der überkommenen, durch die Zünfte regulierten kleinen Handwerksbetriebe die durch hochdifferenzierte Arbeitsteilung und enorm gesteigerte Produktivität charakterisierte Künstlerwerkstatt, in der eine Vielzahl von unterschiedlich qualifizierten Mitarbeitern dem Meister zur Hand ging. Dabei entstanden Gemälde, an denen eine ganze Reihe von Malern in verschiedenem Umfang beteiligt waren, welche jedoch in solchem Maße auf stilistische Einheitlichkeit getrimmt waren, dass die Kundschaft das fertige Produkt unter dem Namen des Meisters akzeptierte. Der Leiter eines solchen Großbetriebs musste nicht nur als Künstler brillieren, sondern zugleich über hoch entwickelte Fähigkeiten als Manager und «PR-Fachmann» verfügen. Am Beispiel Paolo Veroneses wird darauf gleich einzugehen sein. Jacopo Tintorettos staunenerregende Produktivität bliebe ohne jenes Prinzip der Arbeitsteilung ebenfalls unverständlich.

Die Werke venezianischer Maler – oder, um gleich die notwendige Einschränkung vorzunehmen: einiger ihrer Spitzenvertreter – erlangten während des 16. Jahrhunderts in zunehmendem Maße Ruhm weit über die Markusstadt hinaus. Bedeutende Künstler hatte Venedig auch in früherer Zeit hervorgebracht: erinnert sei nur an die berühmte Familie Bellini:

Abb. 42 Auf seinem um 1562 entstandenen Selbstporträt stilisiert sich Tizian durch kostbare Kleidung und eine sorgsam zwischen Anspannung und Ruhe austarierte Körperhaltung zu jenem Malerfürsten, als der er von seinen Zeitgenossen gesehen werden wollte.

Jacopo (um 1400–1470/71), den Vater, sowie Gentile (1429–1507) und Giovanni (1430–1516), seine beiden Söhne. Doch war deren Wirksamkeit weitgehend auf die Heimatstadt selbst beschränkt geblieben. Das sollte sich nun, parallel zur politischen Öffnung nach der Katastrophe von Agnadello, grundsätzlich ändern. Und mit keinem Namen ist dieser Prozess stärker verknüpft als demjenigen des wohl bedeutendsten venezianischen Malers überhaupt: Tiziano Vecellio, genannt Tizian (1488/90–1576) (Abb. 42).

Geboren in Pieve di Cadore, einem kleinen Städtchen auf der *terra ferma*, kam Tizian schon in jungen Jahren an die Lagune und lernte sein Handwerk, dem zeitgenössischen Künstlerbiographen Giorgio Vasari zufolge, in der Bellini-Werkstatt, zu Beginn des 16. Jahrhunderts ohne Zweifel die bedeutendste der Stadt. Aufschlussreich ist das Urteil des humanistisch geschulten Florentiners Vasari über die eigenbrötlerische Tradition der Venezianer: «Da aber Giovanni Bellini und die anderen Maler von Venedig zu jener Zeit keine antiken Werke studierten und statt-

Abb. 43 Von 1519 bis 1526 arbeitete Tizian an der nach den Auftraggebern benannten Madonna Pesaro. Die kühne Komposition zeigt den Bischof Jacopo Pesaro unter einer päpstlichen Flagge am linken Bildrand. Ihm gegenüber knien weitere Angehörige des Hauses Pesaro, die der heilige Franziskus der Gottesmutter empfiehlt.

dessen häufig oder sagen wir besser ausnahmslos die Angewohnheit hatten, alles, was sie schufen, nach der Natur wiederzugeben, allerdings in einem trockenen, spröden und angestrengten Stil, erlernte auch Tizian seinerzeit zunächst diese Methode.»

Seinen Ruhm begründete der junge Tizian vor allem mit einigen Altarbildern, darunter das aufsehenerregend innovative Pesaro-Retabel, das in den Jahren zwischen 1519 und 1526 im Auftrag von Jacopo Pesaro, Bischof von Paphos auf Zypern, und seinen Brüdern für Santa Maria Gloriosa dei Frari entstand (Abb. 43). Auch die Familie Pesaro dal Carro gehörte zum Kreis der nach Rom orientierten *papalisti*, und das Gemälde in der Frari-Kirche benutzte Tizian nicht zuletzt, um diese politische

Abb. 44 Giovanni Bellinis Sacra Conversazione (um 1480) zeigt die «klassische» Position der Gottesmutter im Zentrum des Gemäldes. Sie ist auf beiden Seiten von Heiligen umgeben. Der heilige Markus scheint zu fehlen, doch das goldene Mosaik, das die Apsis hinter Maria schmückt, verweist auf die Markuskirche und damit indirekt auf den Stadtpatron.

Bindung wirkungsvoll zu inszenieren. Zunächst jedoch besticht das Bild in formaler Hinsicht. Das Hochformat stellte nämlich den Künstler vor schwierige Probleme, die er durch die virtuose Verwendung von Architekturelementen zu lösen verstand. Zugleich brach Tizian mit der spezifisch venezianischen Darstellungstradition des Themas Madonna mit dem Kind und Heiligen; diese war von rigiden Konventionen geprägt, wie sie etwa in Giovanni Bellinis *Sacra Conversazione* aus San Giobbe (Abb. 44) zu erkennen sind. In streng symmetrischer Anordnung thront auf dem Altarbild Bellinis die Madonna über den anderen Figuren. Demgegenüber rückt in der *Pala Pesaro* Maria, das eigentliche Objekt der Verehrung, aus der ehrfurchtgebietenden Zentralität an den Rand – eine epochale Zäsur für die gesamte europäische Malerei.

Bemerkenswert ist darüber hinaus die subtile Ausgewogenheit in der Anordnung und Gestik der Figuren, dank derer aus dem Andachtsbild zugleich eine Eloge auf den Stifter und seine Familie wird. Während letztere am rechten Bildrand unter dem Schutz des auf sie verweisenden Franz von Assisi kniet, sehen wir zur Linken die Person des Jacopo Pesaro, hinterfangen von der Figur eines besiegten Türken sowie einer päpstlichen Flagge, Hinweis auf einen Sieg über den Glaubensfeind, den der venezianische Bischof zur Zeit der Herrschaft Papst Alexanders VI. Borgia (1492–1503) errungen hatte. Die Tätigkeit des Stifters im Dienst der Kurie wird noch zusätzlich unterstrichen durch die Petrus-Figur, die durch ihren Blick auf die Person Pesaros und ihre Stellung im Bildzentrum zwischen dem Auftraggeber und der Madonna mit dem Kinde auf hohem Thron vermittelt. Es überrascht nicht, dass derartig schmeichelhafte Inszenierungen den Geschmack der venezianischen Patrizier trafen.

Doch traf Tizian den Nerv seiner Zeitgenossen nicht nur als formaler Neuerer, sondern vielleicht mehr noch als Porträtist. Seine herausragenden Leistungen auf diesem Gebiet sind vermutlich einer der Hauptgründe für das bis heute ungebrochene Publikumsinteresse an seinem Werk. Seine Bildnisse sind gekennzeichnet von einer psychologischen Spannung und Sensibilität, wie sie bis dahin unbekannt waren. Im Gegensatz zur älteren Porträttradition, die von Tizians großen Zeitgenossen Tintoretto und Veronese auch weiterhin gepflegt wurde und die vor allem die Rolle einer Person ins Bild setzte, spiegeln Tizians Werke ein Interesse an der Individualität seines Gegenübers, das in der schonungslosen Wiedergabe des inneren Wesens der Porträtierten mitunter das Denunziatorische streift. Betrachtet man etwa das Bild des Dogen Francesco Venier (1554–1556) (Abb. 45), das Tizian im Jahre 1555 schuf, so sind berechtigte Zweifel denkbar, ob das venezianische Staatsoberhaupt an dieser Darstellung Freude gefunden hat. Venier stand zum Zeitpunkt seiner Wahl am 11. Juni 1554 bereits im 56. Lebensjahr. Bis zu seinem Tod verblieben ihm nurmehr zwei Jahre, und das Porträt fängt die müde, fast hinfällige Erschöpfung des Dogen, den die schwere Last der prachtvollen Staatskleidung schier erdrückt, meisterhaft ein. Welten trennen ihn von der energisch-arroganten Darstellung seines Vorgängers Andrea Gritti (Abb. 39). Die leicht unheimliche Stimmung, die das Gemälde ausstrahlt, wird noch unterstrichen durch die brennende Hafenfestung im Hintergrund: vermutlich eine Anspielung auf den – während der kurzen Herrschaft Veniers freilich ruhenden – Türkenkrieg. Es das letzte offizielle Dogenporträt, das Tizian schuf, der in dieser Zeit, um die Mitte des Jahrhunderts, auf dem Höhepunkt seines Ruhmes stand. Wie kein anderer Maler zuvor war er als Porträtist hoher und höchster Persönlichkeiten gefragt, kein anderer Maler hat jemals Bildnisse sowohl des Kaisers als auch des Papstes geschaffen. Allein Tizian war in den vierziger Jahren des 16. Jahrhunderts gleich mehrfach sowohl für Kaiser Karl V. (1519–1556) als auch für Papst Paul III. Farnese (1534–1549) tätig: ein eindrucksvoller Beleg für den Erfolg venezianischer Malerei im Europa dieser Epoche.

Doch wenn von den großen Werkstätten, den hochproduktiven Genies, den Künstlerfürsten vom Schlage Tizians die Rede ist, so gilt es auch, die Schattenseite dieser Phänomene zu erwähnen. Denn den erfolgreichen Großmeistern, um deren Werke sich die Agenten von Päpsten und Königen bemühten, stand ein Heer von heute längst vergessenen Künstler-Handwerkern gegenüber, denen es immer schwerer fiel, auch nur ihr Auskommen zu finden. Von Paolo Pino etwa wüssten wir nichts – denn seine Gemälde sind längst verloren –, hätte er nicht in einem 1548 entstandenen Dialog bewegte Klage geführt über die Lebensbedingungen jener Maler, die nicht zum kleinen Kreis der Großen gehörten: Die Armut, in der sie lebten, sei mörderisch, oft bliebe ihnen nichts anderes, als Stühle zu bemalen, denn Aufträge für Tafelbilder seien so selten wie Kometen. Wenn es aber doch einmal einen größeren Auftrag gebe, so habe man es mit einem Publikum zu tun, dessen Ignoranz nur noch von seinem Geiz übertroffen werde.

Abb. 45 Nur zwei Jahre, von 1556 bis 1558, regierte der Doge Francesco Venier. Tizians Porträt zeigt einen altersmüden Mann, der von der Last der schweren Staatsgewänder geradezu erdrückt wirkt.

Die Nöte, die im Lamento eines Paolo Pino zum Ausdruck kamen, betrafen keineswegs nur Handwerker minderen Rangs. Selbst ein heute berühmter Künstler wie Lorenzo Lotto (um 1480–1557), dessen Gemälde in allen bedeutenden Sammlungen Alter Meister zu den Glanzstücken rechnen und dessen Porträts in ihrer psychologisierenden Hellsichtigkeit denjenigen Tizians kaum nachstehen, war in den Jahren nach 1525, als er seinen Wohnsitz an die Lagune verlegt hatte, mitunter das Opfer blanker Not. Aus seinen Rechnungsbüchern, die für die Jahre zwischen 1538 und 1556 erhalten sind, erfahren wir mit bedrückender Anschaulichkeit, wie der Maler um Aufträge geradezu betteln musste, um dann entweder gar nicht oder nur mit einem Teil des ausgemachten Preises entlohnt zu werden; wie er fertige Gemälde oft erfolglos auf Messen anbieten ließ; und wie ihm mitunter sogar das Geld für Material und Modelle fehlte. Am Ende seines Lebens zog sich Lotto, enttäuscht und verbittert über den beruflichen Misserfolg, in ein Kloster nach Loreto zurück: «Um nicht auch noch meine alten Tage sinnlos zu verschwenden, will ich mein Leben an diesem heiligen Ort beschließen.»

PAOLO VERONESE UND SEINE WERKSTATT

Unter den Malern, die den Ruhm Venedigs als einer der künstlerischen Metropolen Europas im 16. Jahrhundert begründeten, kommt Paolo Veronese (eigentlich Paolo Caliari, 1528–1588) eine besondere Rolle zu. Schon die Zeitgenossen schätzten seine großformatigen Historiengemälde, die in mancher Hinsicht den Höhepunkt dieses Genres überhaupt darstellen. Veronese verstand sich meisterhaft auf die farblich brillante, suggestive Inszenierung historischer Szenen – und auf die Vermarktung seiner Arbeiten. Die Organisation seiner Werkstatt, unverzichtbare Voraussetzung für seine Produktivität und seinen Erfolg, ist im Übrigen typisch für die Arbeitsweise frühneuzeitlicher Künstler. Vorstellungen des 19. Jahrhunderts, in dem die bürgerliche Kunstgeschichtsschreibung das Ideal des aus sich und für sich schaffenden Originalgenies entwickelte, haben lange Zeit den Blick darauf verstellt, dass die Künstler des Renaissance- und Barockzeitalters ein ganz anderes Verhältnis zu den von ihnen geschaffenen Werken pflegten als das «Genie» späterer Zeiten. Paolo Veronese etwa war nicht nur ein brillanter Maler, sondern auch ein hervorragender Manager. Er verstand es einerseits, die zeitweise mehr als zehn Mitarbeiter seiner Werkstatt, darunter sein Bruder Benedetto Caliari und sein Neffe Luigi Benfatti (genannt Alvise Del Friso), bei der Produktion der Gemälde gemäß ihren individuellen Stärken einzusetzen, brachte es andererseits zu Wege, dass trotz der Arbeitsteilung am Ende Gemälde entstanden, deren Niveau es ihm gestattete, sie unter dem Erfolgslabel «Veronese» zu verkaufen.

Der Typus der oft über Generationen hinweg von einer Familie betriebenen Künstlerwerkstatt fand sich in ganz Italien, war aber in Venedig besonders charakteristisch und blieb dies auch dann noch, als sich andernorts die Verhältnisse längst zu wandeln begannen. Auch in diesem Bereich erwiesen sich die gesellschaftlichen Strukturen der Republik als hochgradig stabil – oder aber unflexibel. Wie bei vielen seiner berühmten Kollegen war der Anteil Veroneses an den Gemälden, die seine Werkstatt verließen, unterschiedlich groß, was Fachleute auch bemerkten. So äußerte sich etwa Gianlorenzo Bernini während seiner Frankreichreise im Jahre 1665 wiederholt über ihm vorgeführte Bilder Veroneses und kritisierte zeichnerische Unzulänglichkeiten, die teilweise das Groteske streiften, um schließlich festzustellen: «Man kann nicht gerade sagen, es gebe überhaupt keine Bilder von Paolo Veronese, die gleich gut gemalt und gezeichnet sind. Aber sie sind selten.» Doch derartige Qualitätsunterschiede sind im Grunde genommen weit weniger überraschend als der Grad an stilistischer Homogenität; der genügte den Auftraggebern denn auch, um die Bilder als einen «Veronese» zu akzeptieren.

Um der Nachfrage Herr zu werden, entwickelte Veroneses Werkstatt bestimmte Typen von Figuren und Figurengruppen, die sich immer wieder kopieren und mit geringem Adaptionsaufwand in verschiedenen thematischen Kontexten verwenden ließen. Darüber hinaus wurden erfolgreiche Bilder vielfach, fast möchte man sagen: hemmungslos kopiert. So sind von der *Auffindung des Moses* (Abb. 46) nicht weniger als zehn Varianten erhalten, von mindestens vierzehn weiteren, die verloren gegangen sind, wissen wir aus den Quellen. Beim *Hauptmann von Kapernaum* stehen neun erhaltene elf verlorenen Gemälden gegenüber, bei der *Anbetung der Heiligen Drei Könige* ist das Verhältnis vierzehn zu zwölf. Der modernen kunstgeschichtlichen Forschung hat diese überaus produktive Form von Werkstattarbeit das Problem eingetragen, dass noch immer eifrige Debatten darüber geführt werden, ob nun ein bestimmtes Bild als ein «echter» Veronese einzuschätzen sei oder nicht – letztlich eine anachronistische Debatte mit dem Charakter einer Spiegelfechterei, weil sie an der Realität der Kunstproduktion in der Frühen Neuzeit und der Mentalität der allermeisten Künstler dieser Epoche vorbeigeht. Die Vorstellung des von göttlicher Inspiration erfüllten Genies, das in der Einsamkeit seiner Werkstatt mit dem Kunstwerk ringt, hat mit der (Gedanken-)Welt, in

Abb. 46 Die großformatigen Historiengemälde Paolo Veroneses erfreuten sich beim Publikum solcher Beliebtheit, dass sie geradezu seriell produziert wurden. Die um 1580 entstandene «Auffindung des Moses-Knaben» zeigt in kleinem Format die Darstellung eines Themas, das in Veroneses Werkstatt auch als Monumentalbild produziert wurde.

der die Meisterwerke des Paolo Veronese entstanden sind, wenig zu tun.

Doch ist es nicht nur die Arbeitsorganisation, die Paolo Veronese als geradezu idealtypischen Künstler seiner Zeit erscheinen lässt. Nicht weniger ist es die strahlende Farbigkeit, das suggestive Kolorit seiner Gemälde, das seit jeher charakteristisch für die venezianische Malerei war und auch in der Folgezeit bleiben sollte, bei Veronese jedoch besondere Triumphe feierte. Gegenüber der streng malerischen Konzeption seiner Gemälde tritt das Interesse am Innenleben der dargestellten Figuren fast vollständig in den Hintergrund. Anders als etwa bei Tizian, dem Meister der psychologischen Charakterisierung, sind die Menschen, die Veronese porträtiert, nicht durch Individualität, sondern durch ihre gesellschaftliche Rolle gekennzeichnet: Seine Porträts wirken immer «öffentlich», die auf ihnen abgebildeten Personen sind sich ihrer repräsentativen Würde bewusst.

LEPANTO

Gegen Ende der sechziger Jahre des 16. Jahrhunderts erwies sich die vorsichtig taktierende Außenpolitik, welche die Serenissima seit einigen Jahrzehnten verfolgte, in wachsendem Maße als problematisch. Der Grund dafür lag vor allem in den neu erwachten Expansionsbestrebungen der Hohen Pforte, wo nach dem Tod Süleimans des Prächtigen seit 1566 Selim II., mit dem wenig schmeichelhaften Beinamen «der Säufer», regierte. Noch unter seinem Vater war 1565 ein energischer Angriff auf Malta, die Insel des Johanniterordens, gescheitert. Nun zogen sich die dunklen Wolken über den kolonialen Besitzungen der Republik zusammen. Die nächste Offensive der Türken galt den peleponnesischen Inseln. Schon im Jahr des Regierungsantritts Selims II. fielen nacheinander Chios, Naxos, Keos und Andros. Anfang Juni 1570 folgte die seit langem befürchtete Landung eines türkischen Heeres auf Zypern, der wichtigsten unter den von Venedig beherrschten Mittelmeerinseln. Die Truppenstärke ließ von vornherein für die Verteidiger nichts Gutes erwarten: Mehr als 100 000 Mann osmanischer Invasionstruppen standen auf venezianischer Seite gerade einmal 2500 Infanteristen, 500 Reiter, 500 Stradioten (reguläre einheimische, also griechische Soldaten) und ein paar Mann freiwillige Miliz gegenüber. Auch die gut ausgebauten Festungsanlagen konnten eine derartige Diskrepanz nicht einmal annähernd ausgleichen.

Angesichts dieser Ausgangsposition war die Reaktion in Venedig auf die Nachricht von der türkischen Invasion gespalten. Unter den Senatoren gab es nicht wenige, welche die Meinung vertraten, es lohne nicht, für die Verteidigung Zyperns einen Krieg zu beginnen; auch der amtierende Doge Pietro Loredan (1567–1570) soll dieser Ansicht zugeneigt haben. Der Mehrheit jedoch erschien die kampflose Aufgabe Zyperns schon aus Prestigegründen undenkbar. Da man sich im somit bevorstehenden Krieg alleine wenig Chancen ausrechnete, begannen hektische Verhandlungen mit dem Ziel, Verbündete zu gewinnen. In Rom,

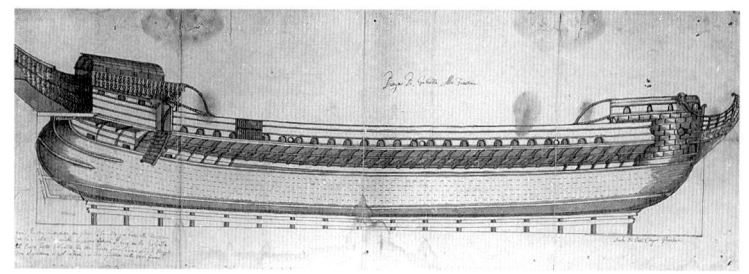

Abb. 47 Dank eines kastellartigen Aufbaus am Bug konnten die venezianischen Galeazzen mit einer Reihe von schweren Kanonen ausgestattet werden. Dadurch verfügten sie über eine viel größere Feuerkraft als herkömmliche Galeeren. Bei Lepanto trug die «Geheimwaffe» wesentlich zum Sieg der christlichen Flotte bei.

wo seit 1566 der energische Reformpapst Pius V. Ghislieri regierte, stießen die Venezianer auf offene Ohren. Weitaus schwieriger gestalteten sich die Gespräche mit der Weltmacht Spanien. Denn den Herrschaftsansprüchen König Philipps II. stand man an der Lagune mit größter Skepsis gegenüber, wie umgekehrt die Politiker im Escorial befürchteten, dass die Venezianer die spanische Unterstützung lediglich zur Durchsetzung ihrer eigenen Ziele benutzen wollten. So verging Monat um Monat, in welcher Zeit zwischen den Unterhändlern um jeden nur denkbaren Verhandlungspunkt erbittert gefeilscht wurde: von der Verteilung der finanziellen Lasten, die eine gemeinsame Flottenexpedition verursachte, über die von den einzelnen Vertragspartnern zu stellenden Schiffs- und Truppenkontingente bis hin zu der Frage, wer den Oberbefehl übernehmen sollte. Im Frühjahr 1571 sah es zwischenzeitlich so aus, als wollte Venedig einen Sonderfrieden mit der Hohen Pforte schließen, ehe am 19. Mai 1571 dann doch der Abschluss der «Heiligen Liga» gelang. Die verlorene Zeit kam die Verteidiger Zyperns teuer zu stehen. Schon am 9. September 1570 war der Hauptort der Insel, Nikosia, gefallen. Am 1. August des folgenden Jahres kapitulierte die letzte von den Venezianern gehaltene Festung, Famagusta, wo die Eroberer ein grauenvolles Blutbad anrichteten. Dem venezianischen Kommandanten

Marcantonio Bragadin wurde entgegen der Zusage freien Abzugs für ihn und die Reste seiner Truppen bei lebendigem Leib die Haut abgezogen, mit Stroh ausgestopft und auf einem Esel durch die Stadt getrieben.

Wenige Wochen vor der Eroberung Famagustas hatte sich die christliche Flotte ab Mitte Juni in der Meerenge von Messina gesammelt. Das venezianische Flottenkontingent umfasste 105 Galeeren und 6 riesige Galeazzen, ein neu entwickelter Schiffstyp mit überlegener Feuerkraft (Abb. 47). Der Kommandant der venezianischen Streitmacht war der greise Sebastiano Venier. Die Spanier stellten 81 Galeeren unter dem genuesischen Adligen Giovanni Doria, die päpstliche Flotte wurde vom Fürsten Marcantonio Colonna geführt und bestand aus 12 Galeeren; jeweils 3 Galeeren stellten die Republik Genua, das Herzogtum Savoyen und der Johanniterorden. Zusammen verfügte der Oberbefehlshaber der christlichen Flotte, Don Juan d' Austria, illegitimer Sohn Kaiser Karls V. und Stiefbruder König Philipps II. von Spanien, also über 207 Galeeren und 6 Galeazzen mit insgesamt 1800 Geschützen, 30 000 Soldaten, knapp 13 000 Matrosen und 43 000 Ruderer.

Der osmanische Gegner war dieser gewaltigen Streitmacht zahlenmäßig leicht überlegen, gebot doch der türkische Admiral Ali Pascha über 222 Galeeren, 60 kleinere Schiffe, 34 000 Soldaten, 13 000 Matrosen und 41 000 Ruderer. Doch deutlich unterlegen waren die Schiffe der Türken, was die Feuerkraft betraf: Den 1800 Kanonen der Liga standen nur 750 türkische gegenüber, und während die christlichen Truppen zum großen Teil mit Arkebusen ausgestattet waren, besaßen die meisten der Soldaten Ali Paschas nur Pfeil und Bogen als Distanzwaffen. Auch über die furchteinflößenden Galeazzen verfügten die Türken nicht.

Am 16. September 1571 lief die christliche Flotte in Richtung Korfu aus, nachdem es schon vor Beginn der gemeinsamen Unternehmung zu Auseinandersetzungen zwischen dem Flottenchef Don Juan d'Austria und dem venezianischen Kommandeur

Abb. 48 Agostino Barbarigo befehligte das venezianische Flottenkontingent bei Lepanto. Veroneses 1572 entstandenes Porträt zeigt den Patrizier mit einem Pfeil in der Hand: Hinweis auf die tödliche Verwundung, die Barbarigo erlitt, als ihn auf dem Höhepunkt des Schlachtgetümmels ein Pfeil ins Auge traf.

Sebastiano Venier gekommen war, die nur dank der diplomatisch geschickten Vermittlung Marcantonio Colonnas beigelegt werden konnten; statt des eigenwilligen Venier übernahm nun Agostino Barbarigo (Abb. 48) das Kommando über die venezianischen Galeeren. Die unterschwelligen Spannungen zwischen den unfreiwilligen Verbündeten, die einander zutiefst misstrauten und ständig fürchteten, übervorteilt zu werden, machten die Expedition zu einem Drahtseilakt, der alle Chancen des spektakulären Scheiterns in sich trug, bis sich am Morgen des 7. Oktobers die türkische Flotte zur Schlacht stellte.

Die nächsten Stunden sahen eine der größten und blutigsten Schlachten der Seekriegsgeschichte. Am Ende stand nach erbittertem und für beide Seiten verlustreichem Kampf ein triumphaler Sieg der christlichen Flotte. Den Ausschlag gab am Ende die bessere Bewaffnung. Und auch im Kampf Mann gegen Mann, der sich in den zahllosen Einzelgefechten an Bord von geenterten Galeeren blutig und verbissen abspielte, erwies sich die Ausstattung der christlichen Soldaten als überlegen. Doch war der Blutzoll auch auf ihrer Seite hoch genug. An die 8000 Mann fielen, kaum weniger waren verletzt, und von den Verwundeten starben aufgrund der schlechten Behandlungsmöglichkeiten

Abb. 49 Der Triumph der christlichen Flotte bei Lepanto wurde auf zahllosen Gemälden im gesamten katholischen Europa gefeiert. Veroneses Bild in der Galleria dell'Accademia (um 1572) zeigt in der unteren Hälfte das Schlachtgeschehen. Über einer Wolkenschicht ist die Gottesmutter im Kreis von Heiligen zu erkennen: in der Mitte, im roten Mantel, den Löwen zu Füßen, der heilige Markus.

viele in den folgenden Tagen. Dem standen auf türkischer Seite allein über 30 000 Tote gegenüber.

Der Sieg von Lepanto sollte sich zu einem langfristig wirksamen Mythos entwickeln. Zahllos sind die bildlichen Darstellungen im gesamten katholischen Europa, in denen der Sieg gefeiert wurde, natürlich mit besonderem Nachdruck in Venedig, wo etwa Paolo Veronese das Ereignis im Dogenpalast verewigte (Abb. 49). Der propagandistische Niederschlag der Schlacht, mit dem vermutlich kein anderes Kriegsereignis im Europa der Frühen Neuzeit auch nur im Entferntesten wetteifern kann, steht dabei in auffälligem, geradezu ironischem Kontrast zu den tatsächlichen Folgen des Seesiegs. Denn die waren weniger als bescheiden: Sie waren gleich null. Die Liga zwischen den widerstrebenden Verbündeten zerfiel schon im nächsten Jahr, und 1573 schloss die Serenissima zum grenzenlosen Verdruss Spaniens und vor allem des Papstes einen Sonderfrieden mit der Hohen Pforte, in dem sie ihre Ansprüche auf Zypern aufgab.

Abb. 50 Der Brand des Dogenpalasts im Jahr 1577 traf die Stadt schwer, doch begannen schon kurze Zeit später die Baumaßnahmen, um das politische Zentrum der Markusrepublik wiederherzustellen.

Der türkische Großwesir kommentierte die Folgen der Schlacht gegenüber dem venezianischen Gesandten mit den ebenso höhnischen wie zutreffenden Worten: «Wir haben Euch mit der Eroberung Zyperns einen Arm abgeschlagen, ihr habt uns mit der Schlacht bei Lepanto den Bart geschoren. Ein Bart wächst nach.»

DER BRAND DES DOGENPALASTES 1577

Doch mit dem Friedensschluss von 1573 endete die Zeit der Heimsuchungen für die Serenissima keineswegs. 1576 wurde die Stadt von einer schweren Pestepidemie getroffen, und am 20. Dezember 1577 folgte eine jener Katastrophen, die in den Städten dieser Epoche häufig auftraten. Eine schwere Feuersbrunst brach aus, und sie traf das Machtzentrum der Republik, den Dogenpalast (Abb. 50). Schon einige Jahre zuvor, am 11. Mai 1574, hatte

ein Brand im Dogenpalast gewütet und unter anderem den Senatssaal zerstört. Diesmal jedoch war das gesamte Obergeschoss des der Lagune zugewandten Traktes zerstört, vor allem der Saal des Großen Rates mit zahlreichen kostbaren Gemälden, darunter Werke von Giovanni Bellini, Carpaccio, Tizian, Tintoretto und Veronese.

Nach der Brandkatastrophe ging es um die Frage, wie der Dogenpalast nun zu gestalten sei, und es fehlte nicht an Stimmen, die einen radikalen Neubeginn forderten. An die Stelle des altehrwürdigen Gebäudes, das bis weit ins Mittelalter zurückreichte und in seinen prägenden Formen aus dem 14. Jahrhundert stammte, sollte ein Neubau in der Formensprache der Renaissance treten, wäre es nach den Plänen gegangen, die etwa Andrea Palladio vorlegte. Doch fand sich keine Mehrheit für die Umsetzung von dessen Vorhaben, und so blieb Venedig mit dem gotischen Dogenpalast ein Regierungsgebäude erhalten, in des-

Abb. 51 Ein Blick vom Bacino di San Marco auf den Dogenpalast mit der Seufzerbrücke. Bis zur Errichtung von Eisenbahnbrücke und Bahnhof am anderen Ende der Stadt war dies der Anblick, der sich den meisten Besuchern Venedigs als Erster bot.

sen wundervoll rhytmisierten, leichten Arkaden das für das Selbstverständnis der Venezianer so zentrale Fehlen von Mauern als Symbol für die venezianische Freiheit in vollkommener Weise formuliert ist (Abb. 51). Venedig brauchte keine steinernen Mauern, war es doch von den *muri salati*, den Mauern aus Salz(wasser), geschützt und im Innern durch seine ausgeglichene Verfassung vor Umstürzen gesichert. Welches andere Regierungsgebäude der Zeit konnte sich vergleichbar demonstrativ der Außenwelt öffnen?

So beließ man es bei einer Restaurierung des vorhandenen Gebäudes unter der Leitung des *proto* Antonio da Ponte, jenes Architekten, dem wenig später auch der Bau der Rialtobrücke übertragen wurde. Der Sitzungssaal des Großen Rates erhielt seine heutige Gestalt, mit einem Grundriss von 54 x 25 Metern und einer Höhe von 15 Metern 40. Direkt neben diesem gewaltigen Raum, an dessen Stirnseite sich mit Tintorettos *Paradies* das größte Leinwandgemälde der Welt befindet, lagen die vier Säle der Waffenkammer, in denen eine Vielzahl von Waffen aller Art aufbewahrt wurden, sowohl zu Repräsentationszwecken als auch, um im Falle militärischer Bedrohung den Mitgliedern des Großen Rates zur Verteidigung der Republik zur Verfügung zu stehen.

Dieses sogenannte «Kleine Arsenal» fand in zeitgenössischen Reisebeschreibungen immer wieder staunende Erwähnung. So berichtete der englische Reisende Richard Lassels Ende des 17. Jahrhunderts, es gäbe hier für mehr als tausend Männer Waffen. Die Musketen seien immer griffbereit und geladen, auch würden sie alle sechs Monate abgefeuert, um im Falle von Unruhen sofort in Bereitschaft zu sein. Bis heute zählt diese Waffensammlung zu den Sehenswürdigkeiten des Dogenpalastes, dessen Faszination nicht zuletzt auf der Verbindung von repräsentativen und funktionalen Räumen beruht. Hier tagte eben nicht nur der Große Rat oder, in anderen Sälen, der Senat, der Rat der Zehn oder die Signoria, hier wohnte nicht nur der Doge in aufwendig gestalteten Repräsentationsräumen, sondern im

Abb. 52 Die Figur der Venezia thront über den Allegorien des Friedens, des Überflusses, des Glücks, der Ehre, der Sicherheit und der Freiheit; darunter, in kunstvoll komponierter Scheinarchitektur angeordnet, Menschen unterschiedlichen Geschlechts und Standes, die vom Glück dieser Herrschaft profitieren: Mit Veroneses «Triumph Venedigs» erreicht die Selbstverherrlichung der Serenissima im Dogenpalast um 1580 einen überwältigenden Höhepunkt.

Dogenpalast befanden sich auch die zahlreichen Kanzlei- und Verwaltungsstuben, die Archive und Depots, derer die venezianische Verwaltung für die tagtägliche Arbeit bedurfte. Und schließlich gab es im Dogenpalast auch jene Räumlichkeiten, die niemand zu Gesicht bekommen mochte: die berühmt-berüchtigten Bleikammern, in denen vor allem politische Gefangene festgehalten und vernommen wurden.

Diese dunkel drohende Kulisse im Hintergrund erhöhte aber noch den Glanz, in dem sich die Serenissima in ihrem politischen Zentrum selbst inszenierte. Nach den großen Bränden bildete der Senat eine Kommission, die sich um das neu zu gestaltende Dekorationsprogramm kümmern sollte. Ihr gehörten die Patrizier Giacomo Contarini und Giacomo Marcello sowie der gebildete Kamaldulenser-Mönch Girolamo Bardi an, und sie verfolgte ein präzises Ziel, nämlich «der Welt klar zu machen, dass vom Anbeginn der Stadt bis in die heutige Zeit diese Republik berühmt wurde sowohl durch Siege wie auch durch herausragende Taten ihrer Bürger». Den Höhepunkt des gesamten Zyklus bildet Veroneses gewaltiges Deckenbild in der *Sala del Maggior Consiglio*, auf dem *Venetia*, von der Allegorie des Sieges bekrönt und umgeben von sieben Tugendallegorien, über einer Volksmenge thront (Abb. 52). Während das Figurenprogramm vorgegeben war, blieb die Inszenierung dem Maler überlassen. «Es gelang Veronese, dem erfahrenen ‹Dekorateur›, uns vorzuspiegeln, daß die Venetia mitsamt ihrem Hofstaat in den Saal herunterschwebe. Daß ihm das Bild dabei nicht zerfiel, der Zusammenhang der drei Zonen gewahrt blieb, weist ihn als einen Meister aus, der die Geheimnisse der illusionistischen Deckenmalerei voll beherrschte» (Wolfgang Wolters).

FAMILIENPALÄSTE

Der Dogenpalast bildete nicht nur das politische Zentrum der Republik, sondern präsentierte durch seine Ausstattung zugleich die dem venezianischen Staat zugrundeliegende Ideologie in ebenso suggestiver wie kohärenter Form. Die Angehörigen der venezianischen Führungsschicht hingegen inszenierten ihren Status mit besonderer Vorliebe am Canal Grande, wo ihre Palazzi bis heute als Stein gewordene Demonstration familiären Ruhmes vom Herrschaftsanspruch der Bauherren künden. Nicht dass es in anderen Stadtteilen Venedigs an eindrucksvollen und architektonisch bedeutenden Palästen fehlen würde. Aber die einzigartige Dichte prächtiger Gebäude in Verbindung mit der spektakulären Kulisse des breiten Kanals lässt gerade dieses Ensemble zum sinnfälligsten Ausdruck der Selbstdarstellung des Patriziats werden. Und so kann es nicht verwundern, dass eine Fahrt durch den des Nachts hell erleuchteten Canal Grande fester Bestandteil des Besuchsprogramms für besonders wichtige Gäste war.

Wie so vieles in Venedig ist auch diese Selbstdarstellung der herrschenden Klasse gemischt aus Elementen der Kohärenz und der Konkurrenz. Schon früh ließ es sich die *Signoria* angelegen sein, gerade an dieser zentralen Verkehrsader regulierend einzugreifen. Doch das verhinderte nicht, dass sich die großen Aristokratenclans immer wieder durch prächtige Palastbauten gegenseitig zu übertrumpfen versuchten, und dieser kostspielige Wettbewerb wurde von den Zeitgenossen mit größter Aufmerksamkeit verfolgt. So etwa, als nach einem verheerenden Brand im Jahre 1532 der Familienpalast des schwerreichen Giovanni Cornaro von Grund auf neu errichtet werden musste, eine Aufgabe, für welche die Familie keinen Geringeren als Jacopo Sansovino engagierte. Es dauerte nicht lange, bis die Grimani, wie die Cornaro zur Gruppe der *papalisti* gehörend und gerade deswegen mit ihnen auch in Konkurrenz stehend, zu der Überzeugung gelangten, dass sie ihrerseits einen neuen Familiensitz

Abb. 53 1556 begann Michele Sanmicheli mit dem Bau des Palazzo Grimani am Canal Grande. Bei seinem Tod drei Jahre später waren lediglich Erdgeschoss und erster Stock weitgehend fertig. Das zweite Stockwerk wurde von Giangiacomo Grigi in kleinerem Zuschnitt errichtet. Dennoch gehört der Palazzo Grimani zu den eindrucksvollsten Palästen Venedigs.

bräuchten, und mit den Planungen dafür den aus Verona stammenden, ebenfalls renommierten Architekten Michele Sanmicheli beauftragten. Beide damals entstandenen Paläste stellen Glanzstücke der venezianischen Palastarchitektur dar. Während sich Sansovino im Dienste der Cornaro einer für seine Verhältnisse zurückhaltend-traditionalistischen Formensprache bediente, wartete Sanmicheli an der Fassade des Palazzo Grimani bei San Luca mit unerhörten Neuerungen auf (Abb. 53): Der Portalbereich zitiert unübersehbar das römische Triumphbogenmotiv, die tiefe, starkschattige Fassadengliederung mit großen Fensteröffnungen, die ausgeprägte vertikale Gliederung durch mächtige Pfeiler und Halbsäulen.

Das alles musste auf traditionsbewußte Venezianer irritierend wirken, und tat es offensichtlich auch: Nachfolger, die Sanmichelis hier entwickelte Motive aufgegriffen hätten, fanden sich keine. Im Gegenteil, gegen Ende des 16. Jahrhunderts kam es innerhalb des Patriziats zu einer Gegenbewegung gegen übertriebenen Palastpomp und zumindest phasenweise war Bescheidenheit Trumpf, wie etwa der spätere Doge Leonardo Donà vorführte, als er einen neuen Familienpalazzo nicht etwa am Canal Grande, sondern an den *Fondamente Nuove* am nördlichen

Stadtrand errichten ließ, und zwar ohne Säulen und Marmor (Abb. 54) – allerdings zu einem Preis, für den man auch einen Großpalast am Canal Grande hätte errichten lassen können, wie Donàs Bruder maliziös vermerkte.

Im 17. Jahrhundert machte sich dann schon sehr bald der wirtschaftliche und politische Niedergang der Serenissima auch im Rückgang der Bauaktivität ihrer Führungsschicht bemerkbar. Nur noch wenige neue Palazzi entstanden, unter ihnen die Ca´ Pesaro, 1650 im Auftrag des späteren Dogen Giovanni Pesaro von Baldassare Longhena entworfen, ein Meisterwerk der

Abb. 54 *Mit seiner schlichten Strenge stellt der Palazzo Donà delle Rose, entstanden in den Jahren um 1600, eine Art Gegenentwurf zu den prachtvollen Renaissance-Palästen am Canal Grande dar. Mit demonstrativer Bescheidenheit verzichtete der spätere Doge Leonardo Donà auf Säulen und Marmor und verwies damit auf alte venezianische Traditionen.*

Abb. 55 Drei mittelalterliche Palazzi mussten dem gewaltigen Neubauprojekt weichen, das der spätere Doge Giovanni Pesaro 1628 dem Architekten Baldassare Longhena übertrug. Fast ein Jahrhundert sollte es dann dauern, bis 1710 die Ca´ Pesaro vollendet war, einer der prachtvollsten Barock-Paläste Venedigs.

venezianischen Barockkunst (Abb. 55). Mit seinen hohen, fast loggienartigen Fenstern in den Obergeschossen eignet dem Palast gerade durch den Kontrast mit dem vergleichsweise massiven, bossierten Erdgeschoss eine bisher in Venedig unbekannte Leichtigkeit, die der monumentalen Gesamterscheinung jedoch keinen Abbruch tut. Charakteristisch für ihre Entstehungszeit ist die Ca´ Pesaro nicht nur im Hinblick auf ihre Formensprache, charakteristisch ist auch ihre Baugeschichte, die nämlich von Unterbrechungen und Kompromissen gekennzeichnet ist. Aufgrund fehlender Mittel sah sich der Bauherr genötigt, zuerst nur zwei Stockwerke ausführen zu lassen, vom dritten nur die Fassade, hinter der sich, sorgfältig verborgen, zunächst nichts anderes als ein trivialer Dachstuhl befand statt der von außen suggerierten Prunkgemächer. Während allerdings die Pesaro ihren Palazzo nach einer langen Bauzeit schließlich doch fertig stellen konnten, blieben andere Projekte ganz stecken, wie etwa die ambitionierten Planungen des *Procuratore di San Marco* Filippo Bon, der 1667 ebenfalls Baldassare Longhena mit Entwürfen für einen Familienpalazzo am Canal Grande betraute; von ihnen war jedoch nur wenig mehr als das Erdgeschoss ausgeführt, als die Familie das Grundstück 1750 an die neureichen Aufsteiger aus dem Hause Rezzonico verkaufen musste.

DIE «PÄPSTLICHEN», DIE «JUNGEN» UND PAOLO SARPI

Während die reichen Patrizier ihren Status durch prachtvolle Palastbauten in Szene setzten, verschärfte sich der Gegensatz zu den Familien des «Adelsproletariats» immer mehr. Doch war dies nicht das einzige Spannungsverhältnis innerhalb der sich nach außen hin monolithisch präsentierenden venezianischen Aristokratie. Bis zum Ende des 16. Jahrhunderts hatte die Konkurrenz zwischen den «alten» und «neuen» Familien eine wichtige Rolle gespielt. Erstere, eine Gruppe von 24 Clans, führten ihre Geschichte sagenhafterweise bis in die Anfänge der Stadtgeschichte zurück, während die «neuen» Familien so neu auch nicht mehr waren, aber doch erst in der Zeit nach der Jahrtausendwende Zugang zu den Kreisen der Führungsschicht gefunden hatten. Dieser traditionelle Gegensatz wurde gegen Ende des 16. Jahrhunderts durch einen neuen Antagonismus verdrängt. In ihm spielte das Verhältnis zur Kirche, besser: zum Papsttum eine entscheidende Rolle.

Seit jeher pflegten die Venezianer ein ambivalentes Verhältnis zur Kirche. Auf der einen Seite besaß die Lagunenstadt eine reiche Frömmigkeitstradition, zahllose kostbare Reliquien und prächtige Kirchen, deren wichtigste, die «Staatskirche» San Marco, zu den berühmtesten Basiliken des Abendlandes gehörte.

An die 70 Pfarreien und 40 Klöster zählte die Stadt zu ihren Glanzzeiten, war sogar seit 1451 Sitz eines Patriarchen, und ein nicht unerheblicher Teil des Grundbesitzes in Stadt und Staat gehörte kirchlichen Institutionen. Mehrere Päpste stammten aus Venedig und eine Vielzahl von Kardinälen. Allein die Cornaro di San Polo, die reichste unter den romorientierten Familien, stellten im 16. Jahrhundert nicht weniger als sechs Purpurträger.

Die kirchlichen Traditionen waren das eine, etwas völlig anderes dagegen das Verhältnis der venezianischen Führungsschicht zu Machtansprüchen von kirchlicher Seite. Hier hatte die Republik seit jeher mit Argusaugen darüber gewacht, dass eine strikte Trennung zwischen weltlicher und geistlicher Sphäre eingehalten würde. Schon früh sahen sich Kleriker von der Teilhabe an allen Staatsgeschäften ausgeschlossen. Im Laufe der Zeit entstand dann sogar die Regelung, dass Senatoren, die Verwandte in kirchlichen Führungspositionen besaßen, Verhandlungen des Senats verlassen mussten, sobald Fragen zur Debatte standen, die Rom betrafen.

Im Zuge der vom Trienter Konzil (1545–1563) geprägten Reformen bemühte sich das Papsttum energisch, kirchliche Rechtsansprüche gegenüber den katholischen Herrschern Europas zu verteidigen. Aus der staatsfrommen Tradition venezianischer Politik musste daher ein erhebliches Konfliktpotential entstehen, als im späten 16. Jahrhundert eine Gruppe junger Politiker (daher ihr Name *giovani*, die «Jungen») an die Macht drängte, die sich für eine aktivere, unabhängigere und selbstbewusstere Außenpolitik der Republik einsetzten. Gegen den Einfluss Spaniens, das in Italien das Herzogtum Mailand und das Königreich Neapel beherrschte, und ebenso gegen die Ansprüche der römischen Kurie sollte die Republik zu alter Stärke zurück finden.

Der Konflikt ließ nicht lange auf sich warten und entzündete sich an einem Beschluss des Senats vom 10. Januar 1604, der die Errichtung geistlicher Gebäude wie Kirchen, Klöster oder Spitäler nur nach vorheriger Baugenehmigung durch die Regierung gestattete. Kurze Zeit später erfolgte die Festnahme zweier geistlicher Straftäter und ihre Aburteilung durch ein weltliches Gericht. Papst Paul V. Borghese (1605–1621), ein knochentrockener Jurist, war nicht gesonnen, solche Beschneidungen kirchlicher Rechte hinzunehmen, und drohte sehr bald mit dem Interdikt, dem Verbot aller kirchlichen Handlungen auf dem venezianischen Staatsgebiet. Die Venezianer antworteten, indem sie den gelehrten Serviten-Mönch Paolo Sarpi mit der theoretischen Rechtfertigung ihrer juristischen Position beauftragten. Sarpi, einer der großen europäischen Gelehrten des 17. Jahrhunderts, machte sich mit Feuereifer ans Werk und entwickelte sich in den folgenden Jahrzehnten zu einem der geistreichsten und gefährlichsten Kritiker des Papsttums.

Der Streit eskalierte. Im Juni 1606 wies der Senat die Jesuiten als treueste Verbündete des Papstes «für alle Zeiten» aus Venedig aus (tatsächlich sollten sie 1657 wiederkehren), andere Ordensgemeinschaften folgten. Auf beiden Seiten begann man Truppen zu werben und Bundesgenossen zu suchen, ein militärischer Konflikt schien bevorzustehen, ehe es im April 1607 doch noch zu einem Kompromiss kam, der Venedig in recht günstigem Licht dastehen ließ, vor allem, weil man sich mit der Weigerung durchsetzte, die Jesuiten wieder in die Stadt zurückkehren zu lassen. Ausgenommen von der zähneknirschenden Versöhnung blieb Paolo Sarpi, der einen am 5. Oktober 1607 bei Nacht und Nebel auf ihn verübten Mordanschlag mit dem doppeldeutigen Bonmot kommentierte, dies sei eben der «stilus curiae romanae», der Stil, aber auch der Dolch der Kurie in Rom; bis zum Ende seines Lebens im Jahre 1623 blieb er als historisch-politischer Publizist tätig. In seiner *Geschichte des Konzils von Trient* stellte er diese Kirchenversammlung als eine endlose Geschichte sehr irdischer Intrigen dar, in welcher die Päpste als Meistertäuscher am Ende die Oberhand behielten und wirkliche Reformen verhinderten – ein schwerer Schlag für die Kurie und ihren erneuerten Herrschaftsanspruch.

In den folgenden Jahrzehnten blieb das Verhältnis zwischen der Markusrepublik und dem Kirchenstaat gespannt. Weiterhin bemühten sich die *giovani* um eine aktivere Rolle der Serenissima in der italienischen Politik, doch war ihnen auf Dauer kein rechter Erfolg beschieden. Die venezianische Wirtschaft geriet in eine schwere Krise, in den zwanziger Jahren des 17. Jahrhunderts warf dann der Dreißigjährige Krieg seine Schatten nach Italien. Die Spannungen zwischen den europäischen Großmächten entluden sich im sogenannten «Mantuanischen Erbfolgekrieg», an dem Venedig auf Seiten Frankreichs gegen die spanischen und österreichischen Habsburger teilnahm. Doch erlitt das venezianische Heer am 25. Mai 1630 bei Valleggio in der Nähe von Ferrara eine vernichtende Niederlage, genauer gesagt: Es löste sich schon beim Anblick des Feindes auf. Und mit den in die Hauptstadt zurückflutenden Söldnern gelangte einmal mehr die Pest nach Venedig.

Die Seuche traf die Stadt mit furchtbarer Wucht. Trotz aller Maßnahmen der Gesundheitsbehörden stieg die Zahl der Opfer springflutartig an. Während in den Registern der *provveditori alla sanità* für die Monate Juli bis September 1216 Tote verzeichnet stehen, starben im Oktober 2121, im November dann 14465 Venezianer, fast 500 Menschen jeden Tag. Damit war der Höhepunkt der Epidemie erreicht. Im Dezember begann die Zahl der Toten wieder zu sinken, doch noch fast ein Jahr hielt der Schwarze Tod die Stadt im Würgegriff. Auch das geistliche Oberhaupt der Stadt, der Patriarch Giovanni Tiepolo, fiel ihr im Mai 1631 zum Opfer. Als die *provveditori alla sanità* im Oktober 1631 die letzten Einträge in der Totenliste vornahmen, zeichnete sich eine verheerende Bilanz ab: 46536 der rund 140000 Einwohner Venedigs waren der Seuche erlegen, mehr als ein Drittel der Bevölkerung. Und im Gegensatz zur vorhergegangenen großen Pestepidemie des Jahres 1576, nach der die massiven Bevölkerungsverluste innerhalb eines einzigen Jahrzehntes weitgehend ausgeglichen werden konnten, waren die Folgen der Pest von 1630 langfristiger Natur. Es sollte Jahrzehnte dauern, bis sich die Stadt von der demographischen Katastrophe erholt hatte – ein deutliches Zeichen dafür, dass die Zeiten dynamischer Entwicklung im 17. Jahrhundert vorüber waren.

SANTA MARIA DELLA SALUTE

Zu den Folgen der großen Pestkatastrophe von 1630 gehört ein Höhepunkt der venezianischen Barockkunst, ja der Barockkunst überhaupt: die Kirche Santa Maria della Salute, malerisch am Eingang des Canal Grande gelegen, deren Anblick bis heute jeden Venedigbesucher verzaubert, wenn er mit dem Boot vom Lido in die Stadt zurückfährt (Abb. 56). Um Venedig von der furchtbaren Epidemie zu erlösen, hatte der Senat am 22. Oktober 1630 gelobt, zum Dank für die Befreiung vom Schwarzen Tod eine große Kirche zu errichten, die der Gottesmutter geweiht sein sollte. Und nach dem Abklingen der Seuche begannen in der Tat sogleich die Planungen, für die ein Wettbewerb ausgeschrieben wurde. Schließlich beauftragte der Senat mit Baldassare Longhena einen Architekten, der sich bereits beim Neubau der Kathedrale von Chioggia 1626 hervorgetan hatte, bei dem er einen ausgeprägten Sinn für die effektvolle Einbindung des Gebäudes in den urbanistischen Kontext an den Tag gelegt hatte. Bei den Planungen und dem Bau von Santa Maria della Salute sollte dieses Gespür einen grandiosen Triumph feiern. Der Senat hatte eine eigene Kommission aus drei Patriziern eingerichtet, die sich um ein geeignetes Grundstück für den Kirchenbau kümmern sollte. Nach einigem Hin und Her wählte man schließlich ein Grundstück im äußersten Westen des Stadtteils Dorsoduro, direkt am Eingang des Canal Grande.

Eine prominentere Position der neu zu errichtenden Kirche hätte sich schwerlich finden lassen. Doch gerade diese Prominenz rief sogleich Widerstand auf den Plan, und zwar, was zunächst überraschen könnte, ausgerechnet von kirchlicher Seite. Der Patriarch von Venedig, dem der Baugrund gehörte, legte ge-

Abb. 56 Der Blick vom Campanile di San Marco lässt die urbanistisch herausragende Lage von Santa Maria della Salute am Eingang des Canal Grande besonders deutlich werden. Venedigs berühmteste Barockkirche wurde von 1632 bis 1687 nach Plänen Baldassare Longhenas errichtet.

gen die Zumutung, an so hervorgehobenem Ort eine Kirche im Auftrag des Senats entstehen zu lassen, unverzüglich Protest ein. Es entwickelte sich ein für Venedig typischer Machtkampf zwischen der obersten geistlichen und der obersten weltlichen Autorität an der Lagune, und er endete in einer für Venedig typischen Weise: Der Senat setzte sich durch und übertrug die Kirche später dann auch noch dem Somaskerorden.

Dabei handelte es sich um eine jener Ordensgemeinschaften, die im Zuge der katholischen Reformära in der zweiten Hälfte des 16. Jahrhunderts entstanden war. Die Somasker sahen ihre Aufgabe vor allem in der Missionsarbeit, konkret gesprochen: in der Lehrtätigkeit. Deswegen befanden sie sich in einer ausgeprägten Konkurrenz mit den Jesuiten, und so überrascht es wenig, dass die Somasker in Venedig über zahlreiche Fürsprecher verfügten; denn den Jesuiten als den zuverlässigsten Bannerträgern päpstlicher Suprematieansprüche war man hier lange Zeit mit großer Skepsis begegnet, um sie 1606 sogar, wie gesehen, aus der Stadt auszuweisen. Mit dem Bau von Santa Maria della Salute und der Übertragung der Kirche an die Somasker gelang also dem venezianischen Senat eine nachdrückliche Demonstration der Machtverhältnisse an der Lagune.

Doch damit zurück zum Bau selber, denn mit der Wahl des Grundstückes begannen ja erst die eigentlichen Arbeiten, und sie sollten sich über mehr als ein halbes Jahrhundert hinziehen, ehe die Kirche am 9. November 1687, über fünf Jahre nach Longhenas Tod, endlich geweiht werden konnte. Wie stets in Venedig erwiesen sich schon die Fundamentierungsarbeiten als außerordentlich zeit- und kostenintensiv: Nach der Grundsteinlegung am 1. April 1631 sollte es bis zum November 1633 dauern, ehe sie abgeschlossen waren; nicht weniger als 1 156 650 Baumstämme hatte man zur Stabilisierung des Grundes in den Lagunenboden gerammt. Schon zu diesem Zeitpunkt waren die 50 000 Dukaten, die der Senat ursprünglich für die Errichtung des Gebäudes bereitzustellen gelobt hatte, ausgegeben. In den folgenden Jahrzehnten kam es immer wieder zu Verzögerungen,

Abb. 57 Am Portal der Kirche Sant' Elena, am westlichen Stadtrand gelegen, ließ die Familie Capello ein Grabmonument für den 1467 verstorbenen Admiral Vettor Capello errichten. Seine Skulptur scheint wie in ein Zwiegespräch mit der Schutzpatronin der Kirche, der heiligen Helena, vertieft.

weil neue Mittel beschafft werden mussten. Als die Arbeiten im Juni 1686 endlich abgeschlossen werden konnten, hatte der Bau von Santa Maria della Salute die gewaltige Summe von 420 136 Dukaten verschlungen.

Die Architektur Longhenas, in der sich unübersehbar das Erbe der großen Renaissancearchitekten Sansovino und Palladio widerspiegelt, setzt einen prägenden Akzent an urbanistisch sensibler Stelle – Santa Maria della Salute liegt nicht nur am Eingang des Canal Grande, sondern auch ziemlich exakt in der Mitte zwischen San Marco und einer anderen großen venezianischen Votivkirche: Il Redentore (Abb. 58), in den Jahren 1577 bis 1592, ebenfalls nach dem Ende einer furchtbaren Pestepidemie, nach den Plänen Palladios auf der Giudecca errichtet. Einen dritten Bezugspunkt der neuen Kirche stellt San Giorgio Maggiore dar, auch diese Kirche ein Werk Palladios. Longhenas Bau bildet dadurch den Abschluss einer Komposition korrespondierender Kuppeln, und dieser krönende Abschluss eines einzigartigen städtebaulichen Ensembles stellt nicht nur einen Triumph des Architekten und seiner Auftraggeber dar, er bedient sich auch einer eindeutig triumphalen Sprache. Besonders deutlich wird dies an der Hauptfassade erkennbar, die unübersehbar das Thema des antiken Triumphbogens zitiert. Das gewaltige Eingangsportal wird flankiert von Kolossalsäulen auf mächtigen Sockeln, zu beiden Seiten strukturieren übereinander angeordnete tiefe und mit Skulpturen besetzte Nischen die Wandflächen und erhöhen so die monumentale Wirkung. Bekrönt wird die Fassade von einem Dreiecksgiebel, auf dessen Spitze eine Marienskulptur steht.

Das auf diese Weise entwickelte Triumph-Thema eignete sich hervorragend für die Inszenierung der alljährlich am 21. November stattfindenden großen Staatsprozession, bei welcher der Doge, die Signoria und der Senat mit großem Gefolge und unter Teilnahme der Bevölkerung auf einer eigens für dieses Fest errichteten ephemeren Brücke über den Canal Grande zu Santa Maria della Salute zogen, um hier ein Madonnenbild als Zeichen des Triumphs Mariens auf dem Hauptaltar aufzustellen. In liturgischer Hinsicht wurde Santa Maria della Salute an diesem Tag alljährlich zu einem Annex der Dogenkapelle in der Markuskirche, und es ist wichtig, sich diesen Umstand vor Augen zu halten, wenn man die Funktion der Kirche und mittelbar auch ihre Architektur verstehen will. Zusammen mit der städtebaulich herausgehobenen Lage der Kirche an der *punta della Logana* lieferte die architektonische Gestalt eine unvergleichliche Bühne für die Inszenierung des venezianischen Staates. Die Anzie-

Abb. 58 Wie Santa Maria della Salute ist auch die auf der Giudecca gelegene Kirche Il Redentore eine Votivkirche. Während der großen Pest von 1576 gelobte der Senat den Bau und beauftragte nach dem Abklingen der Seuche Andrea Palladio mit seiner Errichtung.

hungskraft dieser Bühne ist so groß, dass sie sich bis heute, da der Staat, dem sie ursprünglich diente, schon lange nicht mehr existiert, erhalten hat. Noch immer findet jedes Jahr am 21. November eine feierliche Prozession nach Santa Maria della Salute statt, für die nach wie vor eine temporäre Brücke über den Canal Grande errichtet wird.

FAMILIENRUHM UND KIRCHENFASSADEN

Zu den auffälligsten Eigentümlichkeiten dieser an Eigentümlichkeiten wahrlich nicht armen Stadt gehört eine architektonische Spezialität, die es in dieser Form einzig und allein in Venedig gibt: Kirchenfassaden, an denen Skulpturen des Auftraggebers angebracht sind und die dadurch die Person des Mäzens in einer Weise in den Vordergrund rücken, wie es etwa in Rom, der Stadt der Päpste, undenkbar gewesen wäre.

Bereits seit der Mitte des 15. Jahrhunderts finden sich in Venedig Beispiele für solche Kirchenfassaden. Das Phänomen trat zunächst, gewissermaßen verschämt, an Kirchen auf, die sich am Rande des Stadtzentrums oder auf Inseln befanden: so im Falle von Sant' Elena, deren Fassade seit 1468 eine Skulptur des ehemaligen *capitan da mar* Vettor Capello (Abb. 57) zeigte. Rund hundert Jahre später sollte es sogar einem *cittadino*, dem Arzt Tommaso Rangone, gelingen, sich auf diese Weise verherrlichen zu lassen, und zwar an der Außenfront von San Giuliano.

Seine Blütezeit erlebte dieser ungewöhnliche Fassadentypus dann im 17. Jahrhundert, wie etwa an der Kirche San Moisè unschwer zu erkennen ist, in deren Hauptportal sich die Büste des 1660 verstorbenen Vincenzo Fini befindet, über den Seitenportalen hingegen Porträts seines Bruders und seines Neffen. Die Familie, aus Zypern stammend, verfügte zwar über ein gewaltiges Vermögen, nicht jedoch über Zugehörigkeit zum Patriziat, bis Vincenzo Fini 1649 die Krise des Kreta-Krieges nutzte, um sich und den Seinen für 100 000 Dukaten den Eintrag ins Goldene Buch und damit einen Sitz im Großen Rat zu kaufen. Damit nicht genug: Kein Jahrzehnt später investierte Fini 1658 noch einmal die gleiche Summe, um das Amt des *procuratore di citra* zu erlangen, das in der venezianischen Ämterhierarchie nach dem Dogat an zweiter Stelle angesiedelt war. Schließlich ließ sich Fini, der selbstbewusst und doch mit einem Hauch Selbstironie von sich behauptete, er sei reich geworden, indem sich der Schweiß auf seiner Stirn in Geld verwandelt habe, auch die Neugestaltung der Fassade von San Moisè etwas kosten: In seinem Testament setzte er die Summe von 90 000 Dukaten dafür aus, gemäß der alten Grundregel für erfolgreiche Sozialaufsteiger: «Zeige, was Du (geworden) bist, sonst glaubt es Dir keiner.»

Anders verhielt es sich im Falle des Auftraggebers für die Fassade von Santa Maria del Giglio, Antonio Barbaro. Der nämlich war der letzte Spross seines Zweiges der alten Patrizierfamilie. Und was er im Sinn hatte, als er in seinem Testament vom 4. Oktober 1678 die beträchtliche Summe von 30 000 Dukaten für die Errichtung eines Grabmals einsetzte, sprengte bei weitem den traditionellen Rahmen venezianischer Gedenkfassaden: Barbaro legte ausdrücklich fest, dass seine Grablege an der Fassade von Santa Maria del Giglio errichtet werden sollte. Nach den Plänen des Architekten Giuseppe Sardi entstand in den folgenden Jahren eines der extravagantesten Erinnerungsmonumente Europas, ja nicht weniger als ein Familienmausoleum (Abb. 59), das nicht nur höchst eindrucksvoll, sondern auch sehr aufschlussreich ist für das Selbstverständnis der venezianischen Oberschicht in dieser Epoche.

Auf den sechs Relieffeldern des Erdgeschosses sind die Grundrisse der Städte gezeigt, in denen sich die wichtigsten Stationen der Karriere Antonio Barbaros abspielten: Candia, wo er sich im Kampf um Kreta als *provveditore della flotta* ausgezeichnet hatte (und mehr als einmal mit seinem Vorgesetzten, dem Admiral und späteren Dogen Francesco Morosini, aneinandergeraten war), des Weiteren Korfu, Split, Zara, Padua und schließlich Rom, wo Barbaro in den Jahren von 1675 bis 1678 als Botschafter der Serenissima am Heiligen Stuhl tätig gewesen war.

Darüber erhebt sich das durch massive Doppelsäulen und tiefe Nischen stark strukturierte untere Geschoss der Fassade, in dessen Nischen die lebensgroßen Skulpturen der vier Brüder des Auftraggebers aufgestellt sind. Alle vier waren vor Antonio gestorben, alle vier hatten eine Karriere im Staatsdienst verfolgt, und alle vier waren kinderlos geblieben, wie auch Antonio Barbaro selbst. Vor diesem Hintergrund, dem absehbaren Ausster-

Abb. 59 Antonio Barbaro verfügte in seinem Testament die Umgestaltung von Santa Maria del Giglio zu einem Familienmausoleum. Der Umbau erfolgte von 1678 bis 1681 nach einem Entwurf von Giuseppe Sardi, der die Figur des Auftraggebers in der Kleidung des capitan da mar ins Zentrum der Fassade stellte, über die Skulpturen der früher verstorbenen vier Brüder Barbaros.

ben dieses Zweiges einer ebenso traditions- wie ruhmreichen Adelsfamilie, gewinnt das spektakuläre Erinnerungsensemble von Santa Maria del Giglio seine zugleich triumphale und melancholische Bedeutung als Vermächtnis, auch in Zukunft des Hauses Barbaro zu gedenken. In seinem Zentrum, im zweiten Geschoss der Fassade und flankiert von den Personifikationen von Ruhm (*honor*) und Tugend (*virtus*), sehen wir die Statue des Auftraggebers in der Kleidung eines *capitan da mar*.

Das Vermächtnis sollte sich erfüllen, wie ein Brief John Ruskins aus dem Dezember 1851 verrät, in dem der englische Gelehrte seinem Vater berichtete, er habe in diesen Tagen in der Ca' Barbaro zu Abend gegessen, die von einigen Ausländern bewohnt werde. Nur im Dachgeschoss lebten noch zwei alte Barbaro-Brüder (aus einer anderen Linie), die letzten ihrer Familie. An Santa Maria del Giglio aber sei eine prachtvolle Fassade zu bewundern, die ausschließlich dem Zweck diene, diese Familie zu verherrlichen.

Noch heute staunt man, vor der Fassade von Santa Maria del Giglio stehend, mit welch geradezu blasphemischer Konsequenz die eigentliche religiöse Thematik, die man doch an einer Kirchenfront erwarten möchte, an den Rand gedrängt oder vielmehr vollständig verschwunden ist, um Platz zu schaffen für die Selbstinszenierung eines einzelnen Patriziers und seiner Angehörigen. Nicht weniger erstaunlich wirkt dies, wenn man sich vor Augen hält, mit welchem Eifer die Serenissima seit jeher den Mythos von der Gleichheit aller ihrer (patrizischen) Bürger pflegte und verkündete. Die Kirchenfassaden im Dienste des Familienruhms stehen in eklatantem Widerspruch zu dieser Ideologie, die freilich ihre Brüchigkeit auch aus anderer Perspektive erkennen lässt, wie wir bereits des Öfteren gesehen haben.

DER KAMPF UM KRETA UND DIE FOLGEN

Antonio Barbaro, der sich und den Seinen ein so einzigartiges Denkmal an der Fassade von Santa Maria del Giglio schaffen sollte, hatte zu den Protagonisten jenes Krieges gehört, der die Republik um die Mitte des 17. Jahrhunderts mehr als zwei Jahrzehnte lang in Atem hielt und an den Rand der totalen Erschöpfung führte: des Candia-Kriegs, jenes Kampfes um die Insel Kreta, den man, ohne zu übertreiben, als einen der großen Wendepunkte in der Geschichte Venedigs bezeichnen kann.

Am 24. Juni 1645 war ein türkisches Expeditionskorps mit über 50 000 Soldaten auf Kreta gelandet, der letzten großen Insel, die vom einstmals stolzen *stato da mar* der Markusrepublik noch verblieben war. Schon bald befand sich die Insel in der Hand der Osmanen, mit einer Ausnahme, der Festung Candia. Um diese entspann sich in der Folgezeit ein erbitterter Belagerungskrieg. In Venedig war man entschlossen, Candia um jeden Preis zu halten. Nicht, dass die wirtschaftliche Bedeutung der Kolonie diese Entschlossenheit erzwungen hätte, ganz im Gegenteil: Die Insel stellte für den Haushalt der Serenissima ein permanentes Zu-

Abb. 60 Noch heute ist auf der mächtigen Bastion, die den Eingang des Hafens von Iraklion (des einstigen Candia) schützt, der Markuslöwe zu sehen. Zwischen 1645 und 1669 war die Festung Brennpunkt des Kampfs um Kreta, die letzte große Mittelmeerinsel in venezianischem Besitz.

schussgeschäft dar, und kein ganz kleines. 1621 etwa standen Einnahmen aus Zöllen, Verpachtungen, Mieten, Steuern, Gebühren und Strafen von rund 96000 Dukaten Ausgaben in der Höhe des Zweieinhalbfachen, nämlich etwa 240000 Dukaten, gegenüber. Doch die Behauptung Kretas, soviel war dem Senat von Beginn des Kampfes an bewusst, stellte mehr dar als eine Wirtschaftsfrage. Hier ging es um ein Symbol, ging es um den Status Venedigs als politischer Macht.

Nur vor diesem Hintergrund wird verständlich, mit welcher Verbissenheit die Kämpfe in den folgenden Jahren tobten. Nicht nur auf Kreta im Übrigen. In Dalmatien verteidigte sich die Serenissima gegen eine parallel entwickelte Offensive der Osmanen mit Glück und Geschick; Flottenexpeditionen unter dem Kommando der Admiräle Lazzaro Mocenigo und Lorenzo Marcello sollten den Nachschub der Türken unterbinden und die Verteidiger entlasten, was ihnen phasenweise auch gelang. Doch das änderte nichts daran, dass sich der eigentliche Krieg in all seiner verbissenen Grausamkeit auf und vor den Wällen und Gräben, den Bastionen und Außenwerken der noch im letzten Moment nach allen Regeln der modernen Festungsbaukunst verstärkten Zitadelle von Candia (Abb. 60) abspielte.

Es war ein zäher und mühsamer, über lange Phasen scheinbar träge vor sich hinschwelender Krieg, der sich über Jahre hinzog. Die eingeschlossenen Verteidiger auszuhungern, dazu fehlte den Türken die Seeherrschaft. Über den Hafen gelangten immer wieder frische Truppen, Nahrungsmittel, Waffen und Munition in die Stadt – und nicht zuletzt Arbeiter, die sich Nacht für Nacht daran machten, die tagsüber zusammengeschossenen Wälle auszubessern und Breschen zu schließen. So entstand eine Pattsituation, für die Angreifer beinahe ebenso unerfreulich wie für die Eingeschlossenen.

Der Kampf verlagerte sich unter die Erde. Durch die Anlage von unterirdischen Stollen näherten sich die Türken den Wällen, an deren Ende sie Minen anlegten, mit Sprengpulver gefüllte Kammern, die mit Hilfe von Lunten gezündet wurden und ganze Bastionen in die Luft jagen konnten – eine tödliche Gefahr für die Venezianer. Die suchten sich nach Kräften zu schützen, errichteten Horchposten, um auf verdächtige Geräusche im Untergrund zu achten, gruben Gegenminen, mit denen sie die Stollen des Feindes ihrerseits sprengten oder aber mit Wasser volllaufen ließen: ein Maulwurfskrieg, dunkel, schmutzig und gnadenlos, der sich da abspielte. Ein neuer Krieg zudem, wie er in der Folgezeit Schule machen sollte. Der Kampf um Wien wenige Jahrzehnte später verlief in ähnlicher Weise.

Lange Zeit zog sich die Belagerung unentschieden hin. 1664 schlossen die Türken Frieden mit dem Kaiser, und dadurch wurden neue Kräfte für den Kampf um Kreta frei. Im November 1666 übernahm der Großwesir Ahmed Köprülü in eigener Person den Oberbefehl über die Belagerungstruppen. Der venezianische Senat übertrug die Verantwortung für die ermatteten Verteidiger seinem renommiertesten Militär, Francesco Morosini, seit dem 2. Januar 1667 *capitan da mar*. Allein in den nun folgenden zwei Jahren reihten sich 69 Sturmangriffe der Türken und 80 Ausfälle der Venezianer aneinander, gingen an die 1400 Minen hoch, fielen über 100 000 Türken und annähernd 30 000 Christen.

Die Verteidiger, mehr und mehr in Bedrängnis, erhielten endlich Unterstützung durch andere christliche Mächte, die lange die kriegerischen Ereignisse auf Kreta lediglich mit distanziertem Interesse verfolgt hatten. Papst Clemens IX. Rospigliosi (1667–1669) schickte die päpstliche Flotte nach Kreta und, wichtiger noch, gewann auf diplomatischem Wege auch Frankreichs Sonnenkönig Ludwig XIV. dafür, den Venezianern Hilfstruppen zu senden. Doch nach einem misslungenen Ausfall am 29. Juni 1669, bei dem mit dem Herzog von Beaufort auch ein Verwandter des französischen Königs fiel, räumten die Franzosen angesichts der hoffnungslosen Lage das Feld, und überließen die Festung ihrem Schicksal, das damit besiegelt war. Am 6. September 1669 unterzeichnete Francesco Morosini die Kapitulation, ohne auch nur die Autorisierung von Seiten des Senats abzuwarten.

Der erbitterte und am Ende erfolglose Kampf um Kreta stellte einen tiefen Einschnitt in der Geschichte Venedigs dar. Eine der langfristigen Folgen bestand in einem Ausbluten des Patriziats, dessen männliche Angehörige in den zwei Jahrzehnten, die der Candia-Krieg dauerte, einen hohen Blutzoll zahlten: Insgesamt fielen über 280 Patrizier, weit über 10 Prozent der Angehörigen des Großen Rats.

Daneben erwiesen sich die finanziellen und allgemein wirtschaftlichen Konsequenzen als ruinös: Die enormen Kosten, die der Krieg verursachte, mussten von einer Volkswirtschaft finanziert werden, die durch eben diesen Krieg ohnehin schwer getroffen war. Im Unterschied zu späteren Zeiten wirkte sich ein Krieg in der Frühen Neuzeit nicht produktivitätssteigernd, sondern lähmend aus. Die venezianische Staatsschuld stieg in den Jahren zwischen 1641 und 1669 von 8 auf über 21 Millionen Dukaten. Angesichts der wachsenden Ausgaben bei rapide sinken-

Abb. 61 Die aus Como stammende Familie Rezzonico erlangte erst spät die Aufnahme ins venezianische Patriziat. Ihren neugewonnenen Status ließ sie in einem der prächtigsten Barockpalazzi Venedigs in Szene setzen. In den Jahren nach 1750 entstand auf älteren Rudimenten die Ca' Rezzonico nach den Plänen des Architekten Giorgio Massari.

den Einnahmen erwies es sich bald als unvermeidlich, nach neuen Finanzquellen zu suchen.

Um solche zu erschließen, zeigten sich die alten Aristokratenclans zu einer nachgerade revolutionären Entscheidung bereit: Nachdem der Große Rat seit Jahrzehnten ergebnislos darüber diskutiert hatte, ob neuen Familien die Aufnahme in das Patriziat ermöglicht werden solle, führte die wachsende Not zu einer Entscheidung. 1646 beschloss der Große Rat die Aufnahme der Familie Labia in das Goldene Buch der Stadt, nachdem Giovanni Francesco Labia sich erkundigt hatte, ob er «dem Vaterland 100 000 Dukaten schenken dürfe» – ohne auf irgendeine Gegenleistung für diese großzügige Geste anzuspielen. Damit wurde der Weg ins Patriziat frei, nicht nur für die Labia, sondern für nicht weniger als 128 *famiglie nuove*, die sich zwischen 1646 und 1718 in die venezianische Aristokratie einkaufen sollten: zum Fixpreis von 100 000 Dukaten, von denen 60 000 ein «freiwilliges Geschenk» darstellten und 40 000 dem Staat als Kredit zur Verfügung gestellt wurden.

Wer waren diese «neuen» Familien, denen der ruinöse Candia-Krieg den langersehnten Zugang in die Oberschicht der Markusrepublik ermöglichte? Zum Teil handelte es sich um Adlige aus den Provinzen der *terra ferma*, andere Familien hatten als *cittadini* seit langem ihren Wohnsitz in Venedig und waren mitunter über Jahrhunderte in den Verwaltungsgremien und Notariatsstuben der Serenissima tätig gewesen. Hinzu kam eine Reihe von Kaufleuten, die ihren immensen Reichtum in kurzer Zeit erworben hatten und kaum über die Umgangsformen verfügten, welche die Angehörigen des alten Patriziates pflegten. So überrascht es nicht, dass es an aggressivem Spott über einige dieser Sozialaufsteiger nicht mangelte, von denen es hieß, sie seien von bemerkenswerter Ignoranz allen Dingen gegenüber, die nicht ihr Geschäft beträfen.

Andere, wie etwa die ursprünglich aus Como stammenden und im Jahre 1687 zugelassenen Rezzonico, suchten ihren prekären Status als Neureiche durch eine intensive Kunstpatronage zu verklären. So erwarben die Rezzonico die Bauruine des Palazzo Bon am Canal Grande, der aufgrund wirtschaftlicher Schwierigkeiten des Bauherrn nicht über das zweite Stockwerk hinausgewachsen war, und ließen an dieser Stelle einen der glanzvollsten Barockpaläste der Stadt errichten (Abb. 61), für dessen Ausmalung sie unter anderem den berühmten Giovanni Battista Tiepolo engagierten. Nur wenige der alten Adelsclans hätten mit einer solchen suggestiven Prachtentfaltung wetteifern können.

Leicht hatten es die Rezzonico trotzdem nicht. Papst Benedikt XIV. Lambertini (1740–1758) kommentierte kenntnisreich die Situation in Venedig, als 1751 der Bruder des Kardinals Carlo Rezzonico, Abbondio mit Namen, in den Senat gewählt wurde: «Die Familie ist von Adel, doch von neuem Adel, da sie aus Como stammt, und deshalb braucht es üblicherweise mindestens 200 Jahre, bis einer von ihnen in eine solche Stellung aufrückt, wie jetzt der Bruder des Kardinals.» So entwickelte sich die Phalanx der *famiglie nuove* zu so etwas wie einer gehandicapten Sekundärelite, die bis zum Ende der Republik um ihre faktische Gleichstellung mit dem alten Patriziat rang.

DER WIRTSCHAFTLICHE NIEDERGANG

Der Verlust Kretas als der letzten großen Kolonie des venezianischen Seereichs stellte einen Meilenstein dar im Prozess des langsamen, aber unaufhaltsamen Niedergangs der Serenissima, eines Niedergangs, der schon seit Beginn des 17. Jahrhunderts unübersehbar gewesen war. Ein Blick auf die Wirtschaftsdaten lässt den Eindruck entstehen, als habe der Verfall mit der Gewalt einer Naturkatastrophe eingesetzt: Von 1602 bis 1610 sinken die Einnahmen aus den wichtigsten Zöllen um mehr als 50 Prozent; statt 1733 Ballen Rohseide, die 1601 angelandet werden, erreichen 1613 nurmehr 300 Ballen die Markusstadt; die Zahl der produzierten Wolltuche verringert sich zwischen 1602 und 1630 von ihrem historischen Höchststand (etwa 28 000) auf kaum mehr als die Hälfte (15 000); und der so traditionsreiche Gewürzhandel fällt in diesen Jahrzehnten nahezu vollständig und endgültig in die Hände der Engländer und Holländer. Die Gründung der Ostindien-Kompanien in England (1600) und den Niederlanden (1602) sowie der in der Folgezeit immer besser organisierte Handel mit Indien und dem Fernen Osten via Kap Horn ruinierte den Orienthandel Venedigs und mit ihm die Bedeutung der Stadt als Handelszentrum.

Die Gründe für den geradezu kollapsartigen Zusammenbruch des venezianischen Wirtschaftslebens waren vielfältiger Art. Teilweise lagen sie in Ereignissen, auf welche der venezianische Senat beim besten Willen keinen Einfluss hatte, so etwa eine Reihe von Friedensschlüssen: 1598 zwischen Spanien und Frankreich, wo mittlerweile auch die lähmenden Religionskriege ein Ende gefunden hatten; 1604 zwischen England und Spanien; 1609 folgte schließlich der zwölfjährige Waffenstillstand zwischen den Niederlanden und Spanien. Dort, wo der Krieg endete, nahm der Handel einen raschen Aufschwung – und die im Westen Europas wiedererstandene Konkurrenz bekamen die Venezianer sehr schnell mit Macht zu spüren. Auf der anderen Seite des Mittelmeeres war der wichtigste Abnehmer venezianischer Produkte, das Osmanische Reich, in eine Serie kostspieliger Kriege verwickelt. Ein venezianischer Konsul in Syrien berichtete 1611 besorgt: «Die Türkei hat durch die Kriege soviel Menschen und Geld verloren, dass sie kaum ein Drittel des Normalen verbraucht.» Die Folge bestand nicht nur in kurzfristig rasch sinkenden Absatzzahlen, sondern auch darin, dass die hochwertigen venezianischen Stoffe mehr und mehr durch weniger qualitätvolle, aber eben billigere englische Produkte verdrängt wurden. Und das sollte langfristige Wirkungen zeitigen, denn die auf diese Weise verlorenen Marktanteile waren nicht mehr zurückzugewinnen.

In das krisenhafte Gesamtbild fügen sich einige selbstgemachte Probleme, darunter ein besonders spektakuläres wirtschaftspolitisches Eigentor. Um die einheimischen Reeder zu unterstützen, hielt es der Senat für angebracht, im Jahre 1602 ein altes und längst außer Gebrauch geratenes Dekret zu erneuern, demzufolge Handelsgüter bevorzugt mit venezianischen Schiffen zu transportieren seien, während fremden Schiffen nur der Transport von Venedig aus in ihren Heimathafen zu gestatten sei. Damit sollten die seit längerem zu teuren und zu unsicheren venezianischen Schiffe gefördert werden. Der Effekt war eindrucksvoll, wenn auch alles andere als beabsichtigt: In Zeiten ohnehin sinkender Nachfrage verzichtete, wer irgend konnte, darauf, seine Produkte in Venedig zu verschiffen. Und das konnten viele.

Die desaströsen Folgen dieser Maßnahme stellten sich rasch ein, und innerhalb der venezianischen Aristokratie formierte sich eine Fraktion, die auf Abhilfe sann. Als im Sommer des Jahres 1610 die Niederländer mit dem Hinweis auf den einst blühenden und nunmehr darniederliegenden Handel der Serenissima den Senat aufforderten, die Restriktionen aufzuheben, fanden sie energische einheimische Fürsprecher. In einer leidenschaftlichen Rede beschwor der Senator und spätere Doge Leonardo Donà seine Amtskollegen, dass nunmehr, da der gesamte Handel, auch der mit dem Orient, in den Händen der Engländer, Holländer und Franzosen liege, da Häfen wie Livorno, Marseille und Amsterdam in raschem Aufstieg begriffen seien, während gleichzeitig Venedig mehr und mehr ins Hintertreffen gerate, dass es also nunmehr an der Zeit sei, das Ruder radikal herumzuwerfen und «den Fremden freie Seefahrt und Handel zu gestatten».

Doch was weitsichtige Wirtschaftsvernunft verlangen musste, scheiterte an egoistischen Einzelinteressen und vor allem an politischen Bedenken. Traditionsbewusste Aristokraten sahen durch die Gewährung von neuen Privilegien für ausländische Kaufleute die Grundfesten der Republik in Gefahr, denn dadurch wären die Unterschiede zwischen der einheimischen Aristokratie und den Fremden verwischt worden. Der Mythos von der erratischen Geschlossenheit und unerschütterlichen Dauerhaftigkeit der venezianischen Führungsschicht forderte seinen Preis, und der sollte sich als horrend erweisen. Schon lange bevor ab der Mitte des 17. Jahrhunderts der Candia-Krieg die Kräfte der Republik auszuzehren begann, hatte die Stadt ihren Spitzenplatz unter den europäischen Wirtschaftszentren verloren.

Candia und die Folgen sollten die seit längerem zu erkennende Entwicklung dann noch erheblich beschleunigen. Und es war nicht nur der Handel, der von einer krisenhaften Entwicklung betroffen war, sondern ebenso jene protoindustrielle Warenproduktion, die im Laufe des 16. Jahrhunderts kontinuierlich gewachsen war. Die Zahlen im Bereich der Tuchproduktion, deren zentrale Bedeutung schon erwähnt wurde, sprechen eine unmissverständliche Sprache. Auch die Produktion anderer Waren ging zurück: So stellten die venezianischen Seifensieder um 1600 an die 13 000 Pfund Seife her, hundert Jahre später sollten es nurmehr 3000 Pfund sein. Tendenziell nicht anders sah die Entwicklung im Bereich der Buchproduktion aus, welche im 16. Jahrhundert von so großer Bedeutung für das Renommee der Stadt gewesen war. Von 70 Druckerpressen, die im Jahr 1588 gearbeitet hatten, waren 1634 gerade noch fünf übrig. Erst gegen Ende des Jahrhunderts gab es wenigstens in diesem Wirtschaftssektor wieder einen spürbaren Aufwärtstrend zu verzeichnen. Und was für die Produktion von Exportgütern galt, galt genauso für den Baubereich, der ebenfalls im 16. Jahrhundert einen Boom erlebt hatte und nun retardierte. Von wenigen Ausnahmen abgesehen war die Zeit der großen Palazzi- und Kirchenbauten vorbei, die Arbeiten beschränkten sich im Wesentlichen auf die Konservierung des vorhandenen Bestands. Schließlich der Schiffbau: Hier hatten sich schon früher als in anderen Bereichen strukturelle Probleme abgezeichnet, hatten sich seit dem Ende des 16. Jahrhunderts die venezianischen Produkte der holländischen und englischen Konkurrenz unterlegen gezeigt. Daran sollte sich in der Folgezeit nichts ändern.

Die gegen den Trend prosperierende Produktion einiger Luxusgüter, wie vor allem aufwendig herzustellender und entsprechend teurer Damast- und Brokatstoffe, für die Venedig in ganz Europa als erste Adresse galt, konnte den langfristigen Niedergang nicht aufhalten. Festzuhalten bleibt, dass die Stadt während des gesamten 17. Jahrhunderts als europäisches Handels- und Wirtschaftszentrum an Bedeutung verlor. Ein Hauptgrund dafür lag in der schon angesprochenen Konkurrenz durch die Westeuropäer, die Engländer, Holländer und Franzosen. Doch auch im Bereich der Produktion zeitigte die «Präglobalisierung» für die Markusrepublik langfristig negative Folgen, insofern, als man es nicht verstand, sich gewandelten Käuferwünschen anzupassen. Die traditionsreiche und genau regulierte Organisation des venezianischen Handwerks war konservativ. In Zeiten, in denen es darauf angekommen wäre, auf die qualitativ minderwertigen, aber billigen Konkurrenzprodukte aus West- und Nordeuropa durch Kostensenkung zu reagieren, behielt man die bisherigen Strukturen bei – und verabschiedete sich dadurch aus dem Wettbewerb.

SPÄTER GLANZ (1669–1797)

DIE ENTWICKLUNG DES PATRIZIATS

Der ökonomische Niedergang des 17. Jahrhunderts verstärkte die ohnehin längst problematischen Spannungen innerhalb der venezianischen Aristokratie. Denn während die argwöhnisch beäugten Emporkömmlinge aus den *famiglie nuove* ihren neu gewonnenen gesellschaftlichen Status einem soliden wirtschaftlichen Fundament verdankten, driftete das alte Patriziat immer weiter auseinander. Auf der einen Seite stand das «Patrizier-Proletariat», das über ein minimales oder gar kein Vermögen verfügte. Ein bescheidenes Auskommen fanden seine Angehörigen am ehesten, wenn es ihnen gelang, in den Genuss der zahlreichen kleinen Verwaltungsposten zu kommen, die ihre Existenz oftmals nicht sachlicher Notwendigkeit verdankten, sondern als Sinekuren dazu dienten, soziale Spannungen zu mildern. Doch mit dem Verlust des *stato da mar* sank die Zahl solcher Versorgungsstellen.

In der *Geschichte meines Lebens* beschreibt Giacomo Casanova anschaulich das Elend hinter der mit äußerster Mühe gewahrten Patrizier-Fassade, wenn er von einem Besuch bei einer Dame berichtet, in die er sich kurz zuvor verliebt hatte: «Ich glaubte, ich würde einen Engel sehen, würde ihn in einem Paradies finden – und ich sah nichts weiter als einen großen Saal, dessen Ausschmückung in vier wurmstichigen Holzstühlen und einem sehr wurmstichigen Tische bestand. Es herrschte tiefe Dämmerung in dem Saal, denn die Fensterläden waren beinahe ganz geschlossen. Dies hätte geschehen sein können, um die Hitze abzuhalten; aber ich sah, daß man sie nur deshalb geschlossen hatte, um zu verbergen, daß alle Fensterscheiben zerbrochen waren.» Die Angebetete bemerkt Casanovas Überraschung und gesteht unumwunden: «Ich sehe, Sie sind überrascht, Signor

Abbate (...). Sie haben ohne Zweifel Prunk und Glanz zu finden erwartet, und Sie finden nur augenscheinliches Elend. Die Regierung gibt meinem Vater nur ein geringes Jahrgeld, und wir sind neun Menschen. Da wir jeden Feiertag zur Kirche gehen müssen, und zwar in Kleidern, wie sie unserem Stande entsprechen, so sind wir oft gezwungen, aufs Essen zu verzichten, um unsere Kleider auslösen zu können, die wir aus Not haben versetzen müssen. Am nächsten Tag bringen wir sie wieder ins Leihhaus. Wenn der Pfarrer uns nicht bei der Messe sähe, würde er unseren Namen aus der Liste der Almosenempfänger streichen; von diesen Almosen aber leben wir.»

Der gesellschaftliche Druck, ein dem Sozialstatus angemessenes, repräsentatives Leben zu führen, bei gleichzeitigem Fehlen des dazu notwendigen wirtschaftlichen Fundaments, führte dazu, dass zahlreiche *barnaboti* sich genötigt sahen, eine staatliche Unterstützung, die sogenannte *provigione patrizia*, in Anspruch zu nehmen. Und die Zukunftsperspektiven für das «Patrizier-Proletariat» trübten sich immer mehr ein. Die Zeiten, in denen der dynamische Handel es ermöglicht hatte, in relativ kurzer Zeit beachtliche Vermögen zu akkumulieren, waren lange vorbei. Und auch vorteilhafte Heiratsverbindungen fielen als Lösung des Problems in aller Regel aus: Die gut situierten Familien des Patriziats heirateten nach Möglichkeit untereinander. Zudem nahm die Zahl der Heiraten tendenziell ab. Um ihr Vermögen beisammenzuhalten, ging in den reichen oder auch nur wohlhabenden Familien sehr oft lediglich einer der Söhne eine Ehe ein.

Aus der Armut großer Teile des Patriziats resultierten für die Republik zahlreiche Schwierigkeiten. Zunächst reduzierte sie die Zahl der Anwärter auf wichtige politische und diplomatische Ämter, da für deren kostspielige Ausübung eigenes Vermögen notwendig war. Wer etwa als *podestà,* als Verwaltungschef einer großen Stadt des venezianischen Festlandsbesitzes wie Padua, Brescia oder Verona, tätig wurde oder aber als Botschafter an den Hof eines europäischen Fürsten ging, sah sich gehalten, standes-

gemäß zu repräsentieren. Die dabei anfallenden Kosten musste er selbst tragen – kein Wunder, dass arme Patrizier für eine solche Aufgabe nicht in Frage kamen. Im 18. Jahrhundert sollte daraus ein sehr ernstes Problem werden, weil es fast chronisch an Interessenten für teure Ämter mangelte.

Außerdem stellte das Patrizier-Proletariat, immer auf der Suche nach neuen Einkünften, ein Einfallstor für Korruption dar. Die Stimmen im Großen Rat wurden zum guten Teil geradezu meistbietend versteigert, und nicht zuletzt die Provinzverwaltung auf der *terra ferma* litt ebenfalls unter der Käuflichkeit vieler Amtsinhaber. Im 17. Jahrhundert geht aus den Berichten über die venezianische Verwaltung auf dem Festland ein deprimierendes Bild hervor. Die kleinen Ämter, welche die Basis der Herrschaftsorganisation bildeten, waren nicht nur hin und wieder, sondern fast durchgängig mit Leuten besetzt, die sich für finanzielle Vorteile zu fast jeder Form von Rechtsbruch bereit fanden.

Diesem Elend stand auf der anderen Seite der Glanz gegen-

Abb. 62 Im Laufe des 16. Jahrhunderts entwickelten sich die venezianischen Patrizier mehr und mehr von unternehmungslustigen Seehändlern zu Grundbesitzern. Dies fand seinen Niederschlag nicht zuletzt in zahlreichen Villen, die im Veneto entstanden. Ein typisches Beispiel ist die Villa Barbaro bei Asolo, 1549 bis 1558 von Andrea Palladio für die Brüder Daniele und Marcantonio Barbaro gebaut.

über, den die großen Familien der Stadt auch im 17. und 18. Jahrhundert weiterhin ausstrahlten. «Groß» meint dabei nicht einfach «reich», oder jedenfalls nicht allein reich an finanziellen Mitteln, sondern ebenso an sozialem und kulturellem Kapital. Reich waren diese Familien schließlich auch an Tradition und Selbstbewusstsein – und an dem Bewusstsein, dass Reichtum einer wirksamen Inszenierung bedarf, um gesellschaftlich akzeptiert zu werden. Ein Mann wie Nicolò Cornaro etwa hatte von seinem Vater allein an Bargeld rund eine Million Dukaten geerbt, verfügte über ein jährliches Einkommen von mehr als 40000 Dukaten, bewohnte einen prachtvollen Palast bei San Maurizio am Canal Grande und zögerte nicht, seinen Reichtum freigiebig im Dienste der Republik einzusetzen, wenn sich die Gelegenheit dazu bot.

Der Lebenswandel dieser immer kleineren, immer mächtigeren Schicht von Superreichen hatte sich seit dem späten 15. Jahrhundert grundlegend gewandelt. Aus den unternehmungslustigen Kaufleuten von einst waren Großgrundbesitzer geworden, die vor allem von den Zinsen ihres Kapitals und den Einkünften ihrer Güter auf der *terra ferma* lebten und dort auch einen guten Teil ihrer Zeit verbrachten – in den zahlreichen Villen, die in dieser Zeit entstanden und das Landschaftsbild des Veneto bis heute prägen (Abb. 62).

Im 18. Jahrhundert entwickelte sich der immer tiefere Abgrund zwischen den reichen und den armen Patriziern zu einem der meistdiskutierten Krisenphänomene des venezianischen Staates. Doch gelang es nicht einmal in Ansätzen, über die Diskussion hinaus und zu grundsätzlichen Reformmaßnahmen zu kommen. Die uralte Grundlage des venezianischen Staatsmythos, die Vorstellung nämlich, dass dieser Staat eine «Vereinigung von gleichberechtigten aristokratischen Familien» sei, dieser Mythos stand in immer unversöhnlicherem Kontrast zur gesellschaftlichen Realität.

In den Jahren 1749 bis 1756 ging der Patrizier Giacomo Nani daran, den ökonomischen Status seiner Standesgenossen in einer umfassenden Studie zu untersuchen. Dieser *Saggio politico del corpo aristocratico della Repubblica di Venezia per l'anno 1756* (*Politischer Essay über die Aristokratie der Republik Venedig im Jahr 1756*) stellt eine sozialgeschichtliche Quelle von einzigartigem Wert dar – und macht deutlich, dass fast die Hälfte der Patrizier in dieser Zeit wenn nicht am Hungertuch nagten, so doch kaum in der Lage waren, ein standesgemäßes Leben zu führen. Nani benutzte fünf Kategorien zur Einteilung von insgesamt 503 Familien: 1. Familien, die ziemlich reich sind (44 d. h. 8,7 Prozent), 2. Familien, die mehr besitzen, als sie brauchen (60 d. h. 11,9 Prozent), 3. Familien, die haben, was sie brauchen (179 d. h. 35,6 Prozent), 4. Familien, die weniger haben, als sie brauchen (94 d. h. 18,7 Prozent), 5. Familien, die gar nichts haben (126 d. h. 25 Prozent). Betrachtet man die venezianischen Amtslisten von der Mitte des 17. Jahrhunderts bis zum Ende der Republik 1797, so fällt auf, dass in diesen rund 150 Jahren so gut wie ausschließlich Angehörige der Kategorien 1 bis 3 in die höchsten Staatsämter, die des Dogen und der Prokuratoren von San Marco, gewählt wurden. Mit anderen Worten: Nahezu die Hälfte des Patriziates war von einer aktiven politischen Betätigung de facto ausgeschlossen.

Auf der anderen, der politisch aktiven Seite des Patriziats standen jedoch nicht nur die reichsten Familien, sondern auch solche mit mäßigem Vermögen, die sogenannten *mezzani*. Doch gerade diese Gruppe schrumpfte seit dem 17. Jahrhundert mehr und mehr zusammen, vor allem, weil wie erwähnt aus wirtschaftlichen Erwägungen nur wenige Ehen geschlossen bzw. im Goldenen Buch registriert wurden; doch auch der Candia-Krieg, dem so viele zum Opfer gefallen waren, führte zum Aussterben zahlreicher Familien. Nicht nur die Spaltung des Patriziats stellte in den letzten Jahrzehnten der Serenissima ein Problem dar, sondern ebenso der schiere demographische Rückgang der Führungsschicht. Der Anteil der Aristokratie an der Gesamtbevölkerung sank seit dem späten 16. Jahrhundert von 4,5 Prozent auf weniger als 2 Prozent gegen Ende der Republik.

DAS ENDE DER TÜRKENKRIEGE

Im Jahre 1718 endete mit dem Frieden von Passarowitz zwischen der Hohen Pforte einerseits, den Habsburgern und Venedig andererseits, eine Phase fast kontinuierlicher militärischer Auseinandersetzungen mit dem Osmanenreich, die, von zwei kurzen Unterbrechungen abgesehen, seit 1645 angedauert und die Finanzen der Republik gründlich ruiniert hatte. Zugleich war die militärische Schwäche Venedigs im Laufe dieser Auseinandersetzungen immer deutlicher hervorgetreten. Nach dem endgültigen Verlust Kretas 1669 konnte zwar Francesco Morosini, der bedeutendste militärische Befehlshaber Venedigs im 17. Jahrhundert, 1684 die Peleponnes, von den Venezianern Morea genannt, für die Serenissima zurückzugewinnen: ein Erfolg, an den sich Hoffnungen auf die zumindest teilweise Wiederherstellung des *stato da mar* knüpften. Diese erwiesen sich aber als Strohfeuer. In welchem Maße, das zeigte die paradoxe Situation, die 1718 gelegentlich des Friedensschlusses von Passarowitz eintrat: Obwohl man als Verbündeter Österreichs zu den Siegern über die Türken gehörte, blieben Gewinne aus dem erfolgreich beendeten Krieg aus. Stattdessen musste Venedig den Verlust Moreas und fast aller ihm bis dahin noch verbliebenen ägäischen Inseln anerkennen.

Der spätere Doge Marco Foscarini (1762/63) beklagte die «Ungerechtigkeit der Zeitläufte» und «Unberechenbarkeit des Glücks», um aus den Ereignissen die Konsequenz zu ziehen, seine Standesgenossen zu ermahnen, in Zukunft eine vorsichtige Friedenspolitik zu betreiben, die denn auch für die letzten 80 Jahre der Serenissima charakteristisch werden sollte. Es war eine Friedenspolitik ohne Alternative angesichts der Übermacht ihrer Nachbarn, vor allem Österreichs, das sich in diesen Jahrzehnten zu so etwas wie dem informellen Kolonialherren Venedigs entwickelte. Die einst so stolze Republik war nurmehr darauf bedacht, den Kaiserhof in Wien keinesfalls zu provozieren, und verbrauchte viel Energie für die Bemühungen, die Erfüllung von dessen «Wünschen» so zu verpacken, dass wenigstens der Schein der Souveränität gewahrt blieb. Als in den 1730er Jahren der Polnische Erbfolgekrieg zu militärischen Aktionen auch in Oberitalien führte, wo eine antihabsburgische Allianz unter französischer Führung gegen die kaiserlichen Truppen kämpfte, verfolgte die Republik eine Politik hilfloser Neutralität, die angesichts der notorischen Schwäche ihrer eigenen Truppen nicht verhindern konnte, dass die *terra ferma* zum Kriegsschauplatz wurde.

Wie schmerzhaft die politische Ohnmacht zumindest von einigen Angehörigen der venezianischen Oberschicht wahrgenommen wurde, lässt eine an sich unbedeutende, weil folgenlose Episode erkennen: Im Jahre 1739 «trafen sich im Hause des Antonio Mocenigo (einem Bruder des verstorbenen Dogen Alvise Mocenigo) die Kavaliere (Angelo) Emo und (Andrea) Memmo, und dieweil sie diskutierten, kamen sie zu dem Schluss, dass der Untergang der Republik unausweichlich sei und es keine wirksamen Gegenmaßnahmen gebe. So schien es ihnen wünschenswert, um diesem traurigen Ereignis zuvorzukommen, dass die Republik zu einem Teil des (Heiligen Römischen) Reiches werde, damit sie auf diese Weise eine Kurstimme erhalte.» Man mag die Vorstellung eines Kurfürstentums Venedig im Verband des Reiches als realitätsfernes Produkt typischer Altherrennörgelei abtun – entscheidend ist, dass solche Phantasien in den Köpfen erfahrener Politiker überhaupt entstehen konnten und von einem politisch sensiblen Patrizier wie Giacomo Nani aufgeschrieben wurden.

Die Bemühungen um grundlegende politische Reformen blieben meist in Ansätzen stecken. Emblematisch war auch die Situation im militärischen Bereich. Zur Zeit des Österreichischen Erbfolgekrieges (1740–1748) besoldete die Republik bis zu 25 000 Mann, was eine ernsthafte Belastung des ohnehin prekären Haushaltes darstellte, aber dennoch zu wenig war, um auch nur die *terra ferma* vor dem Durchzug fremder Truppen zu schützen. Doch als der schottische General William Graham in den 1760er Jahren von reformorientierten Kreisen damit beauftragt wurde, den Zustand des venezianischen Militärwesens genauer zu durchleuchten, bot sich ein noch viel deprimierenderes Bild: Von 14000 Mann, welche die Republik zu diesem Zeitpunkt offiziell bezahlte, waren überhaupt nur 6000 Mann in den veralteten Garnisonen präsent.

Es folgte ein ambitioniertes Projekt, derartige Zustände durch ein ganzes Bündel von Maßnahmen zu beheben, um den Anschluss an das europäische Ausbildungsniveau zurückzugewinnen, nicht zuletzt durch die Einrichtung einer Militärakademie in Verona, die immerhin tatsächlich gegründet wurde. Doch dann trat das Reformprojekt seinen Weg durch die Instanzen an, gelangte dabei schon bald in einen Finanzausschuss, und dort blieb es erst einmal sieben Jahre liegen, um sodann offiziell beerdigt zu werden. Eine wie auch immer geartete praktische Auswirkung des engagiert begonnenen Vorhabens ist nicht festzustellen. Nicht ohne Aussagekraft ist auch der Sachverhalt, dass es sich bei den wenigen führenden Militärs, die in der Spätphase der Republik durch positive Leistungen auf sich aufmerksam machten, fast durch die Bank um Ausländer handelte.

Wenn sich Venedig mit Beginn des 18. Jahrhunderts aus dem Kreis der politisch aktiven Staaten Europas endgültig verabschiedete, so nahm parallel dazu der wirtschaftliche Verfall, der bereits hundert Jahre zuvor eingesetzt hatte, seinen weiteren Verlauf. Es sei dabei betont, dass «Verfall» in diesem Zusammenhang als ein relativer, nicht als absoluter Begriff zu verstehen ist: Handel und Produktion der Markusrepublik erlebten während des 18. Jahrhunderts in einigen Bereichen sogar einen leichten Anstieg, doch war er im Vergleich zu der rasanten Dynamik, welche die ökonomische Entwicklung in weiten Teilen Europas charakterisierte – wir befinden uns im Zeitalter der beginnenden Industrialisierung –, unbedeutend. So verlor Venedig im Wettbewerb mit anderen großen europäischen Wirtschaftszentren immer mehr an Gewicht

Das Grundproblem der Serenissima bestand ebenso wie in

der Politik und im Militärwesen auch hier darin, weiterhin keinen Weg zu finden, auf die vielfältigen neuen Herausforderungen mit wirklich grundlegenden Reformen zu reagieren. Im Bereich des Schiffbaus etwa gelang es einfach lange Zeit nicht, moderne, leistungsfähige Modelle zu entwickeln. Das führte am Ende dazu, dass der Senat in einem Akt plakativer Resignation 1627 dazu überging, Schiffe im Ausland zu kaufen, und schon bald darauf feststellen musste, dass es der Stadt an Seeleuten mangelte, die in der Lage waren, diese zu segeln. Für eine traditionsreiche Hafenstadt könne es nicht von Schaden sein, über eine Seeakademie zu verfügen, in der das nautische und segeltechnische Handwerkszeug auf der Höhe der Zeit vermittelt würde, befand dann gegen Ende des 17. Jahrhunderts der Senat. Doch nachdem man in den Jahren zwischen 1704 und 1710 die *Confraternità di San Nicolo* renoviert hatte, um dort eine entsprechende Ausbildungsstelle einzurichten, fehlte zunächst das Geld, dann das Personal für die vorgesehenen drei Lehrstühle. Und auch zehn Jahre später war dieses Problem immer noch nicht gelöst. Erst in der zweiten Hälfte des 18. Jahrhunderts gelang schließlich die Einrichtung der Seeakademie, deren zweiter Direktor bezeichnenderweise der Brite Arthur Edgcombe wurde.

Katastrophal stellte sich in den ersten Jahrzehnten des 18. Jahrhunderts die Haushaltslage der Republik dar, und wenngleich sich die Situation im Laufe des Jahrhunderts phasenweise entspannte, so ist doch festzuhalten, dass die so lange schon überfälligen, grundlegenden Reformmaßnahmen auch in diesem Sektor nicht durchzusetzen waren. Trotz zahlreicher Veränderungen im Detail blieb man im Wesentlichen bei den Strukturen, die sich letztlich im Laufe des 15. Jahrhunderts entwickelt hatten.

Freilich gilt es zu betonen, dass zu den hausgemachten Problemen eine Reihe von belastenden Faktoren hinzukam, die außerhalb des Einflussbereichs der Serenissima lagen, wie etwa die immer größere Bedeutung des Atlantikhandels, die zur Marginalisierung des Mittelmeerraumes führte, oder die politische Übermacht der aufsteigenden westeuropäischen Seemächte, schließlich die Einrichtung neuer Freihäfen, etwa 1719 im zu Österreich gehörenden Triest, die den Konkurrenzdruck weiter erhöhten. Auch hatten die 70 Jahre fast ununterbrochenen Türkenkriegs zwischen 1645 und 1718 die Ressourcen der Markusrepublik in jederlei Hinsicht auf das Äußerste beansprucht. Venedig ging aus diesem Konflikt buchstäblich ausgeblutet hervor.

Doch ob hausgemachte oder fremdverschuldete Probleme: Festzuhalten bleibt, dass die politische und wirtschaftliche Entwicklung Venedigs im 18. Jahrhundert Hand in Hand gehen, und zwar abwärts. Nicht als rapider Zusammenbruch in allen Bereichen, aber doch als schleichender Verfall. Je schwächer die Republik wurde, weil sie sich grundlegenden Reformen verweigerte, desto ängstlicher versuchten ihre führenden Politiker, den Status quo zu bewahren, was zu nur noch größerer Skepsis gegenüber einschneidenden Reformmaßnahmen führte. Bei seinem Besuch in der Lagunenstadt erkannte Goethe 1786 ebenso wohlwollend wie hellsichtig Größe, die auf den Leistungen der Vergangenheit, nicht den Hoffnungen für die Zukunft beruht: «Alles, was mich umgibt, ist würdig, ein großes, respektables Werk versammelter Menschenkraft, ein herrliches Monument, nicht eines Gebieters, sondern eines Volkes. Und wenn auch ihre Lagunen sich nach und nach ausfüllen, böse Dünste über dem Sumpfe schweben, ihr Handel geschwächt, ihre Macht gesunken ist, so wird die ganze Anlage der Republik und ihr Wesen nicht einen Augenblick weniger ehrwürdig sein.»

DIE STADT DER VERGNÜGUNGEN

Wenn Venedig trotz des wirtschaftlichen und politischen Bedeutungsverlustes, der die Stadt im 18. Jahrhundert zu einer *quantité negligeable* im Konzert der europäischen Mächte hatte werden lassen, seine Anziehungskraft auf Besucher aus aller Welt bewahrte, so deshalb, weil es sich von einer Wirtschafts- und Handelsmacht in ein Kultur- und Vergnügungszentrum verwandelte. Mit diesem Prozess ging ein Mentalitätswandel einher, über den Giacomo Casanova (1725–1798) (Abb. 63), neben Marco Polo vermutlich der berühmteste Venezianer überhaupt, in seiner Autobiographie anschaulich berichtet. Am Ende einer Nacht etwa, in der er, schon zuvor bis über beide Ohren verschuldet, die beträchtliche Summe von 500 Zecchinen im Spiel verloren hatte, ging er auf den Gemüse- und Blumenmarkt, die beim Rialto gelegene *erberia*, wo zu dieser frühen Stunde schon lebhafter Betrieb herrschte, und zwar nicht etwa von eifrigen Verkäufern, sondern von Angehörigen der höheren Stände, die nach dem Motto «Sehen und gesehen werden» hier promenierten. Casanova reflektiert ihre Motive: «Die Venezianer von einst, die ebenso geheimnisvoll in ihrer Galanterie wie in der Politik waren, sind von den modernen verdrängt worden, die gerade daran Geschmack finden, daß sie alles vor der Öffentlichkeit betreiben. Die Kavaliere, die in der Gesellschaft von Damen dorthin kommen, wollen den Neid von ihresgleichen erregen, indem sie ihre Liebeserfolge zur Schau stellen (…). Die Damen kommen eigentlich nur, um sich sehen zu lassen; ihnen ist es ganz recht, wenn alle Welt erfährt, daß sie sich nicht genieren.»

Casanova verstand sich von Kindesbeinen an auf den Reiz, die Dinge «vor der Öffentlichkeit» zu betreiben, entstammte er doch einer Familie von Schauspielern. Zeit seines Lebens war er damit beschäftigt, seine vielfältigen Talente ins rechte Licht zu setzen. Berühmt wurde er in der Rolle als Frauenheld, doch fast erstaunlicher noch als die Vielzahl seiner Eroberungen nimmt sich die Liste der Tätigkeiten aus, denen er, der ursprünglich Priester hatte werden sollen, im Laufe seines Lebens nachging: als Astronom und Diplomat, Alchemist, Bodenreformer, Philosoph, Philologe, Librettoschreiber, Orchestermusiker, Übersetzer (von Homers *Ilias*), Ökonom, Historiker, venezianischer Spion

Abb. 63 Vermutlich ist er bis heute der berühmteste Venezianer überhaupt: Giacomo Casanova, dessen umfangreiche Memoiren Zeugnis davon ablegen, dass er nicht nur ein Frauenheld und Abenteurer, sondern auch einer der großen Schriftsteller seiner Zeit war.

und Mitbegründer der französischen Staatslotterie, als Börsenhändler und Kalenderreformer, schließlich, in den letzten Lebensjahren, als Autobiograph. Sein abenteuerliches Leben verbrachte Casanova zum großen Teil außerhalb seiner Heimatstadt. Im Juli 1755 ließ ihn der Rat der Zehn verhaften und in den berühmten *piombi*, dem mit Blei gedeckten venezianischen Staatsgefängnis im Dogenpalast, einsperren, von wo ihm 15 Monate später eine vielbewunderte Flucht gelang. Erst knapp 20 Jahre danach durfte er in die Heimatstadt zurückkehren, um sie nach neun Jahren abermals zu verlassen und sein Leben als Sekretär und Bibliothekar eines Grafen Waldstein auf Schloss Dux in Böhmen zu beschließen. Hier verfasste er seine Memoiren, die zu den interessantesten kulturgeschichtlichen Dokumenten des 18. Jahrhunderts zählen.

Casanova berichtet in ihnen von einer Gesellschaft, in der die Jagd nach dem Vergnügen mehr und mehr in den Vordergrund trat. Die Oberschicht, bestehend aus reichen Patrizierfamilien und – meist adligen – ausländischen Gästen, traf sich in den eleganten privaten Salons, in denen oft geistreiche Frauen wie Caterina Dolfin, ihre Schwägerin Cecilia Zeno oder Contarina Barbarigo den Ton angaben. Das war neu, denn in der Vergangenheit hatten Frauen in der venezianischen Gesellschaft eine eher zurückhaltende Rolle gespielt – sieht man einmal von den Prostituierten ab, für welche die Markusstadt schon im 16. Jahrhundert berühmt gewesen war. Damals hatten in ganz Europa gedruckte Broschüren kursiert, in denen die bekanntesten venezianischen Kurtisanen mit den geforderten Preisen und den gebotenen Dienstleistungen verzeichnet waren. Die oftmals auch literarisch und musikalisch gebildeten Kurtisanen trennte ein Abgrund von der großen Masse einfacher Huren, die ihre potenziellen Kunden auf der Straße in unzweideutiger Weise anzusprechen pflegten. Das war zwar eigentlich verboten, doch wie so viele Verbote konnte auch dieses nicht durchgesetzt werden; nach und nach kamen die alten Strafen gegen das Anwerben von Freiern in der Öffentlichkeit außer Gebrauch und wurden schließlich kurz vor dem Ende der Republik auch offiziell abgeschafft.

Doch war es nicht nur die käufliche Liebe, die das Venedig des 18. Jahrhunderts berühmt machte. Die einstmals strengen Sitten lockerten sich zusehends; für verheiratete Damen der Gesellschaft gehörte es inzwischen zum guten Ton, über einen *cicisbeo* zu verfügen, einen Verehrer, der sich in allerlei Alltagserledigungen für seine Dame nützlich machte. Und auch jene Töchter des Patriziats, die von ihren Eltern ins Kloster geschickt wurden (Abb. 64), um nicht die bei einer Heirat fällige Mitgift dem Familienvermögen zu entziehen, führten dort ein Leben, das keineswegs immer den Idealen strenger Ordensreformer entsprach. Zwar sind Zweifel angebracht an der Richtigkeit einer Behauptung des französischen Adligen Charles de Brosses, bei der Ankunft eines päpstlichen Nuntius im Jahre 1739 hätten sich drei Nonnenklöster darum gestritten, welches ihm die Geliebte stellen dürfe; doch die Erlebnisse Casanovas etwa mit der aus vornehmster Familie stammenden Nonne Maria Morosini

Abb. 64 Das Alltagsleben in San Zaccaria, dem vornehmsten Frauenkloster Venedigs, zeigt ein Gemälde Antonio Guardis aus dem Jahr 1753. Im Parlatorium, dem «Gesprächsraum», empfangen die Nonnen Besuch von Freunden und Verwandten.

di Santa Formosa zeigen, dass de Brosses wenn nicht die Wahrheit, so zumindest eine in den Ohren seiner Zuhörer plausibel klingende Geschichte erzählt hat.

Ungebrochen war in Venedig die Festtradition, mehr noch: Die Zahl und Dauer der Feste wuchs beständig weiter an, bis sich allein das wichtigste von ihnen, der Karneval, über mehrere Monate hinzog; und als am 13. Februar 1789 Venedigs vorletzter Doge Paolo Renier starb, wurde die Nachricht von seinem Tod über Wochen hinweg zurückgehalten, um den Karneval nicht zu stören. Man traf sich in den Kaffeehäusern, deren erstes 1683 eröffnet worden war und von denen es schon bald Hunderte gab, oder beim Spiel im *ridotto*, dem venezianischen Staatscasino in der Nähe der Kirche San Moisè. Private Casinos waren zwar verboten, doch das änderte nichts daran, dass es Dutzende davon gab, in denen es nicht immer nur um das Glücksspiel ging, sondern auch Konversation und musikalische

Abb. 65 Familienbild mit Papst: Das um 1760 entstandene Gemälde Pietro Longhis zeigt Clemens XIII. Rezzonico im Kreise seiner Angehörigen, links vom Papst der Kardinal Carlo Rezzonico.

Darbietungen gepflegt wurden. Denn Venedigs später Glanz beruhte nicht zuletzt auf dem Ruf, den die Stadt im 18. Jahrhundert als Hochburg von Musik und Theater genoss.

DIE KULTURELLE SPÄTBLÜTE

Die Lagunenmetropole konnte dabei auf eine Tradition zurückblicken, die bis weit in das 16. Jahrhundert zurückreichte. Der große Reform-Doge Andrea Gritti hatte nach dem *Sacco di Roma*, der Plünderung Roms durch deutsche Landsknechte im Jahre 1527, Adrian Willaert als Kapellmeister nach San Marco geholt, wo auch die Orgelvirtuosen Andrea Gabrieli und dessen Sohn Giovanni tätig waren. Seit 1613 wirkte dann Claudio Monteverdi (1567–1643) (Abb. 66) als Kapellmeister von San Marco und erwies sich als erfolgreicher Organisator, der sowohl den Chor wie auch das Orchester der Kirche auf ein bisher nicht gekanntes Niveau hob. Vor allem aber begründete der Komponist Monteverdi den europäischen Ruhm Venedigs als musika-

Abb. 66 Schon im 16. Jahrhundert galt Venedig als musikalisches Zentrum. Von 1613 bis zu seinem Tod 1643 war Claudio Monteverdi als Kapellmeister von San Marco tätig und begründete die Tradition der venezianischen Oper, die in ganz Europa berühmt wurde (Gemälde von Bernardo Strozzi, 1640, Detail).

lischen Zentrums, zumal durch seine Opern, in deren Arien an die Stelle der traditionellen Polyphonie mit ihrer kunstvollen Verbindung autonomer Stimmen das expressive Pathos einer von Instrumenten begleiteten menschlichen Melodiestimme trat.

Die von Monteverdi geprägte Form des neuen Musikdramas erzielte in der Lagunenstadt sofort durchschlagende Erfolge. 1637 eröffnete die Patrizierfamilie Tron das nach der benachbarten Kirche San Cassiano benannte Opernhaus; andere Familien folgten diesem Vorbild, so die Vendramin mit dem Teatro di San Salvadore oder die Grimani mit gleich zwei (zeitweise sogar drei) Häusern: Seit 1655 unterhielten sie das San Samuele, seit 1678 mit dem Teatro di San Giovanni Grisostomo das größte Haus der Stadt. Das Publikum, Patrizier und reiche *cittadini* in den Logen, das einfache Volk im Parkett, war ebenso begeisterungsfähig wie schnell gelangweilt. Man hat allein für das 18. Jahrhundert annähernd 1300 Opernuraufführungen gezählt.

Doch war es weniger der Bedarf an immer neuen Stücken, der den Unterhalt der Opernhäuser zu einem kostspieligen Vergnügen machte, das sich nur die reichsten Familien leisten konnten. Vielmehr waren es die Solisten, um die sich im Laufe des 18. Jahrhunderts ein regelrechter Starkult entwickelte. Neben den Primadonnen spielten in wachsendem Maße die Kastraten eine herausragende Rolle, von denen einige, wie Carlo Farinelli oder Gaetano Caffarelli, zu europäischem Ruhm gelangten – und für ihre Auftritte Gagen verlangten, von denen die Musiker des 17. Jahrhunderts nur hatten träumen können. Demgegenüber nahmen sich die Honorare der Komponisten sehr bescheiden aus. Dennoch führten die berühmtesten unter ihnen, etwa der aus Deutschland stammende und mit der venezianischen Sängerin Faustina Bordoni verheiratete Johann Adolf Hasse, Antonio Vivaldi oder Baldassare Galuppi, ein auskömmliches Dasein – so lange jedenfalls, wie ihre Kompositionen nicht aus der Mode kamen, was schnell passieren konnte. Der einstmals gefeierte Vivaldi etwa sah sich gegen Ende seines Lebens gezwungen, Venedig zu verlassen, um sein Glück am Kaiserhof in Wien zu suchen, wo er verarmt und vergessen am 28. Juli 1741 starb.

Neben der Oper erlebte auch das Theater in Venedig während des 18. Jahrhunderts seine Blütezeit. Hier war es vor allem Carlo Goldoni (1707–1793), dessen Komödien eine revolutionäre Neuerung darstellten. Im Gegensatz zur traditionellen Commedia dell'Arte mit ihren starren literarischen Maskenfiguren und erheblichem Raum für die Improvisationslust der Schauspieler traten in seinen Stücken Personen aus dem Alltagsleben auf, die in ihren genau festgeschriebenen Rollen als psychologisch präzise erfasste Charakterfiguren agierten und sich dabei des venezianischen Alltagsdialektes bedienten. Freilich gab es genug Anhänger der traditionellen, phantasievoll-märchenhaften Stegreifkomödie, deren Meister – der einer Adelsfamilie der *terra ferma* entstammende Carlo Gozzi – mit Nachdruck die Ansicht vertrat, dass das Publikum an bunten Fabeln mehr Freude hätte als an ironischen Persiflagen des Alltagslebens. An den Auseinan-

Abb. 67 Canalettos um 1725 gemalte Vedute zeigt den Canal Grande mit der Rialtobrücke im Hintergrund. Neben den eleganten Gondeln sind im Vordergrund Lastkähne zu erkennen, die das wirtschaftliche Alltagsleben auf Venedigs wichtigster Verkehrsader zeigen.

dersetzungen zwischen Goldoni und Gozzi, die sich von Herzen verabscheuten und keine Gelegenheit ausließen, den Widersacher in ihren Stücken zu verhöhnen, nahm die venezianische Gesellschaft mit Begeisterung teil. Die jeweiligen Anhänger der beiden Dramatiker bekämpften einander in solch erbitterten Tönen, dass der Rat der Zehn zeitweise mit Aufführungsverboten drohte. An die Stelle ernsthafter politischer Auseinandersetzungen war der Krieg der Komödianten getreten.

Während sich das Publikum in den Lustspielen Goldonis und Gozzis oder den *Opere buffe* Galuppis vergnügte, entwickelten sich auch in der Malerei neue Vorlieben für das Heiter-Alltägliche. In zahllosen Gemälden hat Pietro Longhi Szenen des Alltagslebens festgehalten, und wenn man Longhis Gruppenporträt von Papst Clemens XIII. Rezzonico im Kreise seiner Angehörigen betrachtet (Abb. 65), so wirken die puppenhaften Figuren fast wie eine Karikatur im Vergleich zum gravitätischen Ernst einstiger Familienporträts. In eine ganz andere Richtung ent-

wickelten die Maler Antonio Canaletto und Francesco Guardi die Tradition weiter, indem sie aus der überkommenen Form des Historienbildes das bisherige Hauptthema, ein geschichtliches, mythologisches oder kirchliches Ereignis, herausamputierten und nurmehr das abbildeten, was bisher als rahmender Hintergrund gedient hatte: die architektonische Stadtansicht. So entstand ein neues Kunstgenre, die Vedute, die bei den zahlreichen wohlhabenden Touristen, die von ihrer Bildungsreise nach Italien ein Erinnerungsstück mit nach Hause nehmen wollten, überaus gefragt war (Abb. 67).

Abb. 68 Giovanni Battista Tiepolo malte 1750 mit «Neptun bietet Venezia seine Schätze dar» eine Allegorie auf die Seeherrschaft Venedigs, die vom ausgeprägten Sinn des Künstlers für prächtige Farbeffekte zeugt – und von ironischer Distanz zum Wappentier der Serenissima. Der einstmals so grimmige Markuslöwe erscheint hier als etwas groß geratener, doch altersschwacher Schoßhund.

Mit Giambattista Tiepolo schließlich erlangte die venezianische Malerei ein letztes Mal europäischen Rang. Geboren im Jahre 1696 entstammte er nicht der berühmten Familie des Patriziats, sondern führte ihren Namen lediglich durch Adoption. In seinen Gemälden griff er die heroisch-mythologischen Themen der großen venezianischen Tradition auf, doch erfahren sie in seinen Darstellungen eine ironische Brechung, die erkennen lässt, dass es sich nurmehr um Versatzstücke einer glanzvollen Vergangenheit handelt, aus denen das Leben längst gewichen ist. Im Dogenpalast etwa malte Tiepolo *Neptun bietet Venedig die Schätze des Meeres dar* (Abb. 68). Hier ist der Markuslöwe kaum mehr als Staffage. Sein Blick erinnert am ehesten an einen wohldressierten Bernhardiner und verrät dadurch viel über das Verblassen des Markuskultes, dem so lange zentrale Bedeutung für das Selbstverständnis der Venezianer zugekommen war. Reinhard Lebe hat ein anschauliches Bild für den hier erkennbaren Wandlungsprozess gefunden: «Alle Staatspatrone altern einmal (...). Der heilige Markus der Venezianer war gleichsam als ein Jüngling nach Rialto gekommen, er hatte seine frühen Mannesjahre mit Pietro Orseolos Adria-Expedition und seine besten Jahre zur Zeit Enrico Dandolos erreicht. Im 13. und 14. Jahrhundert auf der Höhe seines Patronatsruhms, ergraute er im 15. Jahrhundert deutlich. Seine Krankheit hieß Renaissance, und seine Todesursache war die Aufklärung.» An die Stelle des Markuskultes sollten jedoch schon bald neue Mythen treten.

ZUSAMMENBRUCH UND NEUER AUFSTIEG (1797 BIS HEUTE)

DAS ENDE DER REPUBLIK

Doch bevor sich die Mythen der Romantik über die Lagunenstadt legten, endete die Geschichte der Markusrepublik, und dieses Ende kam für die Zeitgenossen keineswegs überraschend. Zwar zeigte sich die Serenissima in ihren letzten Jahrzehnten noch immer zu durchaus eindrucksvollen Initiativen in der Lage. Der Bau der *murazzi* (Abb. 69) legt davon Zeugnis ab, jenes über fast 20 Kilometer langen Steinwalls, der die Lidi, die schmalen Sandbänke, welche die Lagune zur Adria hin abschließen, gegen Sturmfluten schützt. Über Jahrhunderte hinweg hatte man hier zur Uferbefestigung Eichenstämme eingesetzt, die alle paar Jahre erneuert werden mussten, ehe der Mathematiker und Ingenieur Bernardo Zendrini die Verbindung von gewaltigen Blöcken aus Istrischem Kalkstein mit Puzzolanerde ersann, die sich als dauerhafte Lösung anbot. In nahezu vierzigjähriger Arbeit ließ der Senat zwischen 1744 und 1782 die Riesenwälle errichten, die bis heute zu den spektakulärsten, wenngleich kaum bekannten Bauleistungen der Serenissima zählen.

Auch im wirtschaftlichen Bereich stellt sich das Bild der Republik in ihren letzten Jahrzehnten nicht ungetrübt, aber auch nicht düster dar. Zwischen 1766 und 1794 wuchs die Gesamttonnage der venezianischen Handelsflotte um 73 Prozent, und auf der *terra ferma* trugen Reformen in der Landwirtschaft ebenso Früchte, wie sich frühe Formen der Industrialisierung zeigten. Doch änderte das alles nichts daran, dass die politischen und gesellschaftlichen Strukturen Venedigs von den Zeitgenossen mehr und mehr als anachronistisch empfunden wurden. Als etwa der schon zuvor durch seinen *Saggio politico* hervorgetretene Patrizier Giacomo Nani nach dem Ende seiner Dienstzeit

Abb. 69 In den Jahren zwischen 1744 und 1782 entstanden im Auftrag der Serenissima die murazzi, ein annähernd 20 Kilometer langer Steinwall auf den lidi zum Schutz der Lagune vor Sturmfluten.

als Vize-Podestà von Padua im Herbst 1781 dem Senat seinen obligatorischen Abschlussbericht vorlegte, arbeitete er ihn zu einem kleinen Traktat aus mit dem Titel «*Grundsätze einer ordentlichen und sorgsamen Verwaltung*». Darin kam er zu dem resignierten Ergebnis, dass «alle Grundlagen bereits verrottet seien» und die Republik mithin am «Rande des Untergangs» stünde. Nani weiter: «Ich glaube, dass weder Beredsamkeit noch Autorität in irgendeiner Weise die Tage der Republik verlängern können. Es handelt sich um die nicht mehr heilbaren Krankheiten des Alters.» Das war keineswegs die Ansicht eines Einzelgängers. Schon lange vor ihrem Ende war die Serenissima von vielen ihrer Träger, den Angehörigen des Patriziats, aufgegeben worden.

Nur vor diesem Hintergrund wird der unheroische, fast lautlose Zusammenbruch der traditionsreichen Republik im Mai 1797 verständlich. Die Ereignisse der Französischen Revolution hatte der Senat durch die Berichte seiner Gesandten in Paris aufmerksam verfolgt, ohne aber in den 1796 nach Italien übergreifenden militärischen Auseinandersetzungen von seiner strikten Neutralitätspolitik abzurücken. Während sich französische und österreichische Truppen auf der *terra ferma* schlugen, versuchte die Serenissima sich aus dem Konflikt herauszuhalten. Nicht, dass ihr viele Handlungsoptionen offengestanden hätten. Ein Bündnis der konservativ-aristokratischen Republik mit dem revolutionären Frankreich musste schlechterdings absurd erscheinen, kaum weniger eine Koalition mit dem seit langem schon die Unabhängigkeit der Republik bedrohenden Kaiser in Wien. Nur eben: Eine *unbewaffnete* Neutralität, auf die sich der Senat versteifte, die musste von den Kontrahenten geradezu als Aufforderung verstanden werden, sich auf dem venezianischen Territorium zu bedienen. Und so kam es auch. Während 1796 zur Verteidigung der Hauptstadt 12 000 *schiavoni*, Soldaten aus den Balkanbesitzungen der Republik, nach Venedig einrückten, blieb die *terra ferma* weitgehend sich selbst, und das heißt: den fremden Truppen überlassen.

Die befehligte seit dem 20. März 1796 auf französischer Seite ein junger, energischer General namens Napoleon Bonaparte, dem die Österreicher unter dem Oberkommando des 72-jährigen Feldmarschalls Dagobert Graf Wurmser entgegentraten, woraufhin sie mehrfach geschlagen wurden und schließlich, eingeschlossen in der Festung Mantua, kapitulierten.

Der Krieg spielte sich im Folgenden weiterhin zum großen Teil auf dem Territorium der Markusrepublik ab. Schon sehr bald hatte Napoleon für die hilflosen venezianischen Verwaltungsbeamten auf der *terra ferma* ebenso wie für den zögernd-ratlosen Senat nur Verachtung übrig und betrachtete spätestens seit Beginn des Jahres 1797 den venezianischen Staat als Verfügungsmasse für die bevorstehenden Friedensverhandlungen mit den Österreichern. Zwar regte sich in den venezianischen Festlandsbesitzungen bald Widerstand gegen die recht rustikal auftretenden französischen Besatzer. Er kulminierte am 17. April 1797 in den *pasque veronese*, dem «Veroneser Osterfest», einem

Aufstand, dem an die 400 Franzosen zum Opfer fielen und der sogleich niedergeschlagen wurde, nicht zuletzt, weil der eingeschüchterte Senat das Ansinnen, die Sache der Aufständischen – die Sache des venezianischen Staates, die eigene Sache – zu unterstützen, mit der Bitte um vorsichtige Zurückhaltung quittierte.

Die Unruhen auf der *terra ferma* dienten Napoleon zum willkommenen Vorwand, der Serenissima einen perfiden Bruch ihrer Neutralitätsbeteuerungen vorzuwerfen. In den folgenden Wochen steigerte er seine Forderungen immer weiter, um am 1. Mai 1797 mit dem Vorwurf furchtbarer venezianischer Untaten gegen die Franzosen der Republik den Krieg zu erklären. Darauf reagierte die kurz zuvor vom Senat gebildete neue Regierungsbehörde, vom Volksmund hellsichtig «Beerdigungbehörde» (*magistratura funeraria*) getauft, ungewöhnlich rasch und kam am 2. Mai um Waffenstillstand ein. Napoleon verlangte nun unter anderem die völlige Entwaffnung, die Überlassung des Arsenals und die Umbildung der Verfassung im modernen, demokratischen Sinn einer Repräsentativverfassung. Als daraufhin der Große Rat am 12. Mai zu seiner letzten Sitzung zusammentrat, war er zwar an sich nicht beschlussfähig, weil nur 537 seiner rund 1200 Mitglieder erschienen (zur Beschlussfassung wären 600 nötig gewesen), doch welche Rolle spielen Formalia in Augenblicken, da es um Leben oder, wie in diesem Fall, um den Tod eines Staates geht? Lodovico Manin, im Jahre 1789 als erster Angehöriger einer «neuen» Familie zum Staatsoberhaupt gewählt, ein überaus reicher, dabei persönlich mittelmäßiger und unsicherer Mann, hatte seinerzeit die Wahl nur unter Tränen angenommen. Als nun der Große Rat mit überwältigender Mehrheit seine Selbstauflösung und damit das Ende der Republik beschloss, beendete er seinen Dogat, wie er ihn begonnen hatte: mit Tränen; und reichte seinem Diener die Dogenmütze mit den Worten: «Leg sie weg, ich werde sie nicht mehr brauchen» (Abb. 70).

Während der Große Rat diese kläglichste seiner Sitzungen

Abb. 70 Das prosaische Ende einer jahrhundertealten Tradition: die «Todesanzeige» der Serenissima in Gestalt eines kurzen Ediktes teilt am 16. Mai 1797 mit, dass auf Beschluss des Großen Rats vom 12. Mai die Regierung nun in den Händen einer Übergangsregierung liege, auf welche die venezianischen Offiziere noch am selben Tag den Treueeid zu leisten hätten.

abhielt, gab es auf den Straßen Unruhen, die jedoch nicht von den ohnehin lächerlich wenigen Sympathisanten der Revolutionsideen ausgingen, sondern von den zahlreichen Anhängern, welche die dahinscheidende Republik im einfachen Volk immer noch besaß. Vor dem Dogenpalast ertönten «Viva San Marco!»-Rufe, und als die Selbstauflösung des Großen Rates bekannt wurde, flackerte einen Augenblick lang so etwas wie ein Volksaufstand auf – nicht etwa für die neue, sondern für die alte Republik. Einige Kanonenschüsse stellten die Ruhe sogleich wieder her, sechs Tote blieben zurück. Vier Tage später, am 16. Mai 1797, besetzten 5000 französische Soldaten die bisher in ihrer Geschichte noch nie eroberte Stadt.

Die Regierung übernahm ein neu eingesetztes provisorisches Gremium von französischen Gnaden, das aus 60 Mitgliedern, darunter nur zehn Angehörige alter Patrizierfamilien, bestand und das kaum Gelegenheit hatte, durchgreifende Reformen auch nur einzuleiten, denn die französische Herrschaft währte lediglich wenige Monate. Zu viel mehr als symbolischen Akten, wie der Errichtung eines Freiheitsbaumes oder der Verbrennung des Goldenen Buches auf dem Markusplatz, reichte es nicht. Kennzeichnend für die Macht der Vergangenheit, wie sie sich in den Gräbern der Verstorbenen manifestiert, war ein anderer symbolischer Akt der Revolutionäre: Sie plünderten das Grabmal des Dogen Pietro Gradenigo, auf dessen Betreiben 1297 die Schließung des Großen Rates und die Etablierung der Patrizier-Kaste zustande gekommen sein sollte.

An Glauben und Begeisterung für eine bessere Gesellschaft mangelte es den Vertretern der neuen Regierung, angefeuert von den begeisternden Reden des jugendlichen Schriftstellers Ugo Foscolo, nicht. Aber das Ende ihrer Herrschaft war bereits am 17. Oktober 1797 besiegelt, als Napoleon im Friedensvertrag von Campoformido die Stadt den Österreichern überließ. Bevor die französischen Truppen zu Beginn des folgenden Jahres abzogen, verbrannten sie noch das prachtvolle Staatsschiff des Dogen, den *bucintoro*, plünderten gründlich das Arsenal und schickten die Schiffe der venezianischen Flotte nach Toulon sowie einen stolzen Bestand an Handschriften und Kunstwerken, darunter die 1204 aus Konstantinopel geraubte Quadriga auf der Markusbasilika, nach Paris.

Am 18. Januar 1798 zogen österreichische Truppen in Venedig ein. Doch in den folgenden Jahren kam, wie ganz Europa, so auch Norditalien nicht zur Ruhe. Schon 1799 brach erneut Krieg aus, der diesmal sogar russische Truppen an der Seite Österreichs gegen die Franzosen auf der *terra ferma* kämpfen sah; geschlagen wurden auch sie. Nachdem Napoleon, inzwischen von eigenen Gnaden zum Kaiser der Franzosen avanciert, auch den sogenannten Dritten Koalitionskrieg siegreich beendet hatte, wurde Venedig im Frieden von Pressburg am 26. Dezember 1805 zum Königreich Italien geschlagen, einem Satellitenstaat Frankreichs unter nomineller Herrschaft von Napoleons

Stiefsohn Eugène Beauharnais, der als Vizekönig in Mailand residierte.

Nach den eher ruhigen Jahren unter der phlegmatischen österreichischen Verwaltung setzte damit ein energischer Modernisierungsprozess ein, dem zahllose traditionelle Strukturen und Institutionen zum Opfer fielen. Außer den Privilegien des Adels verschwanden nun auch die alten Korporationen, ebenso ein Großteil der *scuole*, die Zahl der Kirchengemeinden wurde drastisch verringert (von 70 auf 39) und die meisten Klosterkonvente aufgelöst. Seit 1808 wurde das Schulsystem reformiert und ebenso wie die Universitäten unter staatliche Aufsicht gestellt. Hinzu kamen urbanistische Maßnahmen wie der Bau der *ala napoleonica* («Napoleon-Flügel») am Markusplatz oder die Anlage der Via Eugenia (heute Via Garibaldi) im Stadtteil Castello, denen wertvolle Bauwerke, am Markusplatz etwa die nach Plänen Jacopo Sansovinos errichtete Kirche San Geminiano, zum Opfer fielen, wie denn überhaupt in den Jahren der französischen Herrschaft zahlreiche Kirchen und Paläste zerstört wurden.

Nicht minder ruinös verlief die Entwicklung im wirtschaftlichen Bereich. Als 1814 mit seinem Schöpfer Napoleon auch das italienische Königreich unterging, war Venedig ein Schatten seiner selbst. Eine wachsende Steuerlast zur Finanzierung der napoleonischen Kriege hatte die öffentlichen Finanzen ebenso wie die Privatvermögen zerrüttet, der Handel litt unter der Kontinentalsperre, mit der der Imperator den Lebensnerv des englischen Empires hatte treffen wollen. Die Handelsblockade durch englische Kriegsschiffe vom Herbst 1813 bis Frühjahr 1814 führte dann zum vollständigen Zusammenbruch der zuvor schon schwer angeschlagenen venezianischen Wirtschaft. Als Venedig nach dem Wiener Kongress 1815 abermals an Österreich fiel, war abzusehen, dass es nurmehr die bescheidene Rolle einer Provinzstadt spielen würde.

UNTER DEM DOPPELADLER

Es war eine Provinzstadt, die zudem ihr Selbstbewusstsein verloren hatte. Nach dem Untergang der Republik verfiel ihre einstige Führungsschicht, das Patriziat, mit atemberaubender Geschwindigkeit. Nicht daran gewöhnt, fremden Herren zu dienen oder sich auch nur mit ihnen zu arrangieren, zogen sich viele große Familien auf ihre Festlandsbesitzungen zurück, und wer sich das nicht leisten konnte, stand vor dem Nichts: Die alten Versorgungsposten der Serenissima gab es nicht mehr, ebenso wenig die alten Privilegien. Im Zeitraum zwischen 1797 und 1820 verkauften rund 700 von 1100 Patrizierfamilien ihre Besitzungen auf der *terra ferma* und ihre Palazzi in Venedig. Kennzeichnend für die grundstürzenden sozialen Wandlungen ist die schlagartig steigende Scheidungsrate, typisch der Fall des *barnaboto* Angelo da Riva, der die Ehe mit Beatrice Badoer nur deshalb eingegangen war, weil er sich von der zahlreichen Verwandtschaft seiner Braut bessere Chancen beim Kampf um einträgliche Posten versprochen hatte. Unter den gewandelten Umständen nützte ihm diese Verwandtschaft nicht mehr das Geringste, und so suchte der enttäuschte Ehemann, dem beim Anblick seiner offenbar nur mit bescheidenen Reizen ausgestatteten Braut «ständig die Tränen kamen», um die Annulierung der Ehe nach, aus der freilich zu diesem Zeitpunkt bereits einige Kinder hervorgegangen waren.

Doch nicht nur die Angehörigen des Patrizier-Proletariats sahen sich in Bedrängnis. Schon im November 1798 hatte Mozarts einstiger Librettist Lorenzo da Ponte bei einem Besuch seiner Heimatstadt mit Entsetzen den Zusammenbruch des öffentlichen Lebens beobachtet, die leeren Straßen und Kaffeehäuser, die unbewohnten Palazzi, die Bettler, und von einem Fischhändler berichtet, der ihm anbot, für ein paar *centisimi* den Einkauf nach Hause zu bringen. Da Ponte erkannte ihn erst nach einem Moment der Besinnung: Es handelte sich um einen Angehörigen der Familie Tiepolo, Neffe eines Staatsinquisitors und Großneffe eines Botschafters. Mit dem wirtschaftlichen ging der demographische Verfall einher: In den zwei Jahrzehnten nach dem Ende der Republik sank die Einwohnerzahl der Stadt um rund ein Drittel, von knapp 150 000 auf wenig mehr als 100 000 Menschen.

Die neue österreichische Regierung sah sich mithin vor eine schwierige Aufgabe gestellt. Es mochte als symbolische Geste von einiger Bedeutung gelten, dass ein Großteil der von den Franzosen geraubten Kulturgüter den Weg zurück an die Lagune fand, etwa die Quadriga, die seit dem 13. Dezember 1815 wieder das Portal der Markuskirche schmückte. Auch erhielt die Lagunenstadt immerhin den Status einer Residenzstadt, den sie sich allerdings mit Mailand teilen musste. Die österreichischen Besitzungen in Oberitalien, zusammengefasst unter dem Namen Königreich Lombardo-Venetien, regierte ein Vizekönig aus dem Kreis der habsburgischen Erzherzöge; seit 1818 war dies Erzherzog Rainer, der 1819 seinem Bruder, Kaiser Franz I., die Lage der Lagunenstadt in düsteren Farben schilderte: überall Ruinen, überall Palazzi in fortschreitendem Verfall, Arbeitslose, Massen von Bettlern, kurz: Zustände, die es nur verständlich erscheinen ließen, dass sich auf das Festland zurückziehe, wer immer dazu in der Lage sei. Um die deprimierende Situation zu verbessern, müsse man den Handel wiederbeleben, und dazu sei es nötig, Venedig ebenso wie dem florierenden Konkurrenten Triest den Status eines Freihafens zu verleihen.

Was dann auch ein Jahrzehnt später geschah. Und im Laufe der 1830er Jahre zeigten die Bemühungen der österreichischen Verwaltung, die weitaus mehr von den Provinzgouverneuren als dem eher repräsentativ tätigen Vizekönig ausgingen, langsam positive Wirkungen. Der Ausbau des Straßennetzes und der Wasserwege in Oberitalien verbesserte die Handelsbedingungen ebenso wie die neue Eisenbahnlinie Mailand – Venedig. Nach knapp fünfjähriger Bauzeit überquerte am 4. Januar 1846 der erste Zug den Bahndamm durch die Lagune und hielt im Bahnhof Venezia–Santa Lucia (Abb. 71). Damit brach eine neue Epoche an. Das alte Zentrum, die Piazza San Marco, wurde zur Peripherie. Doch durch die Verbindung zum Festland verbesserte sich die wirtschaftliche Situation grundlegend, nicht zuletzt im Hinblick auf die nun wieder wachsenden Zahlen der Touristen, von denen in den 1840er Jahren rund 50000 jährlich die Stadt besuchten.

Trotz des leisen Aufschwungs wuchs in der Bevölkerung Venedigs und des Veneto die Abneigung gegen die österreichische Administration. Der Nationalstaatsgedanke, dem Ideal eines vereinigten Italiens verpflichtet, fand auch in der Lagune immer mehr Anhänger. 1819 hatte der Franzose Pierre Daru in seiner *Histoire de la République de Venise* dem lange Zeit übermächtigen Mythos von der idealen Staatsform, wie sie die einstige Markusrepublik verkörperte, den schwarzen Mythos eines prätotalitären Überwachungsstaats entgegengestellt, der von einer dekadenten, korrupten und vergnügungssüchtigen Adelskaste mit den Mitteln der Spionage und Denunziation beherrscht wurde. Daru, der unter Napoleon als Militärfachmann in Venedig tätig gewesen war, erzielte mit seinem Buch einen enormen Erfolg – und bot italienischen Historikern eine wunderbare Angriffsfläche, um das Selbstbewusstsein der Venezianer durch eine Vielzahl von Gegenschriften, welche die positiven Aspekte der untergegangenen Serenissima herausstrichen, wiederzubeleben. In den Jahren der österreichischen Fremdherrschaft entwickelte sich der Kult der Markusrepublik für viele Venezianer zu einer Art Zufluchtsort aus einer als bedrückend, ja demütigend empfundenen Gegenwart.

Die seit langem herrschende Unzufriedenheit mit der Fremdherrschaft, mit Pressezensur und der Verhaftung nationalliberaler Bürger führte im Frühjahr 1848 zu Unruhen im Veneto, wo die gewaltige Mehrheit der Bevölkerung den Anschluss an das Königreich Sardinien-Piemont unter Führung des savoyischen Herrscherhauses wünschte. Auf die Nachricht von revolutionären Ereignissen in Wien hin brach auch in Venedig am 22. März die Revolution aus. Eine provisorische Regierung

Abb. 71 Mit der Eröffnung der Bahnverbindung zum Bahnhof Venezia Santa Lucia im Jahre 1846 konnte Venedig erstmals in seiner Geschichte ohne Schiff erreicht werden (Litographie von Giovanni Pividor, um 1850).

unter der Führung des Rechtsanwalts Daniele Manin rief die «Demokratische Republik Venetien» aus und verkündete am 3. Juli 1848 den Anschluss an das Königreich Piemont.

Österreichische Truppen begannen daraufhin im Herbst mit der Belagerung der Stadt. Nach der schweren Niederlage der Piemontesen bei Novara am 23. März 1849 schwand die Hoffnung der Verteidiger auf Entsatz von außen in einem ungleichen Kampf: auf der einen Seite 16 000 schlecht ausgebildete und ausgerüstete Italiener, auf der anderen Seite die kriegserfahrenen 30 000 Mann der Donaumonarchie unter dem Befehl des zum Durchgreifen fest entschlossenen Generals Julius von Haynau. In der ausgehungerten Stadt brach eine verheerende Cholera-Epidemie aus, der Tausende zum Opfer fielen. Am 29. Juli begannen die österreichischen Truppen eine 24 Tage dauernde Beschießung, am 22. August 1849 kapitulierte Venedig und wurde vier Tage später erneut von den Österreichern besetzt.

Die Folgen der gescheiterten Revolution bestanden vor allem in einem weiteren Ausbluten der Stadt – nicht nur in wirtschaftlicher Hinsicht, auch wenn der beginnende Aufschwung, wie er

Abb. 72 Ein Detail des Denkmals für Vittorio Emanuele II., das Ettore Ferrari 1887 schuf, zeigt die gerüstete Personifikation der Venezia mit dem geflügelten Löwen, der sich von seinen Fesseln befreit. Doch die hochgespannten Hoffnungen auf einen neuen Aufstieg Venedigs nach der italienischen Einigung erfüllten sich nur zum Teil.

sich seit den späten 1830er Jahren abgezeichnet hatte, durch den Krieg, die mit ihm verbundenen finanziellen Lasten und dem blockierten Handel ein jähes Ende fand. Schwerer noch wog, dass mit der Rückkehr der Österreicher ein neuerlicher Exodus begann. Nicht nur die Protagonisten der Revolution wie Daniele Manin verließen die Lagunenstadt, sondern auch viele von denen, die das vereinte Italien erträumten – vor allem Angehörige der bürgerlichen Mittelschicht.

Es dauerte bis 1854, ehe das Kriegsrecht aufgehoben wurde, und in der Folgezeit bemühte sich die österreichische Verwaltung um vorsichtige Zurückhaltung. Doch die Ruhe trog, wie aufmerksame Beobachter bemerkten. Ein «gut österreichisch gesinnter Professor in Venedig» berichtete am 8. Oktober 1865 an das Polizeiministerium in Wien: «Alle Konzessionen Österreichs an Venedig, selbst wenn sich diese zu dem Unding der Proklamierung der venezianischen Republik unter einem Dogen verstiegen, werden, sobald die österreichische Oberhoheit damit verbunden bleibt, bei der (...) Bevölkerung Venetiens auf hartnäckigen passiven Widerstand stoßen, bis die ersehnte Stunde des seit Jahren versprochenen Angriffes Piemonts auf Österreich schlägt; bis dahin, aber auch nur bis dahin wird in Venedig noch Ruhe herrschen.» Und im französischen Exil verkündete Daniele Manin lapidar: «Wir verlangen von den Österreichern nicht, dass sie sich liberal und human benehmen. Wir verlangen, dass sie verschwinden.»

1866 war es soweit. Als Verbündeter Preußens trat das kurz zuvor ausgerufene Königreich Italien unter König Vittorio Emanuele II. in den preußisch-österreichischen Krieg ein. Zwar wurde das italienische Heer am 24. Juni bei Custoza, die Flotte am 20. Juli bei Lissa von den Österreichern geschlagen. Doch angesichts der vernichtenden Niederlage der Österreicher gegen die preußische Armee bei Königgrätz sah sich Kaiser Franz Joseph gezwungen, eine Volksabstimmung in Venedig zuzulassen, die am 21. Oktober 1866 eine überwältigende Mehrheit für den Anschluss an das Königreich Italien ergab (Abb. 72).

VENEDIG IM KÖNIGREICH ITALIEN

Die hohen Erwartungen, welche die nationalitalienisch gesinnten Liberalen mit dem Anschluss Venedigs an das Königreich verbanden, erfüllten sich nur teilweise. Von der «Befreiung» hatten sie ein wirtschaftliches und politisches Aufblühen der Stadt erhofft. Doch bald schon zeichnete sich ab, dass Venedig auch weiterhin nur eine Nebenrolle spielen würde. Anders als etwa in Mailand oder Turin konnte nach 1866 in der Lagune von einem «Wirtschaftswunder» nicht die Rede sein. Immerhin, während der Jahrzehnte bis zum Ersten Weltkrieg wuchs die Stadt wieder: Hatte sie 1871 rund 131 000 Einwohner gezählt, so waren es 40 Jahre später 161 000, ein Zuwachs von 23 Prozent. Doch gilt es zu bedenken, dass dies unter den zehn größten italienischen Städten, zu denen Venedig damals noch zählte, die bei weitem geringste Wachstumsrate darstellte – in Rom etwa verdreifachte sich die Bevölkerung im gleichen Zeitraum.

Venedigs einzigartige städtebauliche Situation als Stadt im Wasser setzte der Modernisierung unüberwindliche Grenzen. Es fehlte an Platz für Industriebauten; einige wenige, wie die Brauerei Dreher oder die Großmühle Stucky (Abb. 73), entstanden auf der Giudecca, andere, etwa die Eisengießerei Neville, am nördlichen Rande der Stadt, doch blieb es bei einzelnen Betrieben, da sich das Stadtgebiet nun einmal nur unwesentlich vergrößern ließ. Unpraktisch waren und blieben zudem die Transportbedingungen. Um das mühsame Umladen der Waren zu vermeiden, entstand neben dem Bahnhof Santa Lucia eine neue Hafenanlage, über die schon 1887 rund die Hälfte der Güter umgeschlagen wurde. Venedigs Bedeutung sollte davon nachhaltig profitieren, 1906 war die Stadt nach Genua der wichtigste italienische Handelshafen. Auf die Dauer führte der wachsende Platzbedarf dazu, dass ganz neue Lösungen erwogen und schließlich beschlossen wurden: Ab 1917 entstand der neue Festlandshafen Porto Marghera, der sich in den Jahren zwischen den Weltkriegen zu einem bedeutenden Industriestandort entwickelte.

Doch mangelte es nicht nur an Platz für industrielle Anlagen, es mangelte ebenso an Wohnraum für die Menschen, die in den vorhandenen Betrieben arbeiteten. Die Lebensbedingungen der einfachen Leute hatten sich seit dem Untergang der Republik verschlechtert. Tausende von ihnen fristeten ihr Dasein in winzigen Erdgeschossbehausungen, was in Venedig, in dem es keine Keller gibt, bedeutete: in dunklen, feuchten, übelriechenden Löchern; das Alltagsleben spielte sich weitgehend auf der Straße ab (Abb. 75). Um 1870 verdiente ein ungelernter Arbeiter pro Tag etwa zweieinhalb Lire, eine Arbeiterin nicht mehr als eine Lira. Das war vor allem im Winter kaum genug, um auch nur das Überleben zu sichern, wenn man bedenkt, dass ein Kilo Brot um die 50 Centesimi kostete. Die Arbeitszeit betrug zehn bis vierzehn Stunden täglich, und ein besonderes Problem stellte die sehr hohe saisonale Arbeitslosigkeit dar, weil viele Betriebe bei

Abb. 73 Zu Beginn des 20. Jahrhunderts entstand auf der Giudecca nach den Plänen Ernst Wullekopfs, eines Architektur-Professors aus Hannover, der Mulino Stucky, eine Großmühle. Heute befindet sich im einstmals größten Industriebau Alt-Venedigs ein Hotel.

jahreszeitlich bedingtem Rückgang der Nachfrage kurzerhand schlossen. Von den zahlreichen kirchlichen Stiftungen, die zu Zeiten der Serenissima den Armen Unterstützung gewähren konnten, hatten nur wenige die napoleonische Ära überlebt, und staatliche Fürsorgemaßnahmen entwickelten sich nur nach und nach. Unter dem «goldenen Bürgermeister» Filippo Grimani, der zwischen 1895 und 1920 an der Spitze eines liberal-konservativen Bündnisses regierte, entstanden zwar bis 1913 insgesamt 684 Sozialwohnungen für rund 4000 Menschen, doch änderte das wenig am Gesamtbild einer Stadt, in der die unzulänglichen hygienischen Bedingungen vieler Quartiere berüchtigt waren. Es verwundert nicht, dass Venedig noch über die Wende zum 20. Jahrhundert hinaus von verheerenden Epidemien getroffen wurde. So wütete die Cholera nach den Jahren 1873 und 1886 noch 1911 in der Stadt.

Diese letzte schwere Epidemie hat einen berühmten literarischen Niederschlag gefunden in Thomas Manns Novelle *Tod in Venedig*. Ihr Protagonist Gustav von Aschenbach fällt, medizinisch gesehen, der Cholera zum Opfer, deren Ausbruch von den Behörden so lange wie möglich verschwiegen wird. Und in der Tat zeitigte das Bekanntwerden einer Epidemie für Venedig, wo um die Jahrhundertwende fast die Hälfte der Bevölkerung im Dienstleistungssektor arbeitete, katastrophale Folgen. Denn der Tourismus hatte sich zur Haupterwerbsquelle entwickelt. Aus den jährlich etwa 50 000 Venedigbesuchern um 1850 waren 1883 schon 160 000 geworden.

Seit jeher hatte die Stadt auf dem Wasser Fremde angezogen, und das Bild, das die Besucher von Venedig zeichneten, war zu allen Zeiten geprägt gewesen von den Vorstellungen, die sich die Menschen im Vorhinein von dieser Stadt gemacht, die sie lange vor ihrer Ankunft im Kopf gehabt hatten. In den Zeiten der Hochblüte der Markusrepublik kehrten in den Stadtbeschreibungen die topischen Wendungen von der Macht, dem Reichtum, dem Glanz der Serenissima mit ermüdender Regelmäßigkeit wieder; in den Zeiten des Niedergangs mischten sich kritische, mitunter höhnische Bemerkungen in die Reiseberichte. Nun, im 19. Jahrhundert, entstand der Mythos von der Verfall und Untergang geweihten Schönheit einer Stadt, die nur noch eine Inszenierung ihrer einstigen Größe war. Kein anderer hat dieses Bild in den Vorstellungen der Venedigbesucher stärker geprägt als John Ruskin (1819–1900), dessen *Stones of Venice* jedoch nicht nur den Verfall konstatierten, sondern zugleich ein leidenschaftliches Plädoyer für die Rettung der noch vorhandenen Substanz enthielten. Denn Venedig sei «eine einzigartige Kostbarkeit – ein Wunder, das niemals wieder entstehen, ein Traum, der niemals von Neuem geträumt werden kann».

Ruskins Worte stießen nicht auf taube Ohren. Unter den Venezianern war es besonders der Publizist und Politiker Pompeo Molmenti (1852–1928), der sich emphatisch gegen die Zerstörung der alten Bausubstanz wandte und 1887 schrieb: «Seit Jahren reißt man Häuser ab und legt Kanäle trocken. Man nimmt Venedig sein originäres Gepräge, um es anderen Städten gleich

zu machen. Und es ist nicht übertrieben zu sagen, daß man alles niederreißt, was alt ist, nur weil es alt ist.» Das traf durchaus zu. Allerdings hatte es das Neue, wenn es sich denn in seiner Formensprache als neu zu erkennen gab, in Venedig auch nicht leicht. So höhnte Molmenti über die 1884 errichtete Fischmarkthalle aus Gusseisen am Rialto, sie sehe aus wie eine Trambahnstation in der Provinz, mit deren Entwurf die Stadtverwaltung einen Architekturstudenten im Anfängerkurs beauftragt habe. Nachdem mehrere Überarbeitungsversuche keine Verbesserung brachten, wurde die Halle zwischen 1900 und 1908 durch den bis heute bestehenden gotisierenden Backsteinbau ersetzt (Abb. 30).

Abb. 74 Der Einsturz des Campanile von San Marco am 14. Juli 1902 war eines der großen Medienereignisse des beginnenden 20. Jahrhunderts. Sogleich nach dem Ende der Aufräumarbeiten wurde mit der Wiedererrichtung begonnen.

Nach dem spektakulären Einsturz des Campanile von San Marco am 14. Juli 1902 (Abb. 74), der Venedig weltweit in die Schlagzeilen brachte, beschloss der Stadtrat noch am selben Tag, den Turm wieder zu errichten, «dov'era e com'era» («wo er war

Abb. 75 Das Alltagsleben der meisten Venezianer war im 19. und frühen 20. Jahrhundert alles andere als idyllisch. In den engen, feuchten und schmutzigen Vierteln der armen Leute grassierten aufgrund der katastrophalen hygienischen Bedingungen immer wieder Epidemien.

und wie er war»). In der Realität konnte davon keine Rede sein, der neue Campanile wurde in vielen Details den Anforderungen der Moderne angepasst, nicht zuletzt durch den Einbau eines Fahrstuhls und die Verwendung von Eisengerüsten, wie sie auch beim Bau von Wolkenkratzern Verwendung fanden. Moderne Bautechniken in historisierendem Gewand: Dieses Prinzip, das heute in so vielen Städten wiederzufinden ist, tritt in Venedig,

dem ersten und bedeutendsten Freilichtmuseum Europas, am frühesten auf.

Auch die Internationale Kunstausstellung der Stadt Venedig, besser bekannt als «Biennale», die seit 1895 auf Initiative des Bürgermeisters Riccardo Selvatico und unter der Leitung des energischen Generalsekretärs Antonio Fradeletto in zweijährigem Rhythmus stattfand, präsentierte ungeachtet ihres Titels einer «Zweijährigen Ausstellung zeitgenössischer Kunst» zunächst vorzugsweise die Werke akademischer und arrivierter Künstler, um dem eher konservativen Geschmack der meisten Venedigbesucher entgegenzukommen. Durch die Berücksichtigung der Besucherinteressen und nicht zuletzt dank der konsequenten Unterstützung duch die Stadtregierung erwies sich die Biennale als durchschlagender Erfolg. Schon die erste Ausstellung von 1895 zählte 224 000 Besucher, und im Jahre 1909 sahen die achte Biennale, vor allem auch

Abb. 76   Der mondäne Hotelpalast des Grand Hotel des Bains am Lido entstand zu Beginn des 20. Jahrhunderts. Hier trafen sich die Spitzen von alter Aristokratie und neuem Geldadel während des Sommerurlaubs.

dank der nationalen Pavillons, bereits fast doppelt so viele Gäste (437 000).

Doch nicht nur die Biennale trug zum scheinbar unaufhaltsamen Anstieg der Touristenzahlen bei. Seit Beginn des 20. Jahrhunderts wuchs auch die Attraktion des Lido, schon zuvor als Badestrand beliebt, durch den Bau zweier mondäner Hotels, des Grand Hotel des Bains (Abb. 76), in dem Gustav von Aschenbach der Spannung zwischen bürgerlichem Ordnungssinn und rauschhaftem Gefühlsabenteuer erliegt, sowie des Excelsior Palace (1908), dessen Architektur zwar durch zahllose morgenländische Versatzstücke auffällt, dem aber dafür vergleichbare literarische Berühmtheit versagt blieb. Durch den Ausbau des Lido entwickelte sich Venedig zu einem Treffpunkt reicher Industrieller und des internationalen Hochadels. Fast jährlich legte Kaiser Wilhelm II. auf der Fahrt nach Korfu mit seiner Yacht *Hohenzollern* in Venedig an und machte der Contessa Annina Morosini, der ungekrönten «Dogaressa» der venezianischen UpperClass, seine Aufwartung.

Mit dem Ausbruch des Ersten Weltkriegs versiegten die Touristenströme schlagartig. Durch die italienische Kriegserklärung an Österreich-Ungarn am 23. Mai 1915 wurde Venedig fast zur Frontstadt und schon sehr bald wegen des Flottenstützpunkts im Arsenal und einiger Rüstungsfabriken am nördlichen Stadtrand zum Ziel von insgesamt 42 Fliegerangriffen. Am 24. Oktober 1915 zerstörte eine Bombe Giovanni Battista Tiepolos Deckenfresko *Engel bringen die Santa Casa di Nazareth nach Loreto* in der Karmeliterkirche Santa Maria di Nazareth (Abb. 77), und bei einem Großangriff in der Nacht vom 26. auf den 27. Februar 1917 warfen Flugzeuge der Mittelmächte insgesamt 14,7 Tonnen Bomben über der Stadt ab. Nach der katastrophalen italienischen Niederlage bei Caporetto im Okober 1917 konnte der Vormarsch österreichischer und deutscher Truppen erst 20 Kilometer nördlich von Venedig an den Ufern des Piave gestoppt werden. Schwerer noch als die Bombenschäden trafen die Stadt Hunger, Inflation und Korruption, denen städtische und staat-

Abb. 77 Im Ersten Weltkrieg wurde Venedig wiederholt zum Ziel österreichischer Bombenangriffe. Am 24. Oktober 1915 durchschlug eine Bombe das Dach von Santa Maria degli Scalzi und zerstörte das Deckengemälde von Giambattista Tiepolo.

liche Behörden vergeblich zu begegnen suchten. Zudem wurden rund 70 000 Venezianer in sichere Städte auf dem Festland evakuiert. Nach Kriegsende im November 1918 kehrte zwar die große Mehrheit zurück, doch trug auch dieser Massenexodus nicht unerheblich zur weiteren Auflösung venezianischer Traditionen bei.

DIE ÄRA DES FASCHISMUS

Wie im übrigen Italien führten auch in Venedig die gesellschaftlichen und wirtschaftlichen Erschütterungen des Ersten Weltkriegs zum Erstarken der politischen Extreme. Schon 1920 übernahm an der Stelle des bürgerlich-konservativen Filippo Grimani der Nationalist Davide Giordano die Herrschaft in der Ca´ Farsetti, dem Sitz des venezianischen Bürgermeisters. Nachdem sich die Annexionsträume des Weltkriegs, von Gabriele D'Annunzio mit beträchtlichem rhetorischen Pathos vertreten, nicht erfüllt hatten und der Schlachtruf: «Die Heimat der Venezianer: die gesamte Adria!» nach der gescheiterten «Heimholung» Fiumes verhallt war, ging es in den folgenden Jahren darum, der kriegsmüden und -geschädigten Stadt neue wirtschaftliche Impulse zu geben. Federführend wirkten dabei der Aristokrat Graf Piero Foscari, der Industrielle Vittorio Cini und vor allem der «starke Mann» Venedigs in der Zeit zwischen den Weltkriegen: Giuseppe Volpi (1877–1947).

Aus einer venezianischen Bürgerfamilie stammend und nach dem frühen Tod des Vaters nahezu mittellos, hatte Volpi sein Studium an der Universität Padua abgebrochen. Dank seines wirtschaftlichen Geschicks gelang ihm ein rascher Aufstieg, der 1904 in der Gründung der *Società adriatica di elettricità* (Sade) vorläufig kulminierte. In den Jahren vor dem Ersten Weltkrieg machte sich Volpi gemeinsam mit Foscari und Cini für die Einrichtung neuer Industriegebiete auf dem Festland stark, warb für jenes «Grande Venezia», das durch Modernisierung an den Glanz vergangener Zeiten anknüpfen sollte. Nachdem diese Bemühungen seit 1917 mit dem Bau des Festlandshafens Porto Marghera Erfolg zeitigten, wuchs der neue Industriestandort rasch. 1926 wurde die Festlandssiedlung Mestre von Venedig eingemeindet, und die Zahl der Arbeitsplätze in Marghera verdreifachte sich zwischen 1928 und 1939 von 5000 auf 15 000.

Doch wirkten sich die Aktivitäten Volpis, der dank seiner Tätigkeit als Gouverneur Tripolitaniens (1921–1925) und italienischer Finanzminister (1925–1928) über beste Kontakte zu Mussolini verfügte und 1925 von König Vittorio Emanuele III. den Titel eines Conte di Misurata verliehen bekam, nicht nur im wirtschaftlichen Bereich aus. Während immer mehr Bewohner aus den traditionellen Arbeitervierteln Giudecca und Castello auf das Festland in die neu entstehenden Siedlungen umzogen, stieg die Anziehungskraft der Altstadt für Gäste durch eine systematische Professionalisierung der Tourismusbranche. Dazu trug nicht nur eine Verbesserung der Infrastruktur durch den Bau der Autobrücke bei, die seit 1932 vom Festland zur Piazzale Roma neben dem Bahnhof Venezia Santa Lucia führte, sondern auch eine intensive Ausstellungstätigkeit. So nahmen an der Biennale 1928 bereits fünfzehn Länder teil; zwei Jahre später gelang es Giuseppe Volpi, mittlerweile Präsident der Biennale, sie in staatliche Trägerschaft zu überführen.

Auf die Weltwirtschaftskrise und die mit ihr verbundenen sinkenden Besucherzahlen reagierte Volpi mit neuen Werbemaßnahmen und vor allem einer weiteren Auffächerung des kulturellen Angebots: 1932 fand unter dem Patronat Mussolinis auf dem Lido erstmals die *Mostra Internazionale d'Arte Cinematografica* statt. Das weltweit erste internationale Filmfestival erzielte einen enormen Erfolg und trug wesentlich dazu bei, Venedig, anders als Rom oder Florenz, als Zentrum auch für moderne und zeitgenössische Kunst zu etablieren. Daneben standen ebenfalls bedeutende Ausstellungen «Alter Meister»: 1929 sahen nicht weniger als 350 000 Besucher die große Ausstellung von Gemälden aus dem Italien des 18. Jahrhunderts («Settecento Italiano»). 1935 gelang es Volpi, über hundert Tizian-Gemälde zusammentragen zu lassen und damit die bis heute bedeutendste Ausstellung von Werken dieses Malers zu organisieren.

Dank der Besucher aus aller Welt, die von den kulturellen Großereignissen angezogen wurden, blieb die Atmosphäre Venedigs bis kurz vor dem Ausbruch des Zweiten Weltkriegs weitaus offener, ja kosmopolitischer als im übrigen Italien. Was nicht heißt, dass die Stadt von den Folgen des Faschismus verschont geblieben wäre. Als sich nach dem italienischen Überfall 1935 auf Äthiopien die Ernährungslage durch den vom Völkerbund gegen Italien verhängten Boykott verschlechterte, fand sich schon bald am Sockel des berühmten Colleoni-Denkmals (Abb. 19) ein Anschlag in venezianischem Dialekt: «E ti, ch ti g'ha el stomego di fero / mágnite 'sti paneti de l'Impero» («Und Du, der Du einen Eisenmagen hast, iss nur die Brötchen dieses Imperiums»). Und mit der wachsenden Anlehnung Italiens an das nationalsozialistische Deutschland, dessen «Führer» Adolf Hitler die Lagunenstadt bereits im Juni 1934 bei einer seiner ersten Auslandsreisen besucht hatte, setzte die Diskriminierung der gut 2000 in Venedig lebenden Juden ein. Durch den Erlass der Rassegesetze im Herbst 1938 wurden jüdisch-christliche Eheschließungen ebenso verboten, wie sich die Juden aus allen kulturellen, künstlerischen, wissenschaftlichen und sportlichen Institutionen, auch aus dem Militär und der faschistischen Partei, dem PNF (Partito Nazionale Fascista), ausgeschlossen fanden.

Nicht anders als im übrigen Italien war auch in Venedig die Zustimmung zu den Rassegesetzen von Anfang an gering. Die wachsende Diskriminierung der Juden stieß auf immer größere Ablehnung. Und mit dem von Mussolini durchgesetzten Eintritt Italiens in den Zweiten Weltkrieg am 10. Juni 1940 sank der Rückhalt des faschistischen Regimes bei der Bevölkerung rapide. Dementsprechend löste die Nachricht von Mussolinis Sturz am 25. Juli 1943 auch in Venedig öffentlichen Jubel aus. Doch auf ein kurzes Aufflackern des politischen Lebens folgte bereits am 11. September der «Fall Achse», die Besetzung Nord- und Mittelitaliens durch die Wehrmacht. Im Dezember 1943 begann die Deportation der venezianischen Juden durch die deutschen Besatzer, denen 246 Menschen in den Vernichtungslagern zum Opfer fielen; der großen Mehrheit der Juden jedoch gelang die rechtzeitige Flucht, oder sie wurden von Freunden in Venedig selbst oder auf der *terra ferma* versteckt. Auf Mussolinis «Republik von Salò», dem faschistisch regierten norditalienischen Satelliten-Staat von Hitlers Gnaden, reagierte die Bevölkerung mit kühler Ablehnung. Im Januar 1944 zählte die neugegründete faschistische Partei in Venedig lediglich 4140 Mitglieder, gegenüber 88 684 Parteiangehörigen vor dem Sturz des «Duce». Ein Polizeibericht konstatierte im Frühjahr 1944: «Die Bevölkerung ist des Faschismus müde; sie glaubt nicht an die Möglichkeit neuen Erfolgs und ist vor allem über die wachsenden Schwierigkeiten des Alltagslebens besorgt.»

Während die Versorgung mit – längst rationierten – Lebensmitteln immer dürftiger wurde, kam es zu kleinen, aber heftigen

Kämpfen zwischen Partisanenkommandos und der Wehrmacht. Am 26. Juli 1944 zerstörte eine Bombe die Ca´ Giustinian, den Sitz des deutschen Militärkommandos. Das Gebäude wurde nach dem Krieg als Teil des Hotels Bauer Grünwald wiedererrichtet (Abb. 78). «Ein Greuel für das Auge», so der Literaturnobelpreisträger Joseph Brodsky, «befindet es sich in guter Gesellschaft mit der Kirche San Moisé – der geschäftigsten Fassade der Stadt. Zusammen sehen sie aus wie Albert Speer, der eine Pizza capricciosa verzehrt.» Doch sonst blieb das historische Stadtzentrum von Zerstörungen weitgehend verschont, anders als der Indus-

Abb. 78 *Eines der weniger gelungenen Architekturensembles Venedigs: links die Fassade von San Moisè, rechts der nach dem Zweiten Weltkrieg errichtete Neubautrakt des Hotels Bauer Grünwald.*

triestandort Mestre, wo rund 10 Prozent der Gebäude Bombenangriffen zum Opfer fiel. Nach dem Abzug der deutschen Truppen wehte am 28. April 1945 auf dem Markusplatz wieder die italienische Trikolore.

DIE ENTWICKLUNG NACH DEM ZWEITEN WELTKRIEG

Von 1946 bis 1951 regierte mit Giovanni Battista Giaquinto zum ersten Mal in der Geschichte Venedigs ein Kommunist die Stadt, in der im Jahre 1952 174 808 Menschen lebten, mehr als die Hälfte der Einwohner Gesamtvenedigs mit den Industrievororten Porto Marghera und Mestre (315 811). Das drückendste Problem für die Stadtverwaltung stellte der enorme Sanierungsbedarf im historischen Zentrum dar, vor allem in den Arbeiterquartieren der Stadtteile Castello und Giudecca. 1946 äußerte sich der alarmierte Bürgermeister: «Ich behaupte, und das ist die Wahrheit, dass die Tiere, die in den Ställen moderner landwirtschaftlicher Betriebe leben, bessere Lebensbedingungen haben als die Mitbürger, die in den Spelunken und Mauselöchern (auf der Giudecca) leben und sterben.»

Das kulturelle Leben erholte sich nach Kriegsende rasch, schon im Sommer 1945 öffnete die erste Ausstellung in der Galleria dell'Accademia ihre Tore, ein Jahr später fanden die ersten Filmfestspiele statt, ebenso das Festival für zeitgenössische Musik, 1947 folgten die Theaterfestspiele, bei denen Werke von Sartre und Cocteau in der Originalfassung zur Aufführung kamen. 1948 schließlich entwickelte sich die erste Nachkriegs-Biennale zu einem historischen Erfolg, mit fünfzehn vertretenen Nationen, über 1000 Künstlern und mehr als 200 000 Besuchern. Auch die traditionellen venezianischen Feste konnten mit immer neuen Besucherrekorden aufwarten: Die Teilnehmer des Redentore-Festes im Sommer 1952 wurden auf 400 000 geschätzt, und die *regata storica* im September desselben Jahres sollen 200 000 Menschen gesehen haben. Kein Wunder, dass auch der Tourismus sich rasch wieder belebte. Schon 1950 wurden die Besucherzahlen des «goldenen Jahres» 1938 übertroffen. Mehr denn je entwickelte sich der Tourismus in der Folgezeit zum wirtschaftlichen Rückgrat der Stadt – mit höchst problematischen Folgen.

Seit Mitte der fünfziger Jahre setzte ein rascher Verfall der Industriebetriebe am Rande der historischen Altstadt ein. 1956 kündigte zudem der italienische Verteidigungsminister den Abzug des Militärs aus dem Arsenal an: Ancona wurde der neue militärische Hauptstützpunkt der italienischen Flotte in der Adria; der Protest der venezianischen Politiker konnte das Ende nur verzögern, nicht aber verhindern. Der damit verbundene Verlust an Arbeitsplätzen führte zu einem rapiden Bevölkerungsrückgang in der historischen Altstadt. Aus den sanierungsbedürftigen Altbauten zogen immer mehr Venezianer in die neuen Siedlungen der Industriestandorte auf dem Festland. Zwischen 1952 und 1961 sank die Einwohnerzahl des historischen Stadtzentrums um mehr als ein Fünftel. Und mit dem Ausbau der Industrien in Porto Marghera und Mestre entstanden für das historische Venedig neue Probleme. Der zunehmend stärker motorisierte Schiffsverkehr in der Lagune führte zur wachsenden Verschmutzung, auch die immer tieferen Schiffsfahrrinnen trugen zur Störung des sensiblen hydrologischen Gleichgewichts der Lagunenlandschaft bei. Die von den Motorbooten erzeugten Wellen schädigten die Bausubstanz nachhaltig. Vor allem aber führte die unregulierte Grundwasserentnahme der Festlandsindustrie in den fünfziger Jahren dazu, dass sich der Lagunenboden absenkte.

Die Hochwasserkatastrophe des 4. November 1966, als das Wasser 1 Meter 94 über dem Normalpegel stand, ließ die existenzielle Bedrohung der Stadt schlagartig deutlich werden. Die Bilder des überfluteten Markusplatzes (Abb. 79) gingen um die Welt und wurden zu einem Medienereignis, das nicht ohne Folgen blieb. Nicht nur verabschiedete der italienische Staat nach langen Beratungen 1973 ein Sondergesetz, in dem beträchtliche Mittel für die Sanierung Venedigs bereitgestellt wurden; nach der Flut von 1966 entstanden auch international zahlreiche Institutionen, die sich der Rettung der einzigartigen Stadt verschrieben. Allein die bedeutendste von ihnen, die Save Venice Inc. mit Hauptsitz in New York, stellt inzwischen jährlich rund eine Million Dollar für Restaurierungsarbeiten zur Verfügung.

Doch das viele Geld, das durch die weltweite Faszination, die Venedig nach wie vor ausübt, in die Stadt fließt, führt auch zu Problemen, die sich vielleicht am besten anhand der Entwicklung des Karnevals illustrieren lassen. Mit dem Ende der Serenissima hatten 1797 auch die öffentlichen Karnevalsfeiern ein Ende gefunden; mehrere Versuche, sie wiederzubeleben, der erste erfolgte schon 1886, erwiesen sich als Fehlschläge. Erst 1979 führten die Bemühungen, die alte Tradition wieder aufleben zu lassen, zum Erfolg, freilich mit ungeahnten Folgen. Als Fest der Venezianer für die Venezianer gedacht, wurde der Karneval binnen weniger Jahre zu einem Touristenspektakel. Schon 1982 kamen rund 60 000 Besucher, drei Jahre später hatte sich die Zahl verdoppelt. 1994 nahm bereits fast eine halbe Million Gäste teil, und im Jahre 2002 waren es um die 800 000 Menschen, die allein am Karnevalssonntag eine Menge an Müll zurückließen, die ausreichen würde, um Markusplatz und Piazzetta bis auf eine Höhe von 15 Metern anzufüllen. Die völlig überfüllte Stadt wird seit längerem schon von allen Einwohnern, die es irgend ermöglichen können, in den Tagen des Karnevals geräumt.

Und die Zahl der Einwohner sinkt weiterhin. Inzwischen sind es kaum mehr als 60 000 Venezianer, die ihren festen Wohnsitz in der historischen Altstadt haben. Allein die Universität mit dem Hauptsitz im gotischen Palazzo Ca´ Foscari (Abb. 80) und ihren über 20 000 Studenten stellt ein gewisses Gegengewicht zur wachsenden Überalterung der Bevölkerung dar, auch wenn die Mehrzahl der Studenten nicht in der Lage ist, die steigenden Mietpreise zu zahlen, und deswegen auf dem Festland wohnt.

Auf den kleineren Laguneninseln verläuft die Entwicklung ähnlich. Murano etwa, die Glasbläserinsel, erlebt seit den sechziger Jahren einen starken Bevölkerungsrückgang. Heute zählt es noch etwa 5000 Einwohner, die zum Teil von der Glasbläserei leben, vor allem aber im Dienstleistungssektor beschäftigt sind. Die Nachfrage der Touristen nach Andenken aus Murano-Glas (die inzwischen allerdings zum großen Teil aus Taiwan geliefert werden) sichert das wirtschaftliche Auskommen.

Doch es ist nicht nur der demographische Rückgang, der die Stadt bedroht, sondern, viel elementarer, die Bedrohung durch das Wasser, einstmals das Schutz-, ja Lebenselement Venedigs. Während die Stadt sinkt – allein in den letzten drei Jahrzehnten um rund 12 Zentimeter –, steigt der Meeresspiegel, langsam, aber unaufhaltsam und inzwischen auch deutlich nachweisbar.

Abb. 79 Seit der großen Sturmflut des Jahres 1966 gehen immer wieder Bilder des überschwemmten Markusplatzes um die Welt und rufen die Bedrohung Venedigs ins Bewusstsein.

Abb. 80 Die Ca' Foscari, einer der eindrucksvollsten gotischen Palazzi am Canal Grande (das Bild zeigt die prächtig filigrane Fassadenmitte), ist heute der Hauptsitz der Universität Venedig.

Die Zahl der *aque alte*, der Hochwasser, bei denen der Markusplatz und andere tief gelegene Teile der Stadt unter Wasser stehen, hat sich seit dem ersten Jahrzehnt des 20. Jahrhunderts verzehnfacht. Gegen den drohenden Untergang wurde in den neunziger Jahren das gigantische MOSE-Projekt ersonnen: Bei Hochwassergefahr sollen gewaltige Schutzbarrieren vom Meeresgrund aufsteigen und so das Wasser am Eindringen in die Lagune hindern. Kritiker des Milliarden-Vorhabens wenden vor allem zweierlei ein: Erstens seien es gar nicht die großen und entsprechend seltenen Hochwasser, von denen die Bedrohung ausgehe, sondern die zahlreichen kleinen, und gegen die käme MOSE gar nicht zum Einsatz. Zweitens blockiere MOSE den lebenswichtigen Zufluss ausreichender Mengen von Meerwasser, ohne den das ohnehin schon auf der Kippe stehende ökologische Gleichgewicht der Lagune endgültig zusammenbreche. Die Folge wäre ein toter Brackwassersumpf. Entlastung, so die Kritiker, bringe lediglich eine nachhaltige Verringerung des Schiffsverkehrs, dessen wachsende Intensität das eigentliche Problem darstelle.

Ob sich jedoch grundsätzliche Maßnahmen zur Einschränkung des Schiffsverkehrs gegen massive wirtschaftliche Interessen durchsetzen lassen, erscheint mehr als zweifelhaft. Und unabhängig von dieser Frage wird Venedig eine gefährdete Stadt bleiben, ein Kunstwerk von Menschenhand, mühsam gegen widrige Umstände errichtet, gegen alle Wahrscheinlichkeit erfolgreich, gegen alle Bedrohungen verteidigt. Am Ende mag die Faszination, welche die Stadt in der Lagune seit jeher ausgeübt hat, nicht zum wenigsten darauf beruhen, dass Venedig auf diese Weise ein Symbol für die Größe und Gefährdung des menschlichen Lebens an sich ist.

LITERATUR

Die Literatur zum Thema Venedig füllt ganze Bibliotheken, nachdem Fernand Braudel bereits vor vielen Jahren konstatiert hat: «Über Venedig ist so gut wie alles gesagt worden, und das Gegenteil ebenfalls.» Grundlage für jede Beschäftigung mit der Geschichte Venedigs ist die monumentale, zwölfbändige Storia di Venezia (Rom 1992–2002), in deren Beiträgen die Geschichte der Stadt und des venezianischen Staats unter den verschiedensten Aspekten behandelt wird. Im Folgenden sind lediglich Einzeltitel aufgeführt, die für den Text von grundlegender Bedeutung waren und/oder für den deutschsprachigen Leser leicht zugänglich sind.

Bätschmann, Oskar: Giovanni Bellini. Meister der venezianischen Malerei. München 2008

Barcham, William L.: Grand in design. The Life and Career of Federico Cornaro, Prince of the Church, Patriarch of Venice and Patron of the Arts. Venedig 2001

Bevilacqua, Piero: Venedig und das Wasser. Ein Gleichnis für unseren Planeten. Frankfurt/M. 1998

Bouwsma, William J.: Venice and the Defense of Republican Liberty. Berkeley/Los Angeles 1968

Calabi, Donatella (Hg.): Dopo la Serenissima. Società, amministrazione e cultura nell'Ottocento Veneto. Venedig 2001

Chojnacki, Stanley: Women and Men in Renaissance Venice. Twelve Essays on Patrician Society. Baltimore 2000

Concina, Ennio: L' Arsenale della Repubblica di Venezia. Venedig 2006

Davis, James C.: The Decline of the Venetian Nobility as a Ruling Class. Baltimore 1962

Davis, Robert C.: Shipbuilders of the Venetian Arsenal. Workers and Workplaces in the Preindustrial City. Baltimore 1991

Domzalski, Oliver Thomas: Politische Karrieren und Machtverteilung im venezianischen Adel (1646–1797). Sigmaringen 1996

Dorigo, Wladimiro: Venezia romanica. La formazione della città medievale fino all' età gotica. Venedig 2003

Eickhoff, Ekkehard: Venedig. Spätes Feuerwerk. Glanz und Untergang der Republik (1700–1797). Stuttgart 2006

Finlay, Robert: Politics in Renaissance Venice. London 1980

Girgensohn, Dieter: Kirche, Politik und adelige Regierung in der Republik Venedig zu Beginn des 15. Jahrhunderts, Göttingen 1996

Goffen, Rona: Piety and Patronage in Renaissance Venice. New Haven/London 1986

Hopkins, Andrew: Santa Maria della Salute. Architecture and Ceremony in Baroque Venice. Cambridge 2000

Howard, Deborah: Jacopo Sansovino. Architecture and Patronage in Renaissance Venice. New Haven/London 1985

Huber, Hans Dieter: Paolo Veronese. Kunst als soziales System. Paderborn/München 2006

Hunecke, Volker: Der venezianische Adel am Ende der Republik 1646–1797: Demographie, Familie, Haushalt. Tübingen 1995

Huse, Norbert: Venedig. Von der Kunst, eine Stadt im Wasser zu bauen. München 2003

Huse, Norbert und Wolfgang Wolters: Venedig. Die Kunst der Renaissance. München 1986

Kittell, Ellen E. und Thomas F. Madden (Hg.): Medieval and Renaissance Venice. Chicago 1999

Köster, Gabriele: Künstler und ihre Brüder. Maler, Bildhauer und Architekten in den venezianischen Scuole Grandi. Berlin 2008

Kretschmayr, Heinrich: Geschichte von Venedig. 3 Bde., Gotha/Stuttgart 1905–1934

Landwehr, Achim: Die Erschaffung Venedigs. Raum, Bevölkerung, Mythos 1570–1750, Paderborn 2007

Lane, Frederic C.: Seerepublik Venedig. München 1980

Lebe, Reinhard: Als Markus nach Venedig kam. Aufstieg und Staatskult der Republik von San Marco. Frankfurt/M. 1978

Logan, Oliver: Culture and Society in Venice 1470–1790. The Renaissance and Its Heritage. London 1972

Lauritzen, Peter und Alexander Zielcke: Venezianische Paläste. München 1979

Martin, John und Dennis Romano (Hg.): Venice Reconsidered. The History and Civilization of an Italian City-State 1297–1797. Baltimore 2000

Molmenti, Pompeo: La storia di Venezia nella vita privata alla caduta della Repubblica. Bergamo 1927–29

Muir, Edward: Civic Ritual in Renaissance Venice. Princeton 1981

Plant, Margaret: Venice. Fragile City 1797–1997. New Haven/London 2002

Pullan, Brian: Rich and Poor in Renaissance Venice. The Social Institutions of a Catholic State to 1621. Cambridge (Mass.) 1971

Ravegnani, Giorgio: Bisanzio e Venezia. Bologna 2006

Rösch, Eva Sibylle und Gerhard Rösch: Venedig im Spätmittelalter (1200–1500). Würzburg/Freiburg i. Br. 1991

Rösch, Gerhard: Venedig. Geschichte einer Seerepublik. Stuttgart 2000

Romano, Dennis: The Likeness of Venice. A Life of Doge Francesco Foscari (1371–1457). New Haven 2007

Rosand, David: Myth of Venice. The Figuration of a State. Chapel Hill/London, 2001

Schreiner, Peter (Hg.): Il mito di Venezia. Una città tra realtà e rappresentazione. Rom 2006

Tafuri, Manfredo: Venezia e il Rinascimento. Turin 1985

Tafuri, Manfredo (Hg.): «Renovatio Urbis». Venezia nell'età di Andrea Gritti. Rom 1984

Wolters, Wolfgang: Der Bilderschmuck des Dogenpalastes. Untersuchungen zur Selbstdarstellung der Republik Venedig im 16. Jahrhundert. Wiesbaden 1983

BILDNACHWEIS

Abb. 1: Venedig, Galleria dell'Accademia, © links: Bridgeman/ALINARI Archives, Florence (DEA-S-008702-1140); Mitte: DeA Picture Library/ALINARI Archives Management, Firenze (DEA-S-008702-1141); rechts: DeA Picture Library/ALINARI Archives Management, Firenze (DEA-S-008702-1142); Abb. 2: © Piero Codato/Cameraphoto; Abb. 4: Jan Grevembroich, Abiti de' Veneziani (sec. XVIII), Venedig, Museo Civico Correr, Mss. Gradenigo; Abb. 5: Cameraphoto Arte Venezia/ The Bridgeman Art Library; Abb. 6: Venedig, Museo Marciano, © Francesco Turio Bohm, Venezia; Abb. 8: © Gerhard Weiß; Abb. 10: © British Library; Abb. 11: © Piero Codato/Cameraphoto; Abb. 12: © Mark E. Smith; Abb. 13: Brüssel, Bibliothèque Royale Albert I, Mss. 94049405, fol. 172r/v; Abb. 14: © British Library; Abb. 17: © Ralph Liebermann; Abb. 19: Venedig, Campo di SS. Giovanni e Paolo, © Gerhard Weiß; Abb. 20: Venedig, Dogenpalast; Abb. 21: © Francesco Turio Bohm, Venezia; Abb. 22: Venedig, Galleria dell'Accademia; Abb. 24: Venedig, Galleria dell'Accademia; Abb. 25: Jan Grevembroich, Abiti de' Veneziani (sec. XVIII), Venedig, Museo Civico Correr, Mss. Gradenigo; Abb. 26: Venedig, Galleria dell'Accademia, © Francesco Turio Bohm, Venezia; Abb. 27: Woburn Abbey; Abb. 28: E. Dummer, A Voyage into the Mediterranean Seas (1686), London, British Library, King's Mss. 40, fol. 49v, © British Library; Abb. 29: © Mark E. Smith; Abb. 30: © Gerhard Weiß; Abb. 31: © Mark E. Smith; Abb. 32: © Gerhard Weiß; Abb. 33: Budapest, Museum der bildenden Künste; Abb. 34: Venedig, Dogenpalast; Abb. 35: England, Privatsammlung; Abb. 36: © Abbeville Press; Abb. 38: © Arsenale Editrice; Abb. 39: Washington, National Gallery; Abb. 42: Berlin, Gemäldegalerie, © bpk; Abb. 43: Venedig, Santa Maria Gloriosa dei Frari; Abb. 44: Venedig, Galleria dell'Accademia; Abb. 45: Lugano/Madrid, Sammlung Thyssen Bornemisza; Abb. 46: Rom, Vatikanische Museen; Abb. 47: © Museo Storico Navale, Venice, Italy/The Bridgeman Art Library; Abb. 49: Venedig, Galleria dell'Accademia; Abb. 50: Treviso, Museo Civico; Abb. 51: © Gerhard Weiß; Abb. 52: Venedig, Dogenpalast; Abb. 53: Mark E. Smith; Abb. 54: © Alexander Zielcke; Abb. 55: © Gerhard Weiß; Abb. 56: © Gerhard Weiß; Abb. 57: © Gerhard Weiß; Abb. 58: Abbeville Press; Abb. 60: Corbis/Atlantide Phototravel; Abb. 61: Arsenale Editrice; Abb. 62: Paolo Marton; Abb. 64: Alfredo dagli Orti/bpk; Abb. 65: Venedig, Ca' Rezzonico; Abb. 66: Innsbruck, Tiroler Landesmuseum; Abb. 67: Dresden, Staatliche Kunstsammlungen; Abb. 68: Venedig, Dogenpalast; Abb. 69: © Gerhard Weiß; Abb. 70: Venedig, Museo Correr; Abb. 73: © Elisa Venchiarutti; Abb. 74: © Archivio Naya-Bohm, Venezia; Abb. 75: © Fondo Fotografico Tomaso Filippi – I.R.E. Venezia; Abb. 76: © Archivio Naya-Bohm, Venezia; Abb. 77: © Archivio Naya-Bohm, Venezia; Abb. 78: © Piero Codato/Cameraphoto; Abb. 79: © Archivio Naya-Bohm, Venezia

Vorderes Vorsatz nach: Manfred Hellmann, Geschichte Venedigs in Grundzügen, Darmstadt 1976, S. 212, Karte 2 (Entwurf: Hanna Schlesinger-Tode, nach R. Cessi); Frontispiz: London, The Royal Collection; Karten auf S. 81 und 96: © Stefanie Peters für GEO EPOCHE

Die übrigen Abbildungen stammen aus den Archiven des Autors und des Verlages.

Leider war es nicht in allen Fällen möglich, die Inhaber der Rechte zu ermitteln. Wir bitten deshalb gegebenenfalls um Mitteilung. Der Verlag ist bereit, berechtigte Ansprüche abzugelten.

PERSONENREGISTER

Kursive Seitenzahlen verweisen auf Abbildungen

Ahmed Köprülü (Großwesir) 198
Ahmed Pascha (Großwesir) 145
Alberti, Leon Battista 142
Alboin (König der Langobarden) 13
Alexander III. Bandinelli (Papst) 38, 40, *41*, 42
Alexander VI. Borgia (Papst) 132, 163
Alexios I. Komnenos (Kaiser) 25, 43f.
Alexios III. Angelos (Kaiser) 50f.
Alexios IV. Angelos (Kaiser) 51
Alexios V. Dukas (Kaiser) 51f.
Alfonso V. von Aragón (König von Neapel) 132
Ali Pascha 171
Amadeus VIII. (Herzog von Savoyen) 97
Amulio, Marc'Antonio (Kardinal) *41*
Andronikos I. Komnenos (Kaiser) 46
Badoer, Beatrice 234
Balduin II. (Kaiser) 76
Barbarigo, Agostino (Doge) 133
Barbarigo, Agostino 172, *172*
Barbarigo, Contarina 219
Barbaro, Antonio 194, *195*, 196
Barbaro, Daniele *195*, 209
Bardi, Girolamo 178

Bayezid II. (Sultan) 83, 145
Beauharnais, Eugène 233
Belisar 12
Bellini, Gentile 22, *115*, 116, *129*, 160
Bellini, Giovanni 160, 162, *162*, 175
Bellini, Jacopo 159f.
Bembo, Pietro (Kardinal) 131
Benedikt XIV. Lambertini (Papst) 202
Benfatti, Luigi (Alvise Del Friso) 166
Bernini, Gianlorenzo 167
Bon, Bartolomeo 100, *100*
Bon, Filippo 183
Bonifaz von Montferrat 49f., 52
Bordoni, Faustina 223
Borgia, Lucrezia 131
Bragadin, Marcantonio 171
Brodsky, Joseph 251
Bussone, Francesco (gen. Carmagnola) 98
Caffarelli, Gaetano 223
Caliari, Benedetto 166
Canaletto (Giovanni Antonio Canal) *119*, 224, *225*
Candiano II., Pietro (Doge) 17
Candiano IV., Pietro (Doge) 27–29, 34, 90
Capello, Vettor *190*, 193
Caravia, Alessandro 90

Carlotta von Zypern 128
Carpaccio, Vettor *111*, 175
Casanova, Giacomo 207, 217–219, *218*
Casola, Pietro 115
Cassiodor 22
Cattaneo, Danese *108*
Choniates, Niketas 44f., 50, 52
Cini, Vittorio 248
Clemens IX. Rospigliosi (Papst) 199
Clemens XIII. Rezzonico (Papst) 221, 224
Colleoni, Bartolomeo 98, *99*, 249
Colonna, Marcantonio 171f.
Contarini, Domenico (Doge) 37
Contarini, Gaspare (Kardinal) 107f., *108*
Contarini, Giacomo 178
Cornaro, Andrea 129
Cornaro, Caterina 128f., *129*, 130
Cornaro, Giovanni 129, 179
Cornaro, Marco (Kardinal) 138f.
Cornaro, Nicolò 210
d'Alviano, Bartolomeo 135
D'Annunzio, Gabriele 247
d'Austria, Don Juan 171f.
da Canal, Martino 53, 75
da Carrara, Francesco 78
da Marino, Rizzo 130
da Ponte, Antonio 128, *127*, 176
da Ponte, Lorenzo 234
da Riva, Angelo 234
da Tiferno, Gregorio 120
Dandolo, Enrico (Doge) 48–52, 70, 226
Dante Alighieri 117

Daru, Pierre 236
de'Barbari, Jacopo *157*, 158f.
de Brosses, Charles 219f.
de Chambes, Jean 118
de'Medici, Lorenzo 132
de'Medici, Piero 132
de'Pitati, Bonifacio 11, *12*
de Vendôme, François (Herzog von Beaufort) 199
della Rovere, Francesco Maria (Herzog von Urbino) 148
Dolfin, Caterina 219
Donà, Leonardo (Doge) 180f., *181*, 204
Doria, Giovanni 171
Doria, Luciano 79
Edgcombe, Arthur 215
Emo, Angelo 213
Falier, Marin (Doge) 92, *93*
Falier, Vitale (Doge) 34
Farinelli, Carlo 223
Ferdinand II. von Aragón (König von Spanien) 134
Ferrante (König von Neapel) 129f.
Ferrari, Ettore *238*
Fini, Vincenzo 193f.
Foscari, Francesco (Doge) 95–98, 100f., *100*
Foscari, Graf Pietro 248
Foscari, Jacopo 100f.
Foscarini, Marco (Doge) 212
Foscolo, Ugo 232
Fradeletto, Antonio 245
Franz I. von Österreich (Kaiser) 235
Franz von Assisi *161*, 163

Franz Joseph von Österreich (Kaiser) 239
Fried, Johannes 55
Friedrich I. Barbarossa (Kaiser) 38–40, *41*, *42*, 48
Gabrieli, Andrea 221
Gabrieli, Giovanni 221
Galuppi, Baldassare 223 f.
Giaquinto, Giovanni Battista 252
Giordano, Davide 247
Goethe, Johann Wolfgang von 216
Goldoni, Carlo 223 f.
Gozzi, Carlo 223 f.
Gradenigo, Pietro (Doge) 84, 91, 232
Graham, William 213
Gregor II. (Papst) 15
Grevembroich, Jan *33*, *74*, *112*, *113*
Grigi, Giangiacomo *180*
Grimani, Antonio (Doge) 140, 146
Grimani, Domenico (Kardinal) 138–140, 146
Grimani, Filippo 241, 247
Grimani, Giovanni 139–141, *141*, *142*
Grimani, Girolamo 144
Grimani, Marco 140 f.
Grimani, Marino (Kardinal) 139 f.
Grimani, Pietro 140
Grimani, Vettor 141, 143–145, *143*
Gritti, Andrea (Doge) 135, 145–148, *149*, 151, *151*, 164, 221

Guardi, Antonio *220*
Guardi, Francesco 225
Guardi, Giacomo 73
Guiscard, Robert 43 f.
Hadrian VI. (Papst) 139
Hasse, Johann Adolf 223
Haynau, Julius von 237
Heinrich III. (Kaiser) 32
Heinrich III. (König von Frankreich) 120 f., *123*
Herakleios (Kaiser) 14
Hitler, Adolf 249 f.
Homer 217
Huse, Norbert 128
Innozenz III. (Papst) 48
Isaak II. Angelos (Kaiser) 46, 50 f.
Jakob II. (König von Zypern) 128 f., *129*
Johannes XIX. (Papst) 32
Johannes II. Komnenos (Kaiser) 44
Johannes II. (König von Zypern) 128
Johannes Diaconus 26, 28 f.
Julius II. della Rovere (Papst) 134, 138
Justinian (Kaiser) 12
Karl der Große (Kaiser) 15 f.
Karl V. (Kaiser) 164, 171
Karl VIII. (König von Frankreich) 132
Kolb, Anton *157*, 158
Konrad II. (Kaiser) 32
Kretschmayr, Heinrich 107
Labia, Giovanni Francesco 200 f.
Lane, Frederic 152
Lassels, Richard 176

Lebe, Reinhard 226
Leo III. (Papst) 15
Leon III. (Kaiser) 14 f.
Leopardi, Alessandro 98
Longhena, Baldassare 181–183, *182*, 187, *188*, 189–191
Longhi, Pietro *221*, 224
Loredan, Giacomo 83
Loredan, Leonardo (Doge) 137
Loredan, Pietro 82, 98
Loredan, Pietro (Doge) 169
Lothar I. (Kaiser) 27
Lotto, Lorenzo 165
Ludwig I. (König von Ungarn) 78
Ludwig XII. (König von Frankreich) 134
Ludwig XIV. (König von Frankreich) 199
Mairano, Romano 66 f.
Mairano, Samuele 66
Manin, Daniele 237–239
Manin, Lodovico 230
Mann, Thomas 8, 241 f.
Manuel I. Komnenos (Kaiser) 44–46, 67
Manutius, Aldus 158
Marcello, Giacomo 178
Marcello, Lorenzo 197
Marquard I. von Randeck (Patriarch von Aquileia) 78
Massari, Giorgio *200*
Maximilian I. (Kaiser) 134
Mehmed II. (Sultan) 83
Memmo, Andrea 213
Merlini, Martino 135
Michael VIII. Palaiologos (Kaiser) 76 f.

Michiel II. Vitale (Doge) 45
Mocenigo, Alvise (Doge) 213
Mocenigo, Antonio 213
Mocenigo, Lazzaro 197
Mocenigo, Tommaso (Doge) 97
Molmenti, Pompeo 242 f.
Monteverdi, Claudio 221 f., *222*
Morosini, Annina 246
Morosini, Francesco (Doge) 194, 198 f., 212
Morosini di Santa Formosa, Maria 219 f.
Mozart, Wolfgang Amadeus 234
Murad II. (Sultan) 82
Mussolini, Benito 248–250
Nani, Giacomo 210 f., 213, 227 f.
Napoleon Bonaparte 229 f., 232 f., 236, 241
Narses 12
Orseolo, Otto (Doge) 30, 32
Orseolo I., Pietro (Doge) 28, 35, 226
Orseolo II., Pietro (Doge) 29 f.
Otto I. der Große (Kaiser) 28
Palladio, Andrea 127, 141, *142*, 175, 190 f., *192*, 209
Palma il Giovane 136, *137*
Partecipazio, Giustiniano (Doge) 19
Paul III. Farnese (Papst) 164
Paul V. Borghese (Papst) 185
Pesaro, Giovanni (Doge) 181, *182*
Pesaro, Jacopo *161*, 163
Petrus Damianus (Kardinal) 38
Philipp II. (König von Spanien) 170 f.

Pino, Paolo 165
Pippin (König) 16
Pisani, Vettor 78
Pius V. Ghislieri (Papst) 170
Polo, Maffeo 64
Polo, Marco 64, 217
Polo, Niccolò 64
Priuli, Girolamo 110–112, 153
Rainer von Österreich (Vizekönig von Lombardo-Venetien) 235
Rangone, Tommaso 193
Renier, Paolo (Doge) 220
Rezzonico, Abbondio 202
Rezzonico, Carlo (Kardinal) 202, 221
Romulus Augustulus 12
Ruskin, John 195, 242
Salimbene von Parma 41
Salviati, Giuseppe *41*
Sanmicheli, Michele 144, 180, *180*
Sansovino, Jacopo 140–144, *143*, *144*, 148, 150, *151*, 179 f., 190, 233
Sanudo, Marin 104, 125, 147
Sardi, Giuseppe 194, *195*
Sarpi, Paolo 183, 185
Scamozzi, Vincenzo 127
Scarpagnino, Antonio 126
Selim II. (Sultan) 169
Selvatico, Riccardo 245
Selvo, Domenico (Doge) 43
Soranzo, Jacopo *107*
Steno, Michele (Doge) 93
Strozzi, Bernardo 222
Süleiman I. der Prächtige (Sultan) 169

Theoderich der Große (König der Ostgoten) 22
Thietmar von Merseburg 25
Tiepolo, Baiamonte 91 f.
Tiepolo, Giovanni 186
Tiepolo, Giovanni Battista (Giambattista) 201, 225 f., *225*, 246, 247
Tintoretto, Domenico 54 f., *54*
Tintoretto, Jacopo 89 f., *102*, *107*, *141*, 159, 163, 175 f.
Tizian (Tiziano Vecellio) 146, *149*, 160–165, *160*, *161*, *165*, 168, 175, 249
Tradonico, Pietro (Doge) 27–29
Treffen, Poppo von (Patriarch von Aquileia) 31 f.
Trevisan, Giovanni (Patriarch von Venedig) *123*
Ulrich (Patriarch von Aquileia) 32
Vasari, Giorgio 160
Veneziano, Paolo 36
Venier, Francesco (Doge) 163 f., *165*
Venier, Sebastiano 171 f.
Veronese (Caliari), Paolo 159, 163, 166–168, *168*, 172, *173*, *173*, 175, *177*, *178*
Verrocchio, Andrea 98, *99*
Vicentino, Andrea 120, *123*
Villehardouin, Gottfried von 48, 52
Vittorio Emanuele II. (König von Italien) *238*, *239*
Vittorio Emanuele III. (König von Italien) 248

Vivaldi, Antonio 223
Volpi, Giuseppe 248 f.
Waldrada von Toskana 28
Wilhelm II. (Kaiser) 246
Willaert, Adrian 221
Wolters, Wolfgang 178
Wullekopf, Ernst 241

Wurmser, Dagobert Graf 229
Zendrini, Bernardo 227
Zeno, Carlo 79
Zeno, Cecilia 219
Ziani, Sebastiano (Doge) 40, 41
Zuccari, Federico 140

ORTSREGISTER

Kursive Seitenzahlen verweisen auf Abbildungen

Ägypten 19, 48, 50, 67, 128, 131
Agnadello 135 f., 138, 146, 148, 155, 160
Akkon 75 f.
Alexandria 19, *21*, 30
Amalfi 25
Amsterdam 204
Ancona 39, 253
Andros 80, 169
Antiochia 30
Anzio 78
Aquileia 30–34, *33*, 78, 139, 141, *141*
Argos 79
Asolo 131, *209*
Bergamo 98
Brescia 98, 208
Brindisi 133
Byzanz 13–16, *17*, 18, 26, 29, 37, 42–47, 62, 63, 90, 142
Cambrai 134, 136, *137*, 153
Campoformido 232
Candia (Iraklion) 194, 196, *197*, 198 f., 201, 204, 211
Caporetto 246
Carna 133
Ceneda 139
Chioggia 78 f., 82, 85, 187
Chios 169
Comacchio 16 f.
Como *200*, 201 f.
Crema 135
Curzola 77
Custoza 239
Durazzo 79
Eraclea 14
Famagusta 170 f.
Ferrara 91, 186
Fiume 154, 248
Florenz 21, 71, 97, 132 f., 140, 158, 160, 249
Gallipoli 82, 133
Genua 25, 75, 77–79, 82, 85, 171, 240
Grado 20, 30–34
Jerusalem 30, 48, 52
Keos 169
Königgrätz 239
Konstantinopel (Istanbul) 12, 14, 16, 25, 30, 42–44, 46 f., 50–52, *53*, 54–56, *54*, 66 f., 75–77, 83, 145, 232
Korfu 79, 171, 194, 246
Koron 133
Kreta 100, 193 f., 196–199, *197*, 202, 212
Lemnos 80, 83
Legnano 40
Lepanto 79, 169, *170*, 172, 173 f., *173*
Lissa 239
Livorno 204
Lodi 99, 132

Loreto 165
Mailand 71, 78, 135, 158, 184, 233, 235, 239
Malamocco 14, 16, 59, 123
Malta 169
Malvasia 79
Mantua 229
Marseille 204
Messina 171
Modon 133
Monopoli 133
Morea 212
Murano 155 f., 255
Nauplia 79
Naxos 169
Neapel 71, 129 f., 132 f., 184
Negroponte 77, 83
New York 254
Nikosia 170
Novara 237
Olivolo 18
Otranto 133
Padua 78 f., 96, 135, 194, 208, 228, 248
Palermo 71
Paris 71, 228, 232
Passarowitz 212
Patras 79
Pavia 23
Pieve di Cadore 160
Pisa 25, 133
Pola 78
Pressburg 232
Ragusa (Dubrovnik) 29
Ravenna 13–16, 22
Rom 11, 15 f., 30 f., 34, 75 f., 78, 132, 138–140, 142 f., 146, 158, 161, 169 f., 184 f., 193 f., 221, 240, 249 f.
Saloniki 80, 82
San Leonardo Fossamala 71
San Marco Boccamala 71
San Maurizio 210
Santorin 80
Scutari 79
Settepozzi 77
Spalato (Split) 29, 194
Torcello 17 f., *17*
Toulon 232
Trani 133
Trapani 77
Treviso 96
Triest 154, 216, 235
Turin 79, 239
Valleggio 186
Vatikan *41*
Venedig
  Ala napoleonica des Markusplatzes 233
  Arsenal 18, 117–123, *119 f.*, 157, 230, 232, 246, 253
  Bacino di San Marco *175*
  Ca' Barbaro 195
  Ca' da Mosto 63
  Ca' Farsetti 247
  Ca' Giustinian 251
  Ca' Pesaro 181–183, *182*
  Ca' Rezzonico 200
  Campanile di San Marco *12*, *188*, 243 f., *243*
  Canareggio 86
  Castello 20, 233, 248, 252
  Confraternità di San Nicolo 215

Della Campana 125
Dogenburg 34
Dogenpalast 10, *12*, 18, 28, 34, 54, *54*, 89, 92, 93, 95, 98, 101, *102*, 123, 129, 132 f., 136, 173–179, *174*, *175*, *177*, 218, 226, 231
Dorsoduro 187
Eisengießerei Neville 240
Fondaco dei Tedeschi 69, *69*, 124
Fondamente Nuove 180
Giudecca 191, *192*, 240, *241*, 248, 252
Galleria dell'Accademia *173*, 252
Grand Hotel des Bains *245*, 246
Hotel Bauer Grünwald 251, *251*
Hotel Excelsior Palace 246
Il Redentore 191, *192*
Lazzaretto Nuovo 73, *73*
Lazzaretto Vecchio 72
Libreria 148, *151*, *175*
Lido 22, 73, 130, 187, *245*, 246, 249
Lido di San Nicolò 130
Madonna dell'Orto *108*
Markusplatz 12, *12*, 32 f., 49, 89, 91, 116, 148, 150, 232 f., 236, 252–254, *255*, 257
Mestre 248, 252 f.
Mulino Stucky 240, *241*
Murazzi 227, *228*
Palazzo Bon 201

Palazzo Ca' Foscari 254, *256*
Palazzo Cornaro (Ca' Grande) 144
Palazzo dei Camerlenghi 124, *126*
Palazzo Dolfin-Manin 144, *144*
Palazzo Donà delle Rose *181*
Palazzo Grimani 180, *180*
Palazzo Vettor Grimani 143, *143*, 145
Pescheria 125
Piazzale Roma 248
Piazzetta di San Marco 33, 98, *175*, 254
Porto Marghera 240, 248, 252 f.
Rialto 16–18, 24–26, 31, 34, 59, 65, 71, 124–126, *125*, *126*, *127*, 128, 176, 217, 224, 226, 243
San Barnaba 86
San Cassiano 222
San Francesco della Vigna 140 f., *142*
San Geminiano 233
San Giorgio Maggiore 191
San Giovanni e Paolo *58*, *60*, 61
San Giuliano 193
San Luca 180
San Marco 20–22, *21*, 28, 34 f., *35*, *36*, 37 f., *106*, 126, *162*, 183, 191, 211, 221, 222, 235
San Moisè 193 f., 220, 251, *251*
San Pietro 20

San Salvatore 72
San Samuele 222
San Zaccaria *220*
San Zanipolo *siehe* San Giovanni e Paolo
Sant'Antonio di Castello 140
Sant' Elena *190*, 193
Santa Maria degli Scalzi *247*
Santa Maria del Giglio 194–196, *195*
Santa Maria della Salute 187, *188*, 189–192, *192*
Santa Maria di Nazareth 246
Santa Maria Gloriosa dei Frari (I Frari) 58, *60*, 61, 161
Scuola Grande di San Giovanni Evangelista *115*, 116
Scuola Grande di San Marco 98
Scuola Grande di San Rocco 88, 89 f.
Teatro di San Giovanni Grisostomo 222
Teatro di San Salvadore 222
Via Eugenia (Via Garibaldi) 233
Verona 96, 135, 180, 208, 214
Vicenza 96, 135
Wien 198, 212, 223, 229, 236, 238
Zara (Zadar) 29, 49, 194
Zonchio 133
Zypern 128–131, 154, 161, 169 f., 173 f., 193

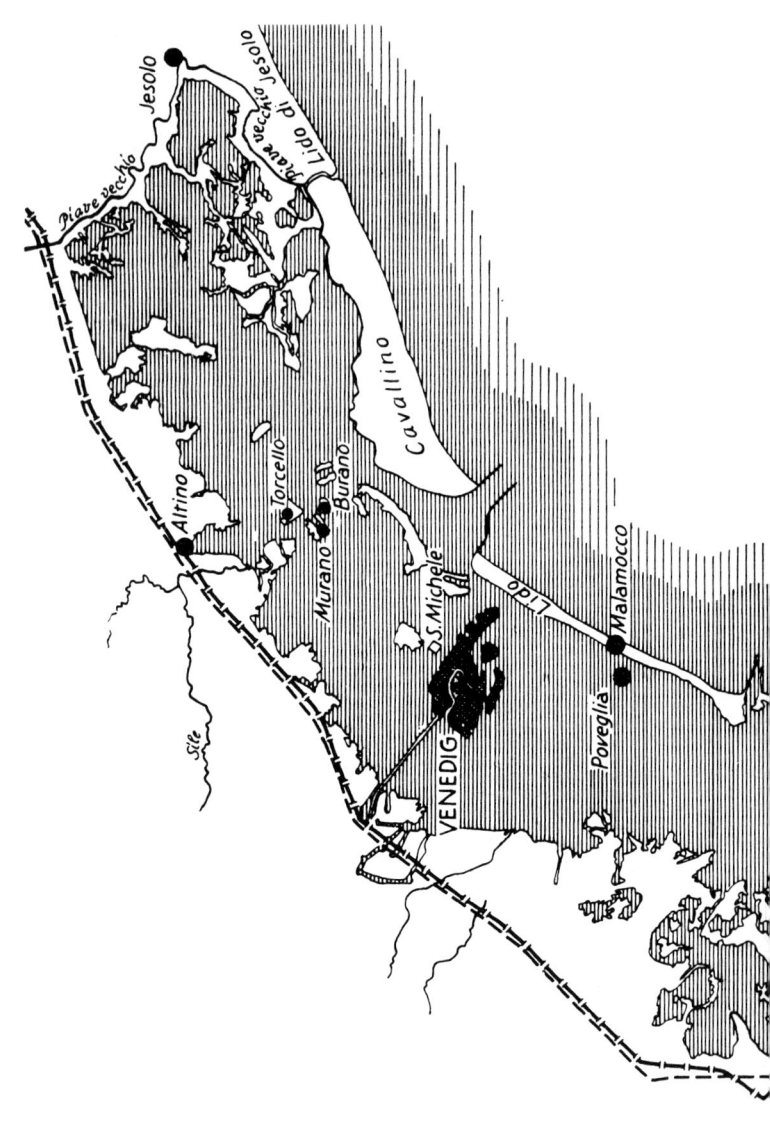